交通运输行业高层次人才培养项目著作书系

U0649100

e-航海概论

AN OUTLINE OF E-NAVIGATION

张铁军　王玉林　朱勇强　等　编著

人民交通出版社股份有限公司
China Communications Press Co.,Ltd.

内 容 提 要

本书在分析 e-航海概念产生背景的基础上,结合国际海事组织(IMO)、国际航标协会(IALA)等国际组织以及欧美航海大国近几年在 e-航海方面研究现状,详细介绍了国际海事界目前在 e-航海发展研究方面的最新成果和未来发展趋势。主要内容包括:e-航海发展背景、定义、目的、意义、用户需求调研和差距分析,e-航海总体技术路线、技术架构、数据模型和信息标准、卫星导航技术(GNSS)、船岸信息通信技术,以及全球 e-航海未来发展规划、国外 e-航海测试系统开发应用情况等。本书还根据世界 e-航海发展最新成果,结合中国海区航海保障系统建设现状,就建立中国海区 e-航海测试系统技术方案进行了分析研究,提出了相关建议,对中国沿海 e-航海系统建设具有一定的指导作用。

本书可供从事海事、航标导航、海事测绘、水上通信等相关工作的管理、技术人员和相关学者参考使用。

图书在版编目(CIP)数据

e-航海概论 / 张铁军等编著. — 北京 :人民交通出版社股份有限公司, 2015.5

(交通运输行业高层次人才培养项目著作书系)

ISBN 978-7-114-12186-9

Ⅰ. ①e… Ⅱ. ①张… Ⅲ. ①数学技术—应用—航海学 Ⅳ. ①U675-39

中国版本图书馆 CIP 数据核字(2015)第 076857 号

交通运输行业高层次人才培养项目著作书系

书 名:	e-航海概论
著 作 者:	张铁军 王玉林 朱勇强 等
责任编辑:	周 宇 李 娜
出版发行:	人民交通出版社股份有限公司
地 址:	(100011)北京市朝阳区安定门外外馆斜街 3 号
网 址:	http://www.ccpress.com.cn
销售电话:	(010)59757973
总 经 销:	人民交通出版社股份有限公司发行部
经 销:	各地新华书店
印 刷:	北京市密东印刷有限公司
开 本:	787×1092 1/16
印 张:	15.5
字 数:	356 千
版 次:	2015 年 5 月 第 1 版
印 次:	2021 年 8 月 第 3 次印刷
书 号:	ISBN 978-7-114-12186-9
定 价:	50.00 元

(有印刷、装订质量问题的图书,由本公司负责调换)

书 系 前 言
Preface of Series

进入 21 世纪以来,党中央、国务院高度重视人才工作,提出人才资源是第一资源的战略思想,先后两次召开全国人才工作会议,围绕人才强国战略实施做出一系列重大决策部署。党的十八大着眼于全面建成小康社会的奋斗目标,提出要进一步深入实践人才强国战略,加快推动我国由人才大国迈向人才强国,将人才工作作为"全面提高党的建设科学化水平"八项任务之一。十八届三中全会强调指出,全面深化改革,需要有力的组织保证和人才支撑。要建立集聚人才体制机制,择天下英才而用之。这些都充分体现了党中央、国务院对人才工作的高度重视,为人才成长发展进一步营造出良好的政策和舆论环境,极大激发了人才干事创业的积极性。

国以才立,业以才兴。面对风云变幻的国际形势,综合国力竞争日趋激烈,我国在全面建成社会主义小康社会的历史进程中机遇和挑战并存,人才作为第一资源的特征和作用日益凸显。只有深入实施人才强国战略,确立国家人才竞争优势,充分发挥人才对国民经济和社会发展的重要支撑作用,才能在国际形势、国内条件深刻变化中赢得主动、赢得优势、赢得未来。

近年来,交通运输行业深入贯彻落实人才强交战略,围绕建设综合交通、智慧交通、绿色交通、平安交通的战略部署和中心任务,加大人才发展体制机制改革与政策创新力度,行业人才工作不断取得新进展,逐步形成了一支专业结构日趋合理、整体素质基本适应的人才队伍,为交通运输事业全面、协调、可持续发展提供了有力的人才保障与智力支持。

"交通青年科技英才"是交通运输行业优秀青年科技人才的代表群体,培养选拔"交通青年科技英才"是交通运输行业实施人才强交战略的"品牌工程"之一,1999 年至今已培养选拔 283 人。他们活跃在科研、生产、教学一线,奋发有为、锐意进取,取得了突出业绩,创造了显著效益,形成了一系列较高水平的科研成果。为加大行业高层次人才培养力度,"十二五"期间,交通运输部设立人才培养专项经费,重点资助包含"交通青年科技英才"在内的高层次人才。

人民交通出版社以服务交通运输行业改革创新、促进交通科技成果推广应用、支持交通行业高端人才发展为目的,配合人才强交战略设立"交通运输行业高层次人才培养项目著作书系(以下简称"著作书系")。该书系面向包括"交通青年科技英才"在内的交通运输行业高层次人才,旨在为行业人才培养搭建一个学术交流、成果展示和技术积累的平台,是推动加强交通运输人才队伍建设的重要载体,在推动科技创新、技术交流、加强高层次人才培养力度等方面均将起到积极作用。凡在"交通青年科技英才培养项目"和"交通运输部新世纪十百千人才培养项目"申请中获得资助的出版项目,均可列入"著作书系"。对于虽然未列入培养项目,但同样能代表行业水平的著作,经申请、评审后,也可酌情纳入"著作书系"。

高层次人才是创新驱动的核心要素,创新驱动是推动科学发展的不懈动力。希望"著作书系"能够充分发挥服务行业、服务社会、服务国家的积极作用,助力科技创新步伐,促进行业高层次人才特别是中青年人才健康快速成长,为建设综合交通、智慧交通、绿色交通、平安交通做出不懈努力和突出贡献。

交通运输行业高层次人才培养项目
著作书系编审委员会
2014 年 3 月

作者简介
Author Introduction

　　张铁军,高级工程师,享受国务院特殊津贴专家,交通运输部新世纪"十百千"人才工程第一层次人选,交通运输部青年科技英才,中国海洋科技先进工作者,交通部劳动模范,国家注册测绘师考试命题专家。曾任交通部天津海上安全监督局海测大队副队长、天津海事局办公室主任、航测科技中心主任、交通运输部北海航海保障中心副主任兼总工、交通运输部环境保护中心主任等职,现任交通运输部天津水运工程科学研究院副院长。长期从事海洋测绘、卫星导航、航海保障、海事防污染、交通环保等方面的应用研究工作,主持完成水面溢油监测浮标研究、渤海超大型船舶航路测量、包头"11·21空难"黑匣子扫测等多项科技部、交通运输部及所属海事局重点科研项目及海洋测绘工程,获中国测绘学会、中国航海学会科技进步奖等多种奖励,发表论文20余篇,其中"中国沿海 RBN/DGPS 基准台站精密位置测定及定位精度测试"获国家工程勘察金奖。

《e-航海概论》

编 写 组

主　　编：张铁军

副 主 编：王玉林　　朱勇强

编写人员：白亭颖　夏启兵　王　成　马　敏　许　艳
　　　　　　云泽雨　兰文君　吴功栋　邢伟坡　徐　斌

前　言

Foreword

2005 年 12 月,国际海事组织(IMO)根据有关提案,决定开展 e-航海(e-Navigation)相关研究,从此在国际上拉开了 e-航海研究的序幕。

2006 年 5 月,国际航标协会(IALA)阐述了 e-航海的具体概念,并得到 IMO 的认可:e-航海就是通过电子的方式,在船上和岸上,收集、综合和显示海事信息,以增强船舶泊位到泊位的全程航行能力,增强相应的海上服务、安全和保安能力,以及海洋环境保护能力。

在 IMO 的主导下,在 IALA 等相关国际组织、机构及有关国家的共同努力下,国际海事界已完成了用户需求调研和差距分析,确定了 e-航海潜在解决方案,完成了 e-航海技术架构方面的设计,提出了未来通信系统解决方案,明确了 e-航海信息标准。这些成果为建立 e-航海测试系统和 e-航海的下一步发展奠定了基础。

从 2010 年开始,欧洲、美洲等地区陆续建立了 e-航海测试系统(test bed),例如 EfficienSea、Monalisha、ACCSEAS 等。这些测试系统对验证 e-航海的一系列研究成果、确定 e-航海下一步实施方案发挥了重要作用。

可以预计,在未来的海上,将按照 e-航海概念,通过完善的通信系统将船-岸两端集成为一个综合的海上信息服务环境,共享各类助航和安全信息,从而进一步加强船舶航行安全,提高运输效率,保护海上环境。

2013 年 12 月 27 日召开的 2014 年全国交通运输工作会议上,交通运输部党组提出了"智慧交通"的概念。即以信息化、智能化为牵引,全面提升交通运输供给能力、运行效率、安全性能和服务质量,实现交通运输持续创新发展。可以认为,e-航海就是"智慧交通"在海上交通运输监管和服务方面的具体体现。未来 e-航海系统建设对"智慧交通"的实施起着关键作用。

本书是"交通运输行业高层次人才培养项目著作书系"系列丛书之一,由张铁军任主编,王玉林、朱勇强任副主编,交通运输部北海航海保障中心天津航测科技中心组织专家编写。

全书共 8 章,第 1 章概略介绍了 e-航海发展背景、e-航海定义、e-航海的目的意义等基本概念,由兰文君编写。第2章介绍了IMO开展的e-航海用户需求调研情况和差距分析结果,分析了e-航海总体技术路线,介绍了基于差距分析的e-航海解决方案,由朱勇强、徐斌编写。第3章详细论述了IALA所提出的e-航海总体技术架构及相关概念,由许艳、云泽雨、朱勇强编写。第4章介绍了e-航海数据模型和信息标准方面的研究情况,重点介绍了基于S-100的数据模型和产品规范研究成果,由朱勇强、许艳编写。第5章介绍了以卫星导航技术(GNSS)为主的e-航海导航技术和未来发展趋势,由王成、吴功栋编写。第6章介绍了e-航海船岸之间的信息通信技术,重点对AIS技术、未来的VDES通信技术发展进行了论述,由吴功栋、王成编写。第7章介绍了世界e-航海发展现状及未来发展规划,重点介绍了世界各地e-航海测试系统开发应用情况,由马敏编写。第8章对建立中国海区e-航海测试系统技术方案进行了分析研究,提出了具体的技术方案,由白亭颖、夏启兵、朱勇强、邢伟坡编写。附录1《IMO关于AIS专用电文(ASM)的应用指南》由集美大学张杏谷提供资料。

本书对了解国际e-航海发展动态,研究e-航海相关技术,策划中国e-航海发展政策和应对措施具有积极的参考意义。

由于编者水平有限,书中难免有错漏之处,望广大读者不吝指正。

张铁军

2014年10月

目 录

Contents

第1章 e-航海发展历程

本章主要从世界航运经济发展、现代船舶发展趋势、船舶助航技术发展现状等方面，介绍 e-航海概念产生的背景，阐释了 e-航海的具体定义、目的、意义等内容，力图使读者对 e-航海概念有一个初步的了解。

1.1 e-航海提出的背景

e-航海概念的提出是在 2005 年，并于 2006 年得到了 IMO 的正式确认。e-航海概念的提出，并不是一些航海专家的临时起意，而是由于当前的船舶导助航技术及方式已经不适应世界航运经济的快速发展以及对高效的船舶交通管理的需求，尤其是各种导助航信息的采集、处理和使用，需要有一个更加高效、便捷、全球统一，同时又方便船员操作的导助航环境和相关技术来支持，这些需求推动了 e-航海概念的产生。

1.1.1 世界航运经济的发展及现状

覆盖地球表面约 71% 的海洋成就了这个太空中的蓝色星球。海洋是地球生命的摇篮，是人类资源的宝库，是气候和环境的天然调节器，更是连接世界各地的纽带。海洋连接起五大洲，打开了我们与世界沟通交流的大门，也为各国间的贸易往来提供了便捷的通道。

历史资料显示，早在公元前 7000 年，在地中海地区就已有繁忙的航运，而后由奴隶制的产生而催生出的国际贸易更是推动了航运的发展。随着世界经济的发展，人们开始扩大交通和贸易规模。公元 1 世纪前后，罗马帝国以亚历山大港为基地积极开拓对东方的贸易，而中国则早在公元前 2 世纪的汉朝就开辟了对印度的海上交通航线。文艺复兴时期，随着贸易与航运的高度发展，荷兰、意大利、西班牙、英国等国家都陆续建造了港口。15~17世纪，由于新大陆的发现和攫取殖民地而急剧发展的贸易和航运，进一步推动了大型海港的建设。19 世纪，海上运输有了很大的发展，1807 年诞生的世界上第一艘蒸汽船，给古老的航运业注入了新的活力，推动了国际航运业的全球化。第二次世界大战以后，世界经济逐步走向一体化。而客观上，工业、农业、原料、加工业等在不同国家、不同地区形成一定程度的专业分工，也推动了国际客货交流在数量上不断增加。海洋运输因其具有以下三大优势，一直是世界国际货物运输的主要方式：

（1）运输能力强，运载能力远远大于铁路、公路等其他运输手段；

（2）运输范围广，利用四通八达的天然航道，不受道路、轨道的限制；

（3）运输成本低，运输载体为天然形成，且运量大、运程远，成本优势明显。

目前，在国际货物运输总量中，80% 的货物是通过海上运输完成的。其中，位于世界首位的美国海运贸易量占其货物贸易总量的比例高达 95%，我国为 85%，而在英国，95% 的对外贸易量是通过海港而到达国际市场的。海洋运输迅速发展的同时，港口实现现代化，并发展成为国际贸易的运输中心与物流平台，逐步演变为集运输与贸易为一体的经济共同体。

进入 21 世纪后，全球经济一体化已成为发展的主旋律。世界经济无论从地缘上还是运行机制上，其各个组成部分日益形成一个相互依存、难以分割的有机整体，并且这一整合过程仍在不断发展之中。可以说这也是当前世界经济显示出的最主要、最突出，也是最本质的特征。国际经济形势的迅速发展和跨国投资的增长，为国际航运业创造了更多的发展机遇，航运市场规模不断扩大，全球海运量持续快速增长。

然而 2008 年，由美国次贷危机引起的全球性金融危机对世界经济和贸易产生了重大影响，直接导致了海运量的减少，国际航运市场从景气周期步入下行周期。近年来，受全球经济和国际贸易复苏缓慢、运力过剩等因素的影响，全球航运市场在经历了 2010 年的短暂回暖后，整体仍在低谷徘徊。然而我们应该看到，金融危机虽然对航运业造成了严重的冲击，但也在一定程度上促进了国际航运的竞争，促使整个行业进一步优化整合。这种促进作用一方面体现在推动航运市场逐步迈入成熟期，淘汰竞争力较弱的企业，加速整个行业的集中化发展进程；另一方面还体现在促使国际航运企业不断优化船队结构，调整运输组织，创新服务模式，进一步提高服务水平。

航运业作为实现全球经济一体化的基础条件，随着经济全球化进程的加快，发达国家的技术、产业结构等逐步向欠发达和发展中国家转移，其发展的大趋势是不可逆转的。并且，在目前庞大的国际海运量中，有 50% ~60% 以上的货物为能源、矿产资源、粮食等重要战略物资，这使得航运业不仅是国际贸易的保障，更是关乎世界各国能源资源安全的重要保障。因此，无论从哪个角度来说，在未来世界经济与社会的发展中，航运业都将担负起越来越重要的角色。

1.1.2 现代船舶的发展及趋势

船舶是人类在水面上活动的主要平台，也是现代水上运输的重要交通工具。从史前的刳木为舟到现代的运输船舶，船舶的发展大体经历了舟筏时代、帆船时代、蒸汽机船时代和柴油机船时代四个时期。在漫长的发展岁月中，它完成了由独木舟到桨船、帆船、轮船的过渡，船舶推进也从利用人力发展为利用风力、机器动力、电动力、核动力和电磁力。与其他交通运输工具相比，船舶不仅在基本形式上，甚至在基本原理等方面都发生了深刻的变化。

现代船舶种类繁多，如按船体材料分，有木船、钢船、水泥船和玻璃钢船等；按航行区域分，有远洋船、近洋船、沿海船和内河船等；按动力装置分，有蒸汽机船、内燃机船、汽轮机船、电动船和核动力船等；按推进方式分，有明轮船、螺旋桨船、平旋推进器船和风帆助航船等；按用途分，有军用船舶和民用船舶，其中军用船舶包括航空母舰、驱逐舰、护卫舰、潜艇等，民用船舶又包括运输船、工程船、渔业船、港务船等。在运输船舶中，散货船、油船、集装箱船占世界运输船舶保有量的 70% ~80%，是海上运输的主力船舶，构成了船舶市场的主体。从规模经济的角度来看，随着全球经济一体化进程的加速，国与国之间的货流、客流日益加大，船舶的发展呈现出以下一些特点：

1）船舶大型化

船舶大型化是船型发展中最明显的特点之一。这是因为大型船舶具有明显的规模经济优势，可以降低运输成本，提高经济效益。以油船为例，当载重量从 2.5 万吨增加到 25 万吨时，每吨石油的运输成本可下降 40%；集装箱船的载箱能力从 4000TEU 增加到 8000TEU 时，每箱运输成本可下降 15%。从 20 世纪 50 年代开始，油船、散货船的大型化表现突出。油船从 4.5 万吨发展到 30 万吨级的超大型油轮（VLCC），目前 VLCC 已经成为油运船队的主力船型，并且市场需求仍然相当旺盛；最大散货船的载重量从 1950 年的 2.5 万载重吨发展到 1986 年的 36.5 万载重吨，我国又于 2011 年自主建造完成了全球最大的 40 万吨矿砂散货船。自 20 世纪 80 年代起，船舶的大型化主要表现在集装箱船、豪华旅游船等船型上，目前最大的集装箱船已从早期的 2000TEU 发展到了 1.8 万 TEU。20 世纪末 21 世纪初，液化天然气船也从 13 万立方米级跨越到 15 万立方米、21 万立方米和 26 万立方米三级。随着港口建造水平和航道疏浚能力的提高，影响船舶大型化的港湾水深等诸多问题能够得以解决，船舶大型化仍将是船舶创新的主要方向。

2）船舶专业化

在市场需求不断变化、设计技术不断进步的双重因素推动下，几乎所有船型都在不断向着专业化方向优化。随着各种新型船型的不断出现，海洋运输已经发展成为由原油船（单壳、双壳）、成品油船、化学品船、散货船、兼用船、杂货船、冷藏船、集装箱船、滚装船、汽车运输船、液化石油气船、液化天然气船、海峡渡船、客船、渔船、其他非货运船等各类船型构成的结构合理、运力充足的运输体系。另外诸如压缩天然气（CNG）运输船、可燃冰运输船、高冗余度安全油船、马鞍形大型旅游船等各种新概念船也相继被提出。21 世纪是海洋的世纪，开发和利用海洋的各种工程船、新能源运输船、水上水下的观光游览船还会不断出现，船舶种类仍将不断增多，专业化程度也会得到进一步提高。

3）船舶高速化

速度始终是影响效益的重要因素。高速公路的不断兴建和运营，使铁路运输受到威胁，迫使铁路一次又一次地提速。同样，沿海和内河的水上运输也会受到公路、铁路和航空运输的冲击，因此，无论是货船还是客船，提高航速都是必然的趋势。船舶的高速化主要表现在船舶航速的提高和高速船舶的长足发展。由于船舶设计技术、动力技术、推进技术的不断改进和提高，近年来各主要船种的航速普遍呈升高趋势。尤其是滚装船、渡船、集装箱船等船舶，航速提高的幅度更大。当前的大型集装箱船航速为 25 节左右，大约比过去的普通货船快了一倍。

4）船舶自动化

船舶自动化程度越来越高也是现代船舶发展的一个明显趋势。船舶自动化是船舶科学技术的重要组成部分，其目的就是应用计算机、现代控制、信息处理等技术，将船上的各种导航、操作控制和雷达避碰等设备有机地组合起来，对导航、驾驶、机动航行、航行管理、航线计划、避让、轮机监控、自动监测、自动报警等功能实施控制，以最少的人力、最低的燃料消耗，实现船舶的自动化航行。20 世纪 70 年代，计算机开始在船上广泛应用，从船舶在机舱设置集中控制室到无人值班机舱和驾驶台对主机遥控遥测的出现，船舶机舱自动化成为趋势。"一人桥楼、无人机舱"等的出现，使船员数量大大减少，大幅降低了运营成本。未来的船舶自动化技术将朝着数字化、智能化、模块化、网络化、集成化的方向迅速发展，这也是 21 世纪船舶自动化技术发展的总体趋势。

1.1.3　船舶助航技术的发展及现状

人类开展航海活动的历史源远流长，几乎与人类的文明史一样悠久。航海是人类认识、利用、开发海洋的基础和前提。无论是从事海洋捕捞养殖，还是海上客货运输，或是在海洋中开展国防军事活动、对海洋进行科学考察、开发海底石油矿产资源，人类在海洋中的一切活动都离不开航海。随着人类社会的发展，各门类科学技术突飞猛进，新的材料、机械、电气、电子、控制、信息技术逐步应用于航海，实现了航海活动由古时的帆船时代到现代的机动船时代、由地文航海和天文航海时代到电子航海时代这样初级到高级的发展，这其中除了船舶逐步向大型化、专业化、高速化和自动化发展之外，更离不开船舶助航技术的日新月异。船舶助航技术的发展和进步主要体现在以下几个方面：

1）传统助航标志规范化

浮标等传统助航标志的统一化和规范化对于确保海上航行安全具有重要意义。然而在很长一段历史时期内，各国对于浮标系统"红在左"还是"红在右"这一原则问题一直未能达成统一意见。世界范围内使用的浮标制度曾一度达到30多种，船舶驾驶人员难以掌握各地种类繁多的浮标制式，常因误认浮标而发生事故。国际航标协会（IALA）一直努力尝试统一世界海上浮标系统，于1971年建议在侧面标志中保留"红在左"和"红在右"两个系统，并分别称为"A系统"和"B系统"。此后又进一步建议将这两个系统合并，称为"国际航标协会海上浮标制度"，分"A""B"两个区域。1980年11月，国际航标协会第十届会议一致通过了这一新制度，建议由各国航标管理当局自行适用A区域或B区域的规定。这一决定促使传统海上助航标志的制式在世界范围内得到统一，极大地提高了海上安全航行水平。

2）导航定位电子化

当前，传统的陆标定位、天文定位方法已成为特殊情况下的补充手段，无线电导航定位方法经过了无线电测向仪（1921年）、雷达（1935年）、罗兰A（1943年）、罗兰C（1958年）、卫星导航系统（1964年）、全球定位系统（1993年）等一系列发展阶段，进入了高精度卫星导航定位时代。美国开发的全球定位系统（GPS）可在全球范围内全天候为海上、陆上、空中和空间用户提供连续的、高精度的三维定位、速度和时间信息，促使船舶、飞机和汽车等运载工具的导航与定位产生了划时代的变革。采取差分技术的GPS技术可把定位精度提高到几米。目前船舶普遍安装有GPS，现已成为最主要、最常用、最简便、最准确的导航定位手段。为摆脱对美国GPS的依赖，俄罗斯开发了GLONASS全球导航系统，中国开发了北斗卫星导航系统，欧盟正在开发伽利略卫星导航系统。

3）避碰自动化

为在能见度不良的情况下发现来船而进行避碰，船用雷达发挥了很大的作用，而船用雷达最初用于海上避碰时，却因对雷达提供的信息解释和运用不当反而造成了船舶碰撞。20世纪70年代研制出的自动雷达标绘仪（ARPA）较好地解决了这一问题。因而ARPA和雷达的结合被称之为自动避碰系统。该系统可自动采取和跟踪目标，自动显示来船的位置、航向、航速、相对运动和碰撞危险数据，并可用图像方式自动显示相遇船舶运动矢量线、可能碰撞点、预测危险区等信息，还可以进行避碰试操作。避碰自动化进一步得到发展是20世纪末开发了船舶自动识别系统（AIS），可连续向其他船舶传送船舶自身数据，并可连续接收其他船舶的数据，如船名、船舶种类、船舶尺度、装载情况、航行状态和航行计划等，有利于减少因船舶识别和避碰决策失误引起的船舶碰撞事故。

4）海图电子化

随着船舶自动化和航海智能化的不断发展，传统的纸质印刷海图已明显不适应新的发展要求。在这种情况下，电子海图的研究与应用为航海领域带来了一场技术革命。尤其是近二十几年来不断发展完善的电子海图显示与信息系统（ECDIS）不但能够很好地提供纸质印刷海图上的有用信息，取代了传统的手工海图作业，更是综合了由 GPS、APPA、AIS 等各种现代化导航设备上所获得的信息，成为一种集成式的导航信息系统。ECDIS 具有海图显示、计划航线设计、航路监视、危险事件报警、航行记录、海图自动改正等功能，大大提高了海上航行的效率，促进了海上航行的安全。

5）通信自动化

无线电报、无线电话、电传和传真在船上的应用，相比于船舶采用手旗与灯光进行通信已是很大的进步。然而 1957 年第一颗人造卫星的升空，拉开了卫星通信的序幕。1979年，国际海事卫星组织（Inmarsat）宣告成立，并于 1982 年开始提供全球海事卫星通信服务，可为海陆空提供电话、电传、传真、数据、国际互联网及多媒体通信业务。船舶通信自动化的另一重要标志是船舶使用了全球海上遇险与安全系统（GMDSS），使船与船、船与岸之间能够全方位、全天候即时沟通信息。一旦发生海上事故，岸上搜救当局及遇难船舶或其附近船舶能够迅速地获得报警。GMDSS 还可提供紧急与安全通信业务以及海上安全信息播发，并进行常规通信。GDMSS 在船舶上的应用实现了驾驶与通信的合一，传统的船舶报务员职位逐渐被取消。

从以上对船舶助航技术发展情况的梳理中可以看出，近现代以来，船舶助航技术取得了巨大的发展，雷达、GPS、电子海图等技术的相继出现，在很大程度上改变了原有的航海观念和模式，航海者对船舶及周边环境的掌控能力得到了极大的提高，航行安全有了更多技术层面上的保障。浮标等传统助航设施的制式在世界范围内得到统一后，配布日趋合理，可靠性持续提高。同时，AIS 等一些基于现代信息技术的岸基助导航技术不断发展，在很大程度上对既有的助导航系统进行了补充和增强，构筑起了更为完善的航海保障网络。

通过航运经济、船舶以及助航技术发展三个方面的背景分析，我们可以得出以下几点结论：

（1）保障海上航行安全、助力航运经济发展是助导航技术发展永恒的主题。随着海洋世纪的到来以及全球经济一体化进程的加快，航运业必将迎来更大的发展空间。而如何保障海上航行安全、提高航运效率是航运业所面临的最基本的课题，也是助导航技术发展应秉承的永恒主题。

（2）船舶的发展变化不断对助导航技术的发展提出新要求。船舶作为助导航技术应用的主体，其发展变化必将影响助导航技术的提供与应用。现代船舶日益大型化、专业化、高速化和自动化，要求助导航技术必须适应其发展趋势，提供更加高效便捷的服务，确保船舶的航行安全。

（3）对现有各种助导航工具进行有效整合是助导航技术发展的必然方向。种类繁多的各种先进的助导航技术在为我们带来更多安全保障的同时，也因其种类繁多而潜藏着一定的隐患。首先，这些技术都是在不同的历史时期逐步发展起来的，各种设备和系统都相对独立，没有一个有效的综合平台进行整合，因此船舶驾驶人员需要在航行过程中兼顾到各种仪表和显示器，这大大增加了驾驶人员的操作负担，也增大了事故发生的概率；其次，船载设备与岸上基础设施的标准不统一，造成了船舶之间或船岸之间系统不兼容、信息难以共享等问题，并且越来越多操作上不必要的复杂性也大大影响了航海者与管理者对这些设施与设备的使用热情以及实际的使用效果。因此，对各种助导航工具进行有效整合，使航海者能够方便快捷地获取所需信息应该是下一步助导航技术发展的方向。并且我们还应注意到，目前船载、岸基既有的技术手段为实现这种整合提供了可能性。由于这些助导航工具在发挥各自应有作用的同时，还能够为其他应用提供基础平台，如电子海图可作为其他电子导航应用的基础，AIS 可实现船岸、船船的数字通信，GPS 提供了时间和位置的基准，ARPA 雷达所应用的自动标绘技术也用于 AIS 等，这就为相关技术的整合创造了有利条件。

1.2　e-航海概念

综上所述，助导航技术未来的发展应以满足航运经济发展需求为出发点，以符合船舶发展趋势为基本要求，以有效整合各种助导航工具为主要手段，为用户提供更加便捷高效的助导航服务，从而进一步提高船舶航行的安全性以及船岸之间的管理效率，为以航海活动为基础的航运经济创造有利条件。因此，助导航技术下一步发展所需要思考的是：如何整合现有的船载、岸基助导航手段，解决当前助导航工具纷繁复杂、功能重叠等问题，减少用户在使用过程中的操作负担，实现助航信息更为广泛和全面的交流与共享。e-航海概念正是在这样一种形势和背景下应运而生的。

1.2.1　e-航海概念的提出

"e-航海"就是在电子导航、数据通信和网络技术在航海活动中获得广泛应用，但缺乏协调发展的情况下，由国际海事组织（IMO）主导发展的一个战略愿景。2005 年，英国交通部基于对自身航标基础设施的考量及海上导航领域缺乏协调整合的现状，最早提出了"e-航海"这一名词。随后"e-航海"又出现在同年 11 月在吉隆坡召开的国际航标协会（IALA）的"全球船舶跟踪研讨会"上。2006 年 5 月初的 IMO 海上安全委员会（MSC）第 81 次会议上，日本、马绍尔群岛、荷兰、挪威、新加坡、英国和美国共同提交了提案《e-航海战略的发展》（"七国提案"），并提议在 MSC 下属的航行安全分委会（NAV）和无线电通信与搜救分委会（COMSAR）的工作计划中增加一项高优先项目"制定 e-航海发展战略"。MSC 采纳了这一提议，并要求两个分委会在 2008 年之前完成。此后，IMO 秘书长先后在 2006 年 5 月于上海召开的 IALA 第 16 届大会的主旨发言，《IMO NEWS》（IMO官方季刊）2006 年第 2 期的序论以及 2006 年 7 月中旬于 IMO 总部召开的 NAV 第 52 次会议的开幕词中几次对"e-航海"概念进行了重点阐述。NAV 第 52 次会议也按照 MSC 的要求，成立了通信联络工作组（CG），正式开始"e-航海"战略的制定工作，并提出了相应的工作计划。至此，IMO 正式且全面开始引入并发展酝酿已久的"e-航海"概念，"e-航海"开始扬帆起航。

1.2.2　e-航海的定义

2006 年 5 月，IALA 在上海召开了主题为"数字世界的航标"的第 16 届大会，会上首次提出了对于"e-航海"的定义。IMO NAV 分委会在 2007 年召开的第 53 次会议上，采纳了 IALA 提出的"e-航海"定义，即：

"e-航海是指通过电子的方式，对船上、岸上的海事信息进行协调一致的收集、整合、交换、显示及分析，以增强船舶泊位到泊位的航行能力及其他相关服务，提高海上安全和安保水平，并保护海洋环境。"

IALA 表示，这一定义的提出是基于海上导航系统的协调一致以及对以用户需求为导向的岸基服务的支持。e-航海概念可视为一种品牌，不需要对其中的"e"进行特别的定义。由上述 e-航海的定义也可以看出，这个"e"可以表示"电子的"（electronic）、"容易的"（easy）或是"加强的"（enhanced），或者其他的某个含义，总之，"e"表达了虚拟而又综合的含义，正如 e-航海概念所述，它是使 e-航海得以实现的综合的技术手段的概括，不局限于电子航海的范畴。并且，一般意义上的电子航海早已存在，不应与 e-航海概念相混淆。

e-航海实质上是将海事相关信息进行协调、收集、集成、交换及显示的一个过程，目的是整合现有船载、岸基导航和助航手段，实现导航和助航信息的全面交流与共享，提高船舶的全程航行能力，增强相应的海上服务、安全与安保以及海洋环境保护能力，从而进一步提高船岸之间的管理效率，保障船舶航行的安全。它是一个全方位的综合系统平台，一个可以全面融合既有的和未来将要出现的航海系统的平台。因此，它应是一个不断发展的、动态的概念。

1.2.3　e-航海的目的与意义

e-航海并不是对传统航海观念和方式的彻底颠覆或取代，而是力图通过整合、融合现有的技术工具、最大限度地发挥人与机器各自的优势，使传统的航海模式实现最优化。其主要目的在于，首先，它将从根本上解决现有导航、助航和通信技术相互独立的问题，减少日益增多的船载设备，提高人机界面的友好度，减轻航海者的负担；其次，它将统一船岸助导航和通信设备的标准，扩大船舶与海事监管机构之间的信息交换规模，促进船舶安全航行的同时，也提高了岸基管理和服务水平；第三，由于电子技术和工具在持续监控和检测方面具有人类无可比拟的优势，而人类更善于从事抽象的风险控制或资源管理等，因此它将对航海者和岸基管理者的角色进行重新定位，并确保双方都能积极地参与到船舶的航行中，而并非仅仅只是对航行过程进行监控，这也有利于航海者和岸基管理者可以基于强大的电子技术和信息管理系统做出更好的判断和决策，并有效减少其注意力的分散。

相比于传统的航海模式，e-航海的优势明显：

（1）提高了安全航行标准，促进了船舶航行安全性的提升；

（2）由于改善了航行的安全性，降低了船舶碰撞、搁浅、溢油等风险，所以有利于海洋环境的保护；

（3）通过允许岸基监管当局在无声操作模式下对相关海域进行监管，提高了安保水平；

（4）提高了船舶航行和岸基监管的效率，同时降低了成本；

（5）通过强化驾驶台团队的素质来改善人力资源管理。

未来发展中，e-航海要达到的主要目标有：

（1）从水文气象、航行信息以及各种风险的防范等方面促进船舶航行的安全与安保；

（2）便于岸基/沿岸设施对船舶交通进行监测和管理；

（3）促进信息的沟通，包括船—船、船—岸、岸—船、岸—岸以及其他用户之间的数据交换；

（4）为提高航运和物流的效率创造有利条件；

（5）支持有效的应急反应和搜救服务；

（6）验证关键安全系统的精度、完整性和连续性指标；

（7）通过用户界面集成并显示船上和岸上的信息，以最大限度地实现航行安全，减少用户一方由于混淆或误解而产生的任何风险；

（8）集成并显示船上和岸上的信息，以实现对用户工作量的管理，激励并约束用户，同时进行决策辅助；

（9）在战略发展和实施的过程中，使之包含针对用户的培训和熟练操作等方面的要求；

（10）促进 e-航海的全球覆盖、标准和配置的统一，提高设备、系统、标志和操作程序相互之间的兼容性和协同性，以避免用户之间潜在的冲突；

（11）可升级从而方便所有潜在的航海用户使用。

e-航海战略的发展和实施无论是对全球航运业还是对航运业所涉及的各方来说都具有重要且积极的意义：

（1）对整个航运业来说，e-航海能够有效促进船舶的安全航行，提高航行效率，并有助于海洋环境的保护，为航运业健康平稳地运行及实现可持续发展创造有利的基础条件；

（2）对航海者来说，e-航海能够为他们带来清晰、简洁、易操作的人机界面，他们无须再熟悉掌握各种界面和操作方式都不尽相同的系统，这使他们能够准确快捷地获取所需的航行信息，并更好地与岸基设施保持互动，从而有助于他们的决策过程，且降低人为失误的可能性；

（3）对船东而言，船舶不需要再安装各种功能相互重叠的系统，取而代之的是一个高度集成、兼容并包的标准化系统，并且这一系统可随时容纳未来可能出现的新技术而无须报废，这将大大降低他们的经营成本；

（4）对主管当局而言，e-航海将统一船载设备与岸基设施的标准，扩大船岸间的信息交换规模，将有效提高其对船舶的监管效率，此外，通过 e-航海还可对船舶进行持续追踪，这为应对海上事故提供了迅速反应的机会，有助于提高应急搜救服务水平。

1.2.4 e-航海研究的进程与规划

2006 年 7 月，IMO NAV 分委会第 52 次会议在伦敦召开，会上按照 MSC 的要求，成立了 e-航海联络工作组，正式开始 e-航海战略的制定工作。IMO 要求，e-航海战略的发展不能以技术为中心去思考，而应立足于用户需求。需要考虑的几个主要的用户需求有：

（1）搭建海事信息/数据的共享构架；

（2）实现标准化的自动报告功能；

（3）构建高效可靠的通信手段；

（4）基于人性化设计的显示方式；

（5）良好的人机界面；

（6）数据和系统的整合与统一；

（7）最大限度地减少引入方面的问题。

经过两年的努力，NAV 分委会于 2008 年完成了 e-航海战略的制定工作，但该战略并没有涉及设备开发、新标准规范的制定等具体内容，仅是对理念、观点等概念性的问题进行了阐述。IMO 审议通过的 e-航海战略的内容结构如下：

（1）定义及适用范围；

（2）e-航海的必要性；

（3）e-航海的合理性；

（4）e-航海的愿景；

（5）e-航海的核心目标；

（6）e-航海的优势；

（7）e-航海的引入及应用所需要的基本条件；

（8）e-航海潜在的用户与需求；

（9）重要的战略要素及对其的引入。

虽然制定完成了 e-航海战略，但由于缺乏具体的操作性，因此 IMO 决定研究制定"e-航海战略实施框架"，将 e-航海概念的发展与实施进一步具体化，内容包括：

（1）明确用户需求；

（2）体系结构；

（3）差距分析与解决方案；

（4）成本效益；

（5）战略实施计划的制定。

该战略实施框架的制定工作同样由设置在 NAV 分委会下的通信联络工作组来负责推进。制定 e-航海战略时是由英国担任协调员，e-航海战略实施框架的制定则由挪威负责相关协调工作。IMO 原本要求于 2012 年完成战略实施框架的制定，但由于一些工作出现延迟，因此将期限推迟到 2014 年。框架制定工作的具体实施步骤如图 1-1 所示。

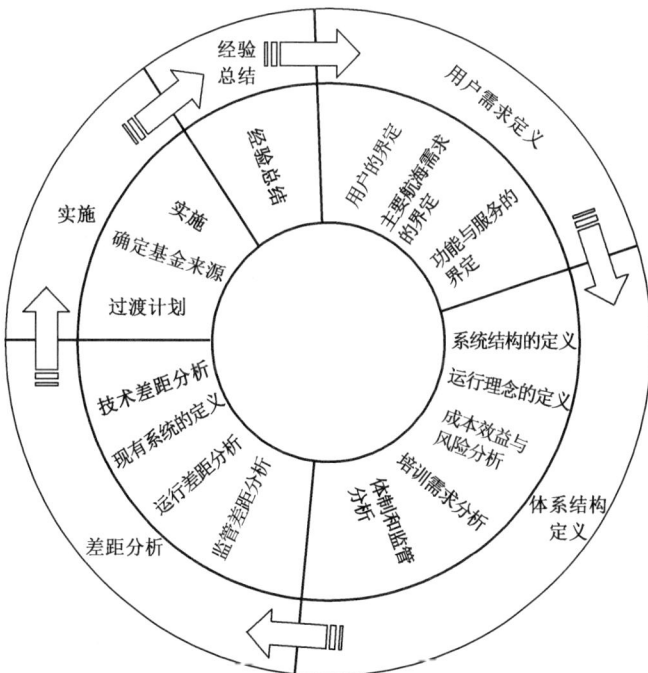

图 1-1　e-航海战略实施框架制定的步骤

虽然 IMO 为各成员国及其他相关国际组织指明了下一步研究和发展 e-航海概念的方向，但我们仍需清醒地认识到未来 e-航海的发展仍将面临一些制约和不确定的因素，主要包括：

（1）现有的法律框架（如非 SOLAS 船舶不受 SOLAS 公约的制约）；

（2）船长职责权限（如船长对船只负有最终责任的规定）；

（3）现有处理能力和人机界面方面存在技术限制，特别是对现有不同时期、不同厂商、不同功能的导航设备集成和整合；

（4）强制配置需求的缺乏；

（5）电子海图还不够完善，价格比较昂贵；

（6）船员和 VTS 操作员的技术水平、工作流程和培训；

（7）技术局限（数据处理能力）；

（8）如何赢得其他团体的支持和赞同；

（9）财政和政策的限制（如国家安全等问题导致的政治限制）；

（10）市场/商业限制（如竞争、配置要求）；

（11）无线电频谱资源（如 AIS 频率、全球带宽限制）；

（12）e-航海需要进一步考虑是否包括商业信息的交换，以及信息安全和相关组织的职责权限等问题；

（13）IALA、IMO 和其他国际组织（如 IHO、ITU、IEC、ISO、CIRM、EC、EMSA 等）的联络、协调与合作；

（14）IALA、IMO 在 e-航海战略计划团体中的角色与定位。

当前，电子技术在航海活动中得到广泛应用，但却缺乏协调发展，各种系统间功能重叠又互不兼容已成为一个普遍问题。e-航海概念的提出，为将各自独立发展的技术工具纳入一个统一的体系结构提供了一个良好的平台。同时，作为一个不断发展的、动态的概念，e-航海也将对未来航海科学技术的发展起到约束、推动的作用。

第2章 e-航海用户需求与差距分析

IMO 基于"用户需求驱动"的原则开展了 e-航海发展研究。因此，研究、发展 e-航海，首先应完成用户需求调研及相关研究分析。本章首先介绍基于需求驱动原则的 e-航海发展的技术路线，然后介绍 IMO 组织开展的世界 e-航海需求调研情况和差距分析的定义和目的，并以世界 e-航海需求调研结果为基础，全面介绍了差距分析的结果以及由差距分析得出的若干 e-航海潜在解决方案。

2.1 基于需求驱动原则的 e-航海发展规划

2.1.1 IMO 的 e-航海发展战略和技术路线

自 2005 年底国际海事界提出 e-航海概念后，IMO 即对 e-航海相关事务开展了积极研究。IMO 海上安全委员会（MSC）在 2006 年 5 月 10 日～19 日召开的第 81 次会议上决定，将"制定 e-航海战略"列入 MSC 下属 NAV 和 COMSAR 分委会的工作日程，且列为高优先度项目。

NAV 第 54 次会议于 2008 年 6 月 30 日～7 月 4 日召开。会上完成了 e-航海战略的制定。e-航海战略实施的建议时间节点为：

到 2009 年，确认初始用户需求，并对其进行审议和划分优先级；

到 2009 年，对系统结构进行初步研究，包括硬件、数据、信息、通信技术以及用于满足用户需求的软件；

到 2010 年，根据用户需求分析，完成初始差距分析。NAV 分委会从 2008 年已经开始了初步的差距分析。考虑到整个 e-航海实施程序中的人力因素，下一步的差距分析将集中在技术、规章、操作和培训等几个主要方面；

到 2011 年，对 e-航海差距分析所确定的 e-航海潜在解决方案进行研究，完成这些解决方案的成本效益和风险分析，用于确定具体 e-航海相关解决方案需要的战略决策。成本效益和风险分析将解决财务、经济方面的问题，以及评估对安全、安保和环境问题的影响；

从 2012 年开始，在完成 e-航海用户需求调研、差距分析并提出若干 e-航海潜在解决方案的基础上，开始确定下一步 e-航海具体研究方案和实施计划，包括对相关组织/团体责任的认定、过渡计划、阶段性实施日程等。

上述是 IMO 确定的 e-航海的初步发展规划（注：目前，IMO NAV 分委会于 2008 年确定的关于 e-航海的发展战略相关时间点已经推迟），该规划也可以认为是 IMO 发展 e-航海的总体技术路线。

2.1.2 用户需求驱动原则

从 IMO 的 e-航海发展规划可以看出，IMO 在确定实施 e-航海研究时，遵循的是"用户需求驱动"的原则。因此，e-航海发展规划中最先开展的工作就是进行用户需求调研，在用户需求调研的基础上完成差距分析，从而为 e-航海的后续研究奠定基础。这里的用户，既包括那些驾驶各种规模和类型的船舶用户，也包括岸上各种相关用户。2009 年 7 月 NAV 分委会召开了第 55 次会议，与会者一致认为，船舶用户初步需求包括：

（1）改进的人体工程结构；

（2）更强大的标准化接口；

（3）更好的培训；

（4）更有效显示 NAVTEX 和其他的 MSI；

（5）警报/报警管理；

（6）改进的可靠性和更好的可靠性展示；

（7）更加标准化和自动化的报告设施；

（8）改进的目标检测；

（9）更有效的警戒范围；

（10）减少管理压力。

当然，上述用户需求只是与会者一个初步的定性分析，对于 e-航海的开发研究，IMO 首先要做的，就是进行完善、全面、定量的用户需求调研，在用户需求调研的基础上，完成差距分析，再针对所确定的差距，提出 e-航海潜在解决方案，并通过现代技术来实现这些方案。

2.2　世界 e-航海用户需求调研

根据 IMO 确定的 e-航海发展战略以及用户需求驱动原则，IMO 航行安全（NAV）分委会于 2009 年组织完成了世界 e-航海用户需求调研。下面简单介绍一些本次调研的相关情况和调研结果。

2.2.1　调研基本情况

（1）该项调研工作由德国具体实施，调查问卷由德国和加拿大联合设计，问卷的设计以 NAV 54/25 和 NAV 54/13 确定的高等级用户需求为基础。调查主要着重于船舶用户。调查问卷主要包括三个部分：海上通信、人机接口和技术/操作能力的增强。由于调查问卷容量限制，一些由 IMO 负责的其他事项（例如船桥报警管理）没有进行调查。

（2）调查问卷可以用如下三种方式完成：

①基于 WEB 网页方式；

②在计算机上用 PDF 格式；

③填写打印的调查问卷。

调查问卷通过电子邮件发给全世界 e-航海的潜在用户，该调查得到了 IMO 成员国、航海协会、国际船东协会、国际海上引航员协会、国际航运协会和加拿大海岸警卫队等机构的支持。

（3）除了本次调查，其他一些成员国也将使用该联合设计的调查问卷进行 e-航海用户需求调查。从 2009 年 5 月到 9 月，加拿大计划针对本国的船舶和岸方用户进行需求调研。在美国，美国海岸警卫队将采用多种方法，确定各种海上用户对 e-航海的需求，这些海上用户包括港口安全委员会、海上引航员协会、海运交易所、港务局、内陆/浅吃水船舶、海事学院等。

（4）被调查人员：一共 353 人参与了这次 e-航海用户需求调查。他们从事海事职业的平均时间是 16.6 年。被调查人员来自全球的不同国家：最多的来自印度，占 22%；其次是加拿大（18%）、德国（10%）、英国（6%）；澳大利亚、菲律宾、芬兰各占 5%；还有其他 29 个国家。

（5）受调查人员中目前多数在船舶上工作，其中大多数在油船（25%）、散货船（22%）、集装箱船（12%）和游艇（11%）上工作。有一部分人员在岸上工作，包括：航运管理人员、船舶交通管理人员、模拟器教授和船东等。

2.2.2　调研结果

1）海上通信

大多数被调查人员认为海上通信不存在重大问题，船舶之间通信最受关注的问题是语言技能（18% 高度关注，44% 中度关注），以及不使用标准的通信短语（13% 高度关注，33% 中度关注）。而船岸/岸船之间的通信问题主要集中在高容量交通通信方面（12% 高度关注，39% 中度关注）。

85% 的受访者支持使用宽频通信方式提供和交换海上信息。他们尤其支持使用卫星宽频通信方式进行船岸/岸船之间的信息通信（68% 支持）和船船之间的信息通信（52% 支持）。

较少的受访者提出了岸方机构之间在通信方面存在较大问题。其中 17% 的受访者认为使用不同的数据格式是一个具有高关注度的问题（28% 中度关注）。受访者中 16% 认为存在的较严重问题是不同的机构之间不愿意分享某类信息（34% 中度关注）。

在船上工作的受访者认为，目前的报告规程会分散他们的注意力，影响其完成航行工作，增加其工作量，特别是在交通密集的限制水域。他们必须向岸上不同的机构多次发送相同的信息，但使用的是不同的报告格式。大多数受访者支持这样的概念（74% 支持，17% 较为支持）：船舶只发送一次所需要的报告信息，所有必需的岸上的操作（例如 VTS、港口管理、船舶代理等）能够获取该报告信息，这样只有一些特定情况的调整才必须通过声频通信方式进行通信。

在全球范围内使报告规程和格式标准化，以避免重复报告、减轻工作负担是一个重要的用户需求。

有大约一半的受访者对 AIS 二进制电文有较高（14%）或中度（41%）的了解或经验，其余的调查者对 AIS 二进制电文有较低（27%）了解或不（17%）了解。总体来说，对于 AIS 二进制电文是否是有效地传输助航相关信息的方法，受访者的看法并不统一（21% 赞成，23% 比较赞成，14% 比较不赞成，14% 反对）。而根据对 AIS 二进制电文使用的经验的程度，赞成的百分比会发生变化。对 AIS 二进制电文有使用经验的，有 29% 认为这是传输助航信息有用的方式，而对 AIS 二进制电文使用经验少的，则只有 11% 这么认为。对 AIS 二进制电文使用经验少的，有 18% 对此问题没有看法。

所有具有和没有 AIS 二进制电文使用经验的受访者，对使用 AIS 二进制电文传输助航相关信息的关注程度都较高。主要关注的问题是：没有提供是否收到电文以及理解电文的反馈信息（前者 39% 高度关注，36% 中度关注；后者 41% 高度关注，31% 中度关注）。其他关注的问题包括：船舶未配置 AIS（40% 高度关注，28% 中度关注），对于时间要求严格的信息，AIS 二进制电文可能传输太慢（40% 高度关注，29% 中度关注）。

2）人机界面

213 名受访者回答了启发式问题："你认为在你的工作场所，在人机界面（信息的显示和对系统的操作）方面有哪些需要提高？"对此主要关注的方面包括：用户友好性、标准化、集成性、人体工程符合性、报警管理、可靠性和培训。

回答该问题的受访者中有四分之一关注可用性方面的问题（例如，系统的操作应更加容易，信息的显示也应该简单直接）。回答该问题的受访者中有五分之一强调，所有制造商都应该在设备操作和信息显示方面遵循统一标准。

总体上，受访者支持在船舶船桥的助航显示器上，显示通过通信设备接收的用户可选信息。受访者最希望显示的 10 类信息是：

实时潮汐/水位、预报潮汐/水位、风速/风向、限航区（临时）、航标状态、搜救信息、航道关闭、港口关闭、引航信息、遇险船舶。

受访者认为，在某些情况下，应可以根据用户设置的参数过滤某些传输的数据。例如，54% 受访者支持通过过滤的方法，只显示用户选择海域的信息（24% 较为支持）。

大多数受访者支持 S 模式（即简单模式或者单一窗口模式）的概念（50% 支持，30% 较为支持），而只有 2% 不支持（3% 较为不支持）。

3）技术/操作功能的增强

大多数受访者希望有另外一个 GNSS 系统作为 GNSS 的冗余系统（68% 支持，17% 较为支持）。多数受访者也支持使用雷达定位（42% 支持，23% 较为支持）。只有 8% 的受访者支持劳兰 C 作为 GNSS 的冗余系统，而 40% 不支持，16% 较为不支持。

大多数受访者支持在岸上对船舶交通有更加全面的、总体上的协调。例如，根据大型和特殊船舶的航行协调海上交通（58% 支持，31% 较为支持），或根据水上交通密度来协调海上交通运输（53% 支持，35% 较为支持）。

受访者较为支持能够自动检查某些要求的船用规程（43% 支持，28% 较为支持），而只有 7% 不支持，8% 较为不支持。

大多数受访者支持用电子的方式提供纸质信息和文件（52% 支持，31% 较为支持）。

2.2.3 在 e-航海战略规划中使用用户需求的建议

由于用户需求的重要性，以及其对 e-航海发展的驱动作用，因此 NAV 分委会建议建立一个工作程序，在 e-航海战略实施过程中不断修改更新用户需求文件。使用新设备［例如符合 MSC.192（79）决议的雷达］、制定 ECDIS 配载要求、根据任务导向型的原则对 INS 标准的修订，这些过程中获得的新的航海经验和认知均应加入到用户需求中。

本次世界 e-航海用户需求调研的详情和相关分析请参阅 NAV 分委会会议文件 NAV 55/INF.9。

2.3 基于用户需求调研的差距分析

2.3.1 差距分析的定义与目的

IMO 在主导 e-航海发展过程中，按照用户需求驱动的原则，进行用户需求调研是 e-航海后续研究工作的基础。以用户需求调研为基础，下一步工作就是进行差距分析。

e-航海差距分析，就是将用户对 e-航海的需求，与目前用户在海上环境中能获得的海上助航及相关服务进行比较，从而得出用户需求和海上服务现状之间的差距，这一分析过程就是差距分析。

e-航海差距分析的目的，是以用户需求调研过程中所确认的差距为目标，根据可用的相关航海技术，构思出弥补这些差距的潜在解决方案。这些潜在解决方案是定性的、功能性的解决方案，而非具体的技术方案。采取什么样的技术方案来实现这些 e-航海潜在解决方案，就是 e-航海研究的具体内容，其中包括 e-航海技术架构研究、岸基系统设计、船岸通信系统研究、船舶综合助航系统开发、e-航海统一数据结构和信息标准研发等，这些内容将在以后章节详细介绍。通过用户需求确定差距分析，根据差距分析确定 e-航海潜在解决方案，对这些潜在解决方案再进行成本效益分析和风险分析，剔除其中一些不可行的方案，进而确定 e-航海的最终解决方案和具体研究内容，这一过程是一条科学、严谨的 e-航海发展研究的技术路线，如图 2-1 所示。

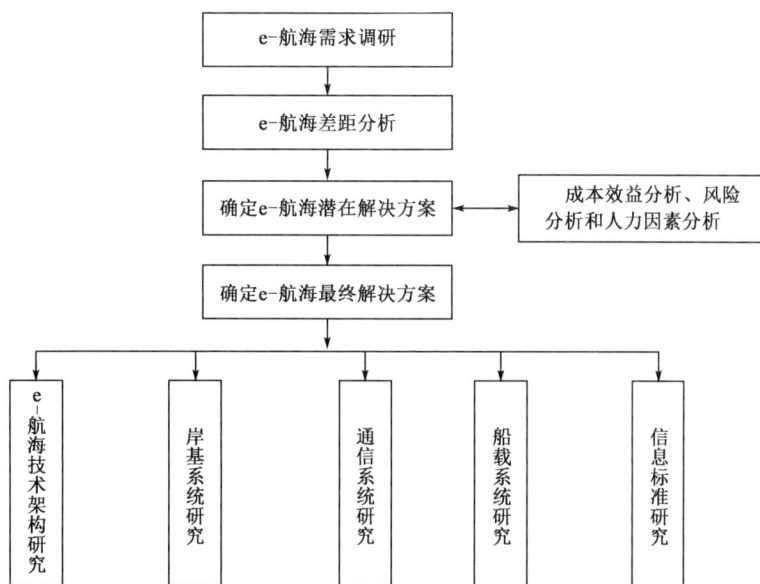

图 2-1　基于需求分析的 e-航海技术路线图

2.3.2　e-航海差距

IMO 于 2009 年组织完成了世界 e-航海用户需求调研，将用户需求与目前用户在海上环境中能获得的海上助航及相关服务进行比较，从而得出用户需求和海上服务现状之间的差距，完成了差距分析，从而列出了所有差距清单。对这些差距清单进行归纳分类，就得出 IMO 关于 e-航海的差距列表。这里简单介绍一下 e-航海差距分析结果。

1）船舶用户差距

（1）信息数据管理方面。

①通过通信设备接收信息（例如海上安全信息），将这些信息传输到助航系统显示时，缺少统一的数据格式。

②没有为船舶报告建立标准的数据格式。

③从其他系统获取的数据没有统一的格式，这些数据用于建立其他相关的文件。

④通过通信设备交换的信息，没有办法处理和过滤。

⑤有关利益相关方没有技术方法获取船舶意图方面的信息。

⑥没有关于设备状态的接口标准。

⑦在特定区域，没有规定海事服务集（Maritime Service Portfolios，简称 MSP）的特定的服务项目，这将导致在特定区域需要相应的服务系统。

⑧缺少有效和统一的方法评估并标示导航精度、可靠性水平和所显示信息的完善性。

⑨缺少在模糊阈值的基础上确认（标准算法）精度和完善性以评估并定量分析可靠性的标准条例。

⑩缺少定量分析可靠性参数的评估程序（例如对电子定位系统进行评测）。

⑪提高安装和维护人员的能力，使系统和设备具有更好的可靠性。

⑫缺少标准的一套符号使所有需要的信息显示在助航系统上（例如有 S-52，但缺少显示 MIO 要素的符号）。

⑬使受训人员熟悉信息内容及其显示，例如海图的元数据、辅助数据等。

（2）有效和稳健的语音通信和数据传输。

①没有确定海上通信可靠性的方法。

②数据/语音通信的可靠性较低（用户要求通信时不受干扰、无噪声）。

③缺乏通信技术的可靠性标准。

④对于潜在的 e-航海通信需求，包括短距通信，可能缺乏带宽和足够的带宽分配。

⑤对于通信设备缺乏资源和信道管理系统。

⑥缺乏船舶之间交换助航信息（例如目的地、报警信息）的无缝通信手段。

⑦船岸之间和船上，缺乏数据交换的技术和程序。

⑧缺乏支持可靠性信息描述数据和系统完善性信息交换的数据协议。

⑨缺乏足够的信号安全、系统安全、输入安全手段以及数据存取、数据协议管理手段。

⑩缺少完善的 GMDSS 设备。

⑪对于解决 e-航海通信需求的新的通信设备和系统，缺乏管理章程。

⑫IMO 对通信和导航的要求不统一。

⑬岸端、船端 e-航海相关系统发生误操作时，缺乏结构化通信链路以通告这些误操作。

（3）船桥系统和设备。

①定位系统可靠性不够。

②电子设备缺乏为提高可靠性而进行自行检测的功能。

③缺乏产生可靠性量化信息的自动评估功能。

④缺乏为港区操作和自动入坞而提供的 PNT 服务。

⑤缺乏提供有弹性的 PNT 服务的框架体系。

⑥导航设备人机工程方面存在的问题是，缺乏用于通信和导航的直观的人机接口。船

桥的布局、相关系统和设备的设计很少考虑人机工效学和用户友好的原理。

⑦对所有可能的 e-航海信息，缺少统一的显示符号。

⑧在助航显示器上缺乏船舶操纵信息（数据）的显示。

⑨对软件、硬件升级的控制（例如型式批准）不够。导航和通信设备的型式批准程序应更灵活有效。没有导航和通信设备操作系统的升级相关制度。e-航海框架内，缺乏软件驱动应用系统的升级机制。

⑩现有的涉及人体工程学的文件体系（性能标准、指南等）不统一，并很少得到应用。

⑪现有的涉及人体工程学的文件体系（性能标准、指南等）并没有在通信设备和系统（包括 GMDSS）中得到应用。

⑫现有的涉及人体工程学的文件体系（性能标准、指南等）并没有在预警管理方面获得应用。

⑬目前，没有用户可用性评估方面的指南。

⑭评估航行计划的功能操作缺乏标准化，用户需要提供标准化的功能和操作方法。

⑮各种系统和传感器的互操作性缺乏性能标准（根据模块化概念）。

⑯由于人类工程学方面的因素，船员有时难以获取所需要的信息。

⑰对于接收自通信设备的信息，缺少对这些信息进行处理、路由选择、过滤和显示的统一的技术方法，使其传输给助航系统。

⑱缺少对 MSI（海上安全信息）信息进行分类、显示的方法，例如 NAVTEX、Safety-NET 信息。

⑲缺少存储、共享和发布 MSI 信息的网络系统。

⑳除非事先要求获取相关信息，目前的系统不能够实时接收 MSI 和其他助航预警/播发等信息，并进行集成处理后显示在助航显示器上。

㉑助航显示器上不能实时获得并显示支持船桥船舶操纵的信息。

㉒没有用于显示数字出版物和 MSI 的二级屏幕选项。

㉓助航系统特别是用于引航的助航系统，缺少专门的泊位停靠方面的信息。

㉔对于以前通过打印形式获取的信息，应开发新的设备/系统或任务来处理这些信息，这种新的设备/系统或任务应基于组合助航系统（INS）的概念［参考 MSC. 252（83）］。

㉕在电子文档中，可能难以找出信息的地点。

㉖文档缺少自动更新。

㉗电子系统不能自动确定可用数据的状态，并自动检索最当前的和综合的数据。

㉘新的助航显示系统的规程应该标准化。

㉙存取并使用更新信息的权限方面的法律问题目前还没有解决。

㉚文档系统可能不允许电子文档的形式。

㉛太多的规章制度增加了船上船员的管理负担。

（4）船舶报告。

①缺少自动、标准的船舶报告功能（例如作为船舶报告系统一部分的 FAL 公约文件、沿岸国和附加港口进入要求等）。

②在船舶航行时或之前，对于任何所需要的船舶报告信息，这些信息应采用单一窗口模式并/或者自动地、以单入口方式进入系统被授权用户使用，而不会受船舶的干扰，除非这些信息与航行有关。

③内部船舶数据（包括信息的更新）不能自动进入报告系统。

④存取、共享船舶报告信息的法律问题还没有解决。

⑤允许一个政府机构出于安保的原因在一个 MDA（海上区域预警系统）系统中自动选择船舶（不用通知船长或得到船长的同意），并保持对该船的兴趣，在这方面还缺乏法律协议。

⑥跨国界船舶报告要求尚未统一。

⑦没有标准化的报告格式。

⑧报告程序未实现全球标准化。

⑨缺少安全相关设备的培训材料。

⑩没有新的和现有的性能标准培训材料的标准。

⑪缺乏对船员和相关人员的培训，使他们能够熟悉、理解并意识到发生的异常情况，并向正确的渠道报告异常情况，反馈并记录随后的行动/措施。

⑫缺乏正确使用优先电文的培训。

2）岸基用户差距

（1）信息数据管理方面。

①缺乏通用海上信息/数据结构，以协调数据安全和使用方面的政策。

②缺乏对信息标准、格式和协议统一需求的确认。

③缺少使岸基主管机构与其他岸基授权用户进行信息交换的信息协议、格式和数据结构。

④在 VTS 中心和其他 e-航海相关方之间缺少标准化的数据交换格式。

⑤目前的信息管理系统的信息处理能力和将来的大容量信息处理能力之间存在差距。

⑥没有使用能够处理升级的/大容量信息的工具。

⑦由于管理规则的不一致，导致一些沿岸国需要维护区域预警系统。

⑧不能获得足够的数据以建立海上区域预警系统（MDA）。

（2）有效和稳健的语音通信和数据传输。

在数据安全和共享方面没有国际性指南文件。

（3）系统和设备。

①对于岸基主管机构需要提供给船舶的海上信息，缺少信息传输和显示手段。

②船舶获取并显示由一个 VTS 站提供的所有的信息时，缺少相应的标准数据格式。

③没有区域海上预警信息的统一显示技术，以提高海上态势感知能力。

（4）船舶报告。

缺乏岸基船舶报告手段。

（5）专业培训。

①为了与 e-航海的概念一致，IALA 的 VTS 指南将不再修订。

②VTS 操作程序和指导应与 e-航海保持一致。

③不仅是船舶用户，岸基用户（例如 VTS 操作人员）也需要进行适当培训，以有效使用 e-航海系统并从中获益。

（6）交通监控。

①目前没有使用能够处理大容量信息的船舶交通监控工具。

②目前的 VTS 系统没有能力提高收集、集成、交换、显示、存储和分析数据的能力。

③岸基主管机构没有办法监视船舶助航系统、助航信息和通信系统的性能状况。

④目前的 VTS 系统不能够实时显示船舶的跟踪轨迹以提供航行辅助服务（NAS）或船舶交通组织服务（TOS）。

⑤一些操作系统和软件不再被支持。

⑥一些 VTS 站各种应用之间互操作性存在问题。

⑦船/岸之间带宽限制；缺少 VHF 频段。

⑧缺少有效的手段阻止错误的 AIS 数据的播发。

⑨对于航行辅助服务（NAS）或船舶交通组织服务（TOS）的范围和发展，在国际上缺乏统一的认识和理解。

⑩有些 VTS 操作人员没有受过 IALA V103 标准课程的培训；有些 VTS 培训机构的培训课程没有得到认可。

⑪有些船员对 VTS 服务类型缺乏理解。

3）搜救用户差距

（1）信息/数据管理。

①缺少相关手段为 SAR 提供数字格式的 e-航海信息。

②没有足够的方法获取遇险船舶的信息。

③没有足够的手段获取 LRIT 数据提交给参与 SAR 行动的船舶或部门。

（2）有效和稳健的语音通信和数据传输。

①开展 SAR 行动时，缺少能够连接各有关方面的自动化的网络系统，搜救指挥中心和船舶、岸方、大陆、海上、空中各方通信功能有待提升。

②没有办法为 SAR 主管部门获取船舶通信及相关设备的详细情况。

③SAR 行动时没有足够的通信手段。

2.4　e-航海潜在解决方案

完成用户需求调研和差距分析后，根据可用的相关航海技术，就可以构思出弥补这些差距的潜在解决方案列表。根据上述技术路线，IMO 于 2010 年初步确定了 e-航海的潜在解决方案。下面分类对这些潜在解决方案进行简单介绍。

2.4.1　统一、用户友好的船桥系统设计

（1）根据人体工程学原理，改进船桥系统设计和布局。

（2）扩大船桥设备使用标准统一的信息显示符号的范围。

（3）相关设备应有标准化的培训说明材料。

（4）相关设备应有标准缺省设置、存储/恢复设置，并具备 S-模式功能。

（5）所有船桥设备应符合 IMO 的 BAM（船桥预警管理）标准。

（6）对相关设备应有信息精度/可靠性的标示功能。

（7）对可靠性的级别，除了信息，还提供图形或数值标示。

（8）采用集成的中央船桥显示系统（INS），以提高信息的存取效率。

（9）集成 GMDSS 设备，使用公用接口。

2.4.2　标准化的自动船舶报告

（1）在单一窗口模式中的单一入口完成信息报告。

（2）自动收集船舶内部用于船舶报告的信息。

（3）需要报告信息实现自动或半自动数字式发布或通信，这些信息包括静态文档和动态信息。

（4）所有国家报告均应采用符合 IMO 的 FAL 表格和 SN.1/Circ.289 要求的格式。

2.4.3　进一步提升船桥设备和助航信息的可靠性、可恢复力和完善性

（1）相关设备应具有自我检查/内置完善性测试（BIIT）功能。

（2）相关船桥设备，包括软件，应具有持久力、性能质量和完善性验证测试功能。

（3）应用组合助航系统（INS）的完善性监测概念，对助航设备进行信息完善性测试。

（4）通过与外部系统的集成，提高船舶 PNT 系统的可靠性和恢复力。

2.4.4　在船台建立标准化的综合信息处理和图形显示环境

（1）通过通信设备接收的可利用信息（包括 MSI、AIS、海图、雷达等），在图形显示器上集成并显示。

（2）使用通用海上数据结构，包括信息的优先级、来源和所有者等参数。

（3）开发标准化的数据交换接口，以支持信息从通信设备传输到助航系统。

（4）对特定区域（例如 MSP 区域）提供具有状态和存取要求的特定服务图。

（5）为船舶提供能够自动进行信息源和信道管理的系统，该系统能够根据带宽、信息内容、完善性和成本等条件，选择最佳的通信方式。

（6）为船舶提供路由和过滤功能（天气、计划航线等）。

①开发 SW/HW 信道（模块 S），将来自通信设备的信息进行处理、过滤和转换/路由后提交给船上正确的应用系统。

②提供 INS 系统功能，根据与船舶、航线和航行状况等信息的关系处理、过滤来自通信设备的信息，以保证安全相关信息在 INS 系统的正确传输和显示。

③在 INS 任务概念中提供人机接口管理功能，以识别在航线计划、船舶特征、INS 任务及其他用户选择方面显示规则的更新和设置。

（7）提供一套质量保障程序，该程序将保证所有数据在集成和显示之前都是可信的，都采用统一的参考系（CCRS），或转换成统一的参考系。

（8）对接收自通信设备的信息，采用统一的、充分考虑到人为因素和人体工程学概念的显示方法，包括标准符号和文本支持，以保证系统显示可用信息，避免过载。

（9）制定一个完整的显示库，以支持显示器精确显示。

（10）将接收自通信设备的数据提炼出符合 INS 概念的预警信息，并集成入 INS 系统。

（11）对导航和通信设备，统一制定相关规章制度。

2.4.5　信息管理

（1）提高可用数据状态的显示，及可用更新的指示。

（2）自动、及时更新电子海图（ENC）、航海出版物和其他文件。

（3）电子信息可以被适当船舶用户检索。

（4）基于任务的信息管理。

2.4.6　提高搜救行动存取相关信息的功能

（1）在 SAR 相关各方之间，自动建立通信网络进行数据协调/发布。

（2）自动进行 SAR 信息收集。

2.4.7　提高船桥设备的可靠性、恢复力和完善性；为岸基用户提高助航信息的可靠性、恢复力和完善性

在岸上监视导航系统的质量/完善性，船上信息的质量以及通信的有效性。

2.4.8　提高并规范岸基系统和服务

（1）提高感知海域功能，统一显示相关信息。

（2）相关岸基设备采用标准化的、统一的符号。

2.4.9　提高 VTS 相关服务的通信能力

提高船舶交通管理中心进行船舶交通组织服务时的通信能力。

2.5　确定 e-航海最终解决方案

第 2.4 节介绍了 IMO 根据用户需求调研和差距分析所得出的潜在的 e-航海初步解决方案。对这些 e-航海初步解决方案，还需要逐个再进行成本效益分析和风险分析以及人力因素分析，剔除其中一些不可行的方案，进而就可以确定 e-航海的最终解决方案。由于在全球不同区域，成本效益分析和风险分析结果会由于当地实际情况不同而不同，因此本书对此过程就不再详细介绍。

只有完成了用户需求调研和差距分析，得出最终解决方案，e-航海建设、开发才能做到有的放矢。因此，用户需求调研是 e-航海建设的基础和起点。

第3章　e-航海技术架构

根据 e-航海发展战略和技术路线，IMO 在 e-航海研究的初始阶段就是进行用户需求调研和差距分析，得出 e-航海解决方案。在用户需求调研和差距分析的同时，还应研究标准化的 e-航海技术架构，为未来 e-航海系统开发奠定技术基础。所谓 e-航海技术架构，是指对 e-航海各个组成部分、各组成部分的功能、各组成部分之间的相互关系的规定和描述，是关于 e-航海的重要的技术标准。IALA 各成员国在建立自己的 e-航海应用系统时，只有遵循统一的技术架构，才能使这些 e-航海应用系统能够符合统一的标准，能够和其他系统相互兼容，为全世界的用户提供标准的服务。

2013 年，IALA 修订了关于 e-航海技术架构方面的指南草案，下面以该指南草案为基础，对 IALA 在 e-航海技术架构方面研究的最新成果进行简单介绍。

3.1　e-航海总体技术架构

3.1.1　e-航海总体技术架构的简单描述

e-航海总体技术架构可以简单概述为"硬币的三个面"，如图 3-1 所示即硬币的正反两个面分别代表船方和岸方，硬币的中缝代表船岸之间的通信系统。在船—岸、船—船和岸—岸之间，隐藏着各种信息流和数据流。用户之间的信息流以及应用程序之间的数据流，是 e-航海的核心。

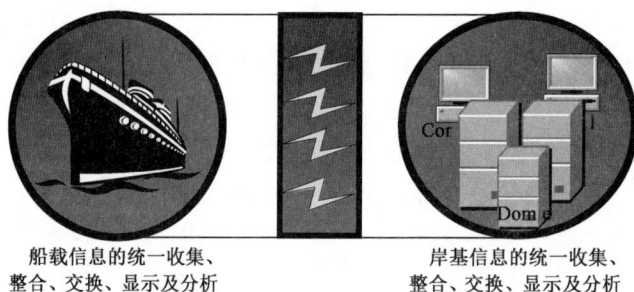

船载信息的统一收集、　　　　　　　　岸基信息的统一收集、
整合、交换、显示及分析　　　　　　　整合、交换、显示及分析

图 3-1　e-航海总体架构的简单描述：硬币的"三个面"

3.1.2　e-航海总体技术架构的进一步描述

e-航海总体技术架构更为详细的表述如图 3-2 所示。该图清楚显示了船舶环境、船岸之间的物理通信链路、岸基环境以及各部分之间的相互关系。

为了简单起见，在图 3-2 的左边表示的是一个简单的"船舶环境"。船舶环境包括航海人员、船舶通信设备、船载各种传感器、船舶综合助航系统/集成船桥系统（INS/IBS），这些设备按照 e-航海对船载系统的要求，组成统一的船载电子环境，其中核心是船舶综合助航系统/集成船桥系统（INS/IBS）。

船舶环境通过物理链路将船载电子环境与岸基技术服务进行连接。岸基服务为物理链路提供了岸基应用的接口。未来 e-航海环境下这些岸基技术服务，将会是一系列的标准功能或服务，也就是统一的岸基技术服务。

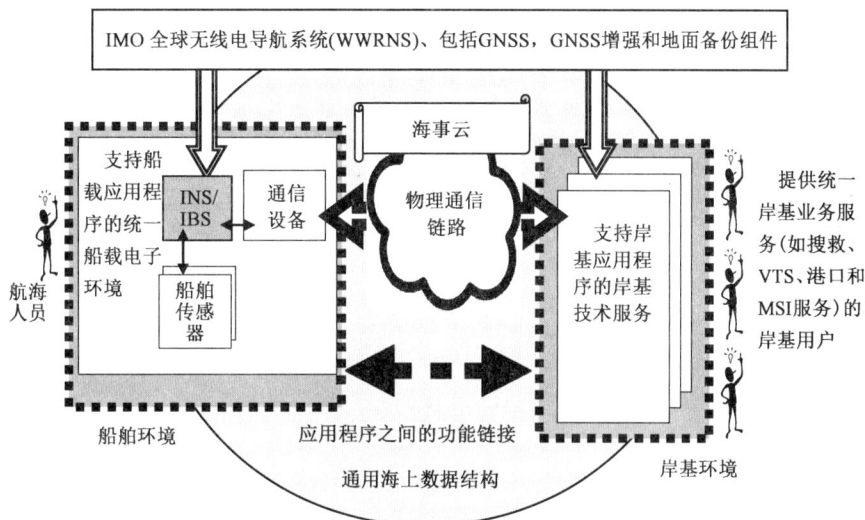

图 3-2　e-航海总体架构示意图

岸基技术服务使用数据传输网络进行数据分配。

同样对于船方来说，只有统一的岸基技术服务才满足所有的岸基 e-航海用户需求，这意味着当前的技术和服务架构并不能完全满足 e-航海的需求。

岸基用户，如 VTS 操作员、引航站和引航员、船闸操作员等，需要应用程序与船载应用程序合作开展各种业务工作。从他们的角度来看，在 e-航海环境下，他们只需使用统一的岸基技术服务，即可完成业务工作。岸基应用与船载应用之间为功能性的通信链路，它们对于用户来说都是双向的。所谓功能性通信链路，是指不同的岸基技术应用，有不同的数据接口设计，采用不同的数据标准，但对用户来说这些是封装在系统内部的，用户不用考虑这些具体的接口、数据标准等问题。

图 3-2 也显示了 IMO 的世界无线电导航系统，其中包括全球导航卫星系统（GNSS）。GNSS 作为 e-航海的外部支撑系统，为 e-航海这种应用提供 PNT（定位、导航和授时）信息，相关内容将在第 5 章详细介绍。

在图 3-2 的下部，是 IMO 设想的"通用海上数据结构（CMDS）"。CMDS 是 e-航海环境中所有数据应采用的统一的数据结构，有时也称为通用海上数据模型（UMDM）。这些通用的数据结构，也就是 e-航海所有数据都应遵循的信息标准。采用统一的数据结构或信息标准，是 e-航海能够实现的关键因素。本书第 4 章将详细介绍 e-航海信息标准方面的内容。

图 3-2 也提出了海事云的概念，海事云可以认为是包含所有可用的通信方法的广义通信基础设施。目前海事云的相关技术尚处于研究之中。

3.2 e-航海核心：由 IMO 管理的通用海上数据结构（CMDS）

从图 3-2 可以看出，船岸之间进行信息交换，所有信息的结构都应是通用的、规范的数据结构。IMO 认为，e-航海成败的关键因素之一就是是否有科学、合理的"通用数据结构"，这样的数据结构由 IMO 进行管理。"通用数据结构"限定在海上范围，就是"通用海上数据结构"。CMDS 将为所有 e-航海应用开发者提供通用参考的数据结构方面的标准。

CMDS 的功能性关系如图 3-3 所示，有如下几点：

（1）CMDS 可以表示任何海上实体，并可以通过增加新的实体进行扩展，任何利益相关者或执行者均可以使用 CMDS 表示的实体。

（2）CMDS 是海上领域的一项抽象表示。特别是，它代表该领域现存实体和实体之间的关系，但不代表处理过程。CMDS 的目的是为软件工程师提供实体和关系的通用理解。CMDS 将包含一定程度的数据建模方面的内容。

（3）CMDS 既不是数据库也不是一个接口，并不包含关于结构内实体的物理表示细节。然而，CMDS 可以指导数据库和接口的开发，它们是实体的物理表示。

（4）CMDS 对满足未来需求具有灵活性和扩展性。新的实体可以由任何利益相关者通过注册程序添加进来。实体采用开放、公开的接口，一经注册，实体对于所有利益相关者均可用。CMDS 是一个模块化的结构，其子集可以单独引用。

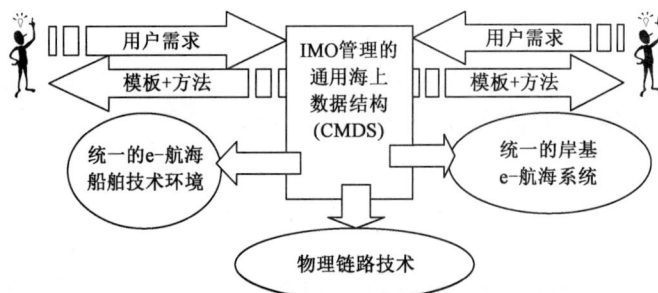

图 3-3 IMO 管理的通用海上数据结构的范围和影响

图 3-3 同时也对 IMO 管理的 CMDS 在以下方面的影响进行了说明：

统一的 e-航海船舶技术环境：船载技术系统、装备和功能需要能够处理和使用 CMDS；

统一的 e-航海岸基系统：岸基技术服务、系统和功能也需要能够处理和使用 CMDS。

因此，在 e-航海系统中，所有的数据都应该符合 CMDS，船载系统、岸基系统、船岸直接的通信系统都需要能够处理和使用 CMDS，那么，CMDS 的具体内容是什么？IMO 需要自己编制一套 CMDS 标准吗？3.3 节将回答这些问题。

3.3 IALA 等组织机构使用 S-100 作为 CMDS

如前面几节所述，在 e-航海技术架构中，CMDS 将发挥重要作用。CMDS 是指通用的数据结构，但 IMO 并没有一个具体的 CMDS 的标准，那么 IMO 需要自己编制一套 CMDS 标准吗？2010 年，国际海道测量组织（IHO）发布了《S-100 通用海道测量数据模型》（简称 S-100）。IMO、IALA 等国际组织 e-航海专家对 S-100 进行了研究，认为 S-100 完全可以作为 e-航海系统中所使用的 CMDS 的标准。因此，在 2010 年，IMO 正式确认，采用 IHO 的 S-100 作为 e-航海的 CMDS。

IHO 发布的 S-100 为各种海道测量数据建立了一个通用的数据模型。S-100 本来是用来处理 IHO 海道测量数据的，但由于 S-100 的开放性，它也可以用来处理其他领域的数据，比如 e-航海需要处理的 IALA 领域内的航标数据、VTS 数据等，这些其他领域的数据类别也称为"域"，比如 IALA"域"。非海道测量领域以外的域，在使用 S-100 时，应进行注册。S-100 也引入了"产品"概念。其他"域"的数据使用 S-100 建立数据模型时，也叫作建立了 S-100"产品"规范。图 3-4 显示了 IHO 注册系统、IHO 和 IALA 正在定义或设想的产品之间的关系，可以看出当实施 e-航海战略时，IMO 将参考这些产品规范制定有关技术文件。

有关 S-100 及 e-航海中 S-100 数据模型的相关知识将在本书第 4 章详细介绍。

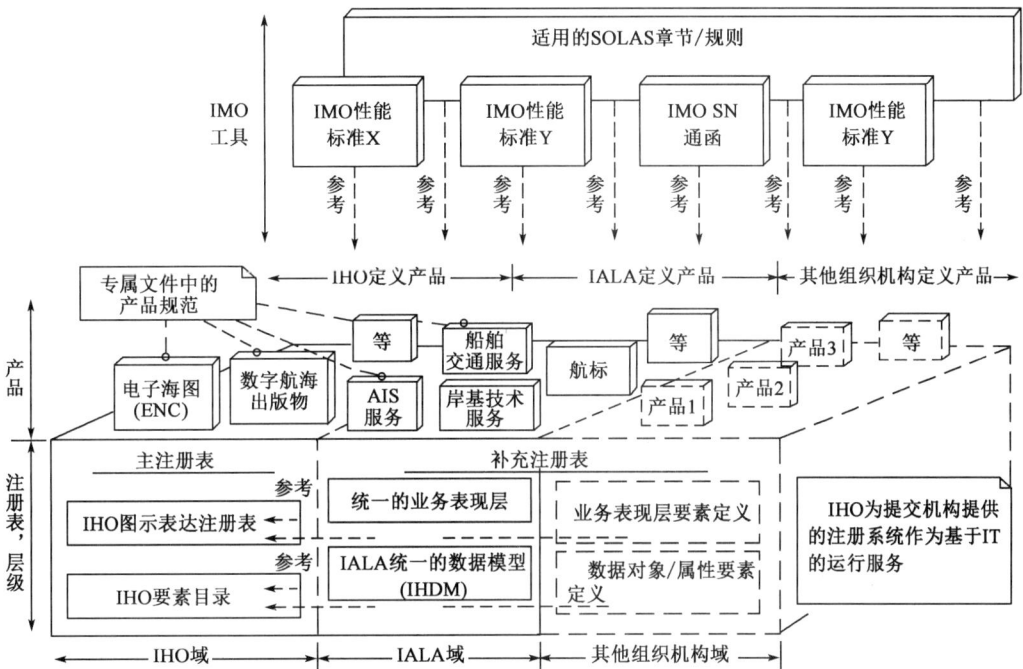

图 3-4　IALA 和其他组织机构使用 S-100 作为 CMDS

注：1. IHO 注册系统（基于 S-100/S-99）能够支持 IHO 和 IALA 之外的组织机构，如 IEC、ISO 等。
　　2. 在主注册表和补充注册表的注册系统和层级之间的"参考"作为示例提供，任何国际组织的注册系统都可以通过默认的形式提供其相同种类的内容（如：要素/属性或描述内容）。

3.4　海事服务集（MSP）的概念

3.4.1　MSP 概念产生背景

在 e-航海总体架构中（图 3-2），船方、岸方都会有若干统一的服务，为此 IMO 引出了海事服务集（MSP）的概念。

实施 e-航海需遵循的一个原则，就是统一/标准化的原则。统一/标准化的原则，体现在多个方面，比如统一的数据结构 S-100。S-100 是 e-航海系统中底层的数据结构方面的标准，在此之上，e-航海技术架构要支持众多解决方案的实现，实际上就是能实现各种 e-航海服务。这些服务，在全球不同的地方，也应该体现统一/标准化的原则。

只有实现统一/标准化的各种服务，e-航海技术架构中船、岸之间才能通过标准化的接口，通过通信链路连接成一个整体，从而支持众多 e-航海解决方案的实施。

基于上述思考，海事服务集（MSP）的概念应运而生。

3.4.2 MSP 的概念（定义）及对 MSP 的理解

IMO 目前给出的 MSP 的解释是：一个海事服务集（Maritime Service Portfolios，简称 MSP）是指在一给定的海域、航道、港口或类似区域，由岸方提供给航海人员的，一组标准化的、业务上的，或者技术上的海事服务的集合。

MSP 确定并描述了一套业务和技术服务及其服务水平，服务由指定水域、航路或港口（如适用）的利益相关者提供。服务和 MSP 主要来自离岸或岸基机构。MSP 的开发应考虑 IHO S-100 标准的使用，以实现船岸的协调、现代化、集成和简化。

MSP 在 e-航海技术架构中的位置如图 3-5 所示。图中岸方左侧边缘的黑粗虚线就是 MSP 的位置（注：该图中的 MSP 采用了"海上服务组合"的名称）。

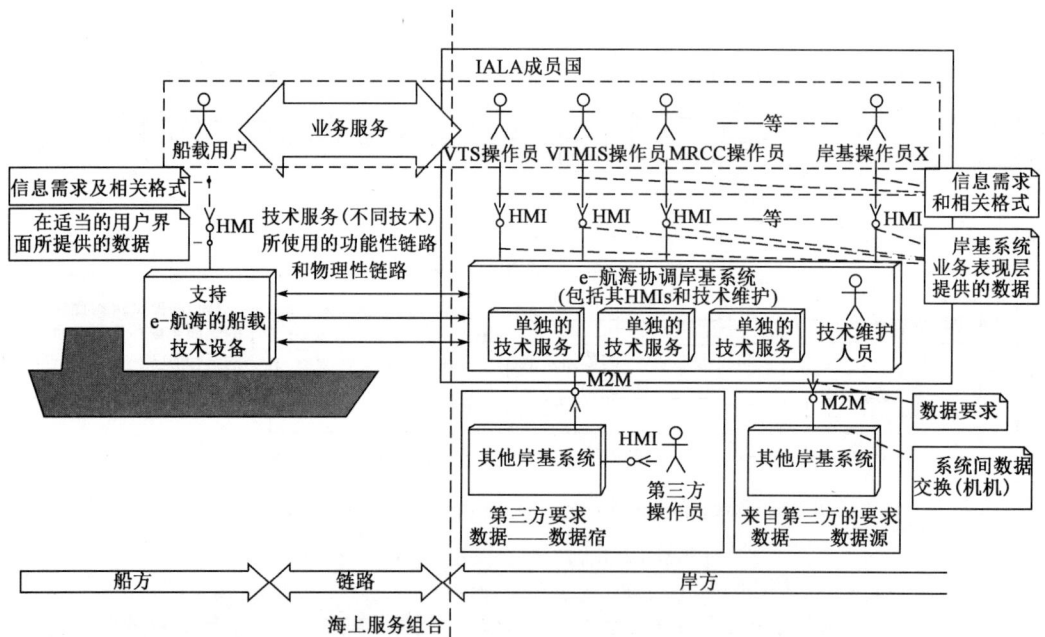

图 3-5　通用岸基系统架构（CSSA）（不含 CMDS 和 WWRNS）示意图

MSP 的目标是根据特定海上业务区域的信息和通信需求，实现全球统一、标准的海上服务。为实现该目标，首先的步骤应是确定不同地区信息服务和通信基础设施的需求。一组服务将需要一定的通信基础设施能力，并随着区域变化而变化。也就是说，MSP 是按区域来划分的。

目前，IMO 确定了如下 MSP 区域：

（1）港口区域；

（2）沿海或限制水域；

（3）大洋航行区域；

（4）沿海以外海上区域；

（5）北极、南极和偏远区域。

3.4.3　MSP 意义的进一步理解

MSP 的目的就是统一提供标准化的 e-航海岸基服务，也可以说 MSP 是实现 e-航海岸基服务的具体体现，因此，MSP 的实现对 e-航海的实施将发挥关键作用。在未来 e-航海环境中，IMO 将制定一系列全球统一的、标准化的 MSP 服务。另一方面，世界各海事主管机构，也可以根据所管辖水域的实际情况，建立自己的 MSP，提供独具地方特点的 MSP 服务。

综上所述，可以从如下几个方面进一步加深对 MSP 的理解：

（1）对于 e-航海概念本身：MSP 是 e-航海从虚幻概念到具体实现的体现。MSP 是一系列岸基服务的集合，这些岸基服务，体现了 e-航海的功能，是 e-航海概念表述的具体实现，因此，MSP 就是 e-航海的具体体系。

（2）对于 e-航海用户：可以将 MSP 理解为获取 e-航海岸基服务的产品套餐。船舶用户在其制定航行计划时，可以有选择性地确定在船舶航行途中，或在到达目的地后，分别接受哪些 MSP 产品服务。船舶用户通过这种方式，享受完善的 e-航海岸基服务。

（3）对于航海保障主管机构：建立、提供良好的 MSP 体系是职责。在 IMO 制定一系列全球统一的、标准化的 MSP 服务的基础上，各海事主管机构可以根据所辖水域特点，针对用户需求，开发、建立区域性的 e-航海 MSP 产品服务，为航海者提供完善的助航服务。

（4）对于国际海事界：MSP 是下一步 e-航海发展研究的重点领域之一。IMO 于 2011 年正式提出了 MSP 的概念。目前，一些 e-航海测试系统，比如欧洲的 ACCSEA 测试系统，根据 IMO 提出的 MSP 的定义，已经提供了一些 MSP 产品服务。但现在 IMO 并没有明确具体的 MSP 标准。MSP 如何实现，如何管理、注册、认证，全球如何对 MSP 进行统一，还需要在 IMO 主导下进行进一步研究。因此，MSP 将是今后 e-航海研究的重点领域。

而对于 e-航海的主导机构，IMO 的计划是，在全球规定若干标准的、全球通用的 MSP 服务，而在全球各个区域，相关主管机构也可以创建各自的区域 MSP，但这些区域 MSP 也必须符合相关国际标准，必须通过 IMO 的相关认证。

3.4.4　IMO 对 MSP 的汇总

IMO 航行安全委员会（NAV）在其第 57 次会议（2011 年 6 月）上提出了 MSP 的概念，并开始主导对 MSP 的研究。IMO 的计划是，在全球规定若干标准的、全球通用的 MSP 服务。到 NAV59（2013 年 5 月），IMO 列出了 17 个 MSP，对每一个 MSP 都有详细的说明。这 17 个 MSP 分别如下。

MSP1：VTS 信息服务（IS）；

MSP2：VTS 导航辅助服务（NAS）；

MSP3：VTS 交通组织服务（TOS）；

MSP4：本地港口服务（LPS）；

MSP5：海上安全信息（MSI）服务；

MSP6：引航服务；

MSP7：拖船服务；

MSP8：船舶报告；

MSP9：船舶系统遥测；

MSP10：海上远程医疗辅助服务（TMAS）；

MSP11：海上辅助服务（MAS）；

MSP12：海图服务；

MSP13：航海出版物服务；

MSP14：冰区导航服务；

MSP15：气象信息服务；

MSP16：实时水文和环境信息服务；

MSP17：搜救服务（SAR）。

上述 17 个 MSP 目前仅是 IMO 初步确认的 MSP，并不是最终方案，还有待进一步修订。

目前，IMO、IALA 等机构正在对 MSP 进行深入研究，关于 MSP 的相关标准和规范性文件将陆续发布。

3.5 通用岸基系统技术架构（CSSA）

IALA 更加关注符合 e-航海概念的岸基系统技术架构。因为 e-航海概念的核心之一是各种信息/数据流的处理，因此岸基系统技术架构将重点考虑在岸基系统架构当中使用广泛的信息技术（IT）的相关概念和术语。

IALA 成员国创建岸基系统的目的都比较类似，特别是涉及航标和 VTS/VTM 的岸基系统。因此，目前这些成员国具有相似的岸基系统架构。显然，IALA 成员国应当采用标准化的岸基系统架构。

因此，IALA 成员国岸基系统应具有通用的架构，并且应符合 e-航海概念，这就在通用 e-航海技术架构的基础上，又引出了通用岸基系统架构（CSSA）的概念。图 3-5 是 IALA 绘制的关于 CSSA 的示意图。

在关于 CSSA 的示意图 3-5 中使用了以下图形符号：

不同相关实体之间的接口由小圆圈和连接系统的线表示，所连接的系统提供并拥有接口。

系统由立方体进行表示，表达了前文说明的统一原则。

人机界面，缩写为 HMI。机机界面，即主要为 IT 或计算机接口，缩写为 M2M。由图 3-5 可见，CSSA 可以用来同时支持不同岸基用户的各种 HMI。

虚线箭头表示需求，由实体在虚线开始的地方提出。

需求箭头总是指向接口（圆圈）。这表示接口满足了需求。

目前，IALA e-航海委员会正在对 CSSA 开展进一步研究。有关 CSSA 的技术标准将适时发布。

3.6　与其他国际相关系统的关系

3.6.1　与其他岸基系统的关系

在沿海和内河水域，有不同的岸基系统为航海人员和岸基用户提供业务服务，在未来e-航海环境下，这些系统应该是"e-航海兼容"系统或一些保留系统。这些不同岸基系统应与 e-航海船上系统和岸基系统之间可以互相操作。

下面分别从本地、国家、区域和全球范围内进行说明。

（1）本地系统：本地系统为特定地理区域内的海上航行用户提供服务。其主要目的是服务特定区域内的航行人员。

（2）国家系统：国家系统为那些在不同国家水域内航行的用户提供服务。

（3）区域系统：区域系统为那些在世界范围内的特定区域的用户提供服务。如该系统可以将圣劳伦斯海域、波罗的海区域或马六甲海峡等作为一个区域提供服务。

（4）全球系统：全球系统在整个世界范围内提供服务。

每一个系统都由一系列组成部分构成，这些组成部分为他们负责的区域内的不同用户提供特定的服务。

由于目前系统技术架构的限制，岸基系统之间的连接有时会受到限制，即，目前并不是每一个岸基系统都能与任何范围的其他系统进行连接。

图 3-6 显示了上述系统之间及与航海人员之间如何进行通信联系。其中连线表明了系统和航海人员之间的可能关系。为了提高这些关系之间的效率，数据对象及其格式需要具有通用性。

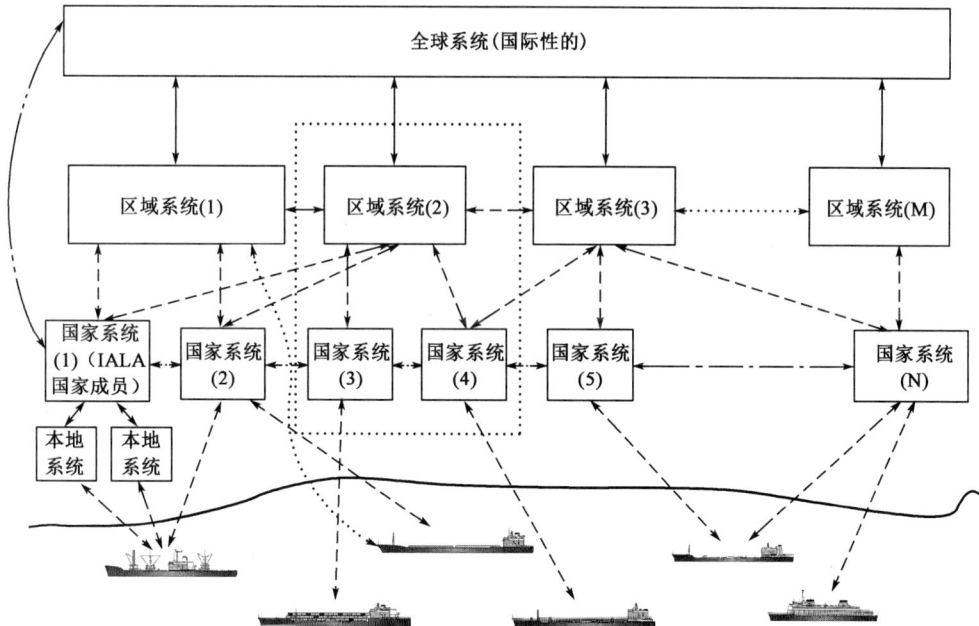

图 3-6　不同岸基系统之间的拓扑关系

一个 IALA 成员国通常运行和维护一个国家系统（参照图 3-6 突出显示的国家系统）。因此，IALA 成员国需要考虑与其他利益相关机构运行和维护的岸基系统之间的数据交互。

从图 3-6 可以看出，通过使用由国家系统（3）提供的"单一窗口"，船舶与岸基主管机构之间可以进行交互操作。国家系统（3）可以发布（图中虚线矩形区域）其他岸基系统所要求的数据，即国家系统（4）和区域系统（2）。

为了使岸基系统运行效率更高，应该提高这些系统间数据交换的自动化和标准化程度。岸基系统之间的标准化数据交换将产生更为一致和可靠的系统交互操作和数据交换。

标准化数据交换还将减轻航海人员为岸基主管机构提供信息的负担，并将保证提供更可靠和更完整的船舶航运信息。

标准化数据交换既需要标准化的数据模型，也需要标准化的数据交换格式。

标准化的数据模型通过使用数据属性定义对数据交换进行描述。每一个数据对象和每一条属性都需要通过适当的通用标示符进行确认。

通过使用不同的数据交换格式，UMDM 中同一个数据条目的交换可能有几种不同的数据编码选项，每一种都是针对特定需求而确定的。

此外，传输编码数据可以有几种数据传输的技术选项。

3.6.2　与 IMO 设想的"可持续发展的海上交通系统"之间的关系

IMO 已经声明，e-航海战略的核心目标之一是提高运输和物流效率，这就要求未来的 e-航海将涉及物流管理等方面的内容，从而将 IMO 的 e-航海战略扩展至更大的范围，超越了 e-航海定义中泊位到泊位的范围。

IMO 设想的"可持续发展的海上运输系统"旨在提高、协调并优化国际/全球海上运输过程。该系统需要货物、船舶和船舶交通之间进行数据交换。e-航海总体架构应能够支持这一数据交换，即总体架构最终应能够连接全球海上运输过程，包括物流链的所有不同利益相关者的数据交换平台，如图 3-7 所示。

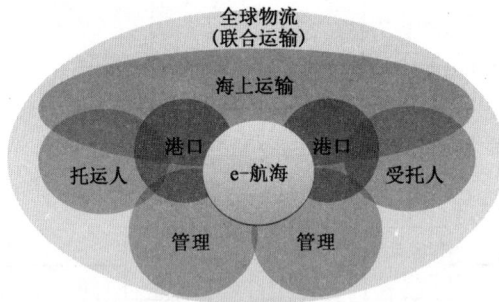

图 3-7　全球海上运输（包括物流链）框架下 IMO 的 e-航海

第 4 章 e-航海数据模型与信息标准

根据 IMO 的定义，e-航海就是通过电子的方式，在船上和岸上，收集、综合和显示海事信息，以增强船舶泊位到泊位的全程航行能力，增强相应的海上服务，加强安全和保安能力，以及海洋环境保护能力。可以看出，e-航海的核心技术手段就是通过电子的方式，在船上和岸上，收集、综合和显示海事信息，为用户提供完善的助航信息服务。也可以说，e-航海本质上就是一个综合信息处理系统，因此，在开发建设 e-航海系统时，采用科学合理的信息处理技术是关键，而数据模型或者信息标准，则是关键中的关键。本书第 3 章已经简单介绍了通用海事数据结构（CMDS）的概念和在 e-航海技术架构中的重要作用，以及 IMO 已经认可采用 S-100 作为 e-航海的数据模型标准。本章就以 S-100 为核心，介绍 e-航海数据模型、信息标准和相关研究成果。

4.1 IHO S-100 标准介绍

2010 年，根据 IALA 的 e-航海委员会研究成果，IMO 同意采纳 IHO 的《S-100 通用海道测量数据模型》（以下简称 S-100）标准作为 e-航海的通用数据模型，从而为 S-100 在 e-航海领域的应用确立了广阔的前景。

4.1.1 S-100 产生的背景

1）S-57 的缺陷

S-100 是 2010 年 IHO 公布的一项海上通用数据建模标准，该标准是针对当前 IHO 的 S-57 标准的不足而开发的。

S-57 标准的名称是《IHO 海道测量数据传输标准》，用于电子海图数据的处理域编码。早在 1992 年，IHO 的 S-57 标准在第 14 次国际海道测量大会上作为 IHO 官方标准被正式采用。并在 1996 年 12 月发布了第 3 版，2000 年发布了第 3.1 版，随后在 2007 年和 2009 年对 S-57 第 3.1 版做了两次修订。

S-57 标准内容包括：标准概述及参照标准和术语定义表、理论数据模型、数据结构、1508200 数据封装的一般规则，还包括两个附录：附录 A 为目标类目，附录 B 为 IHO 认可的产品规范。

但是，随着 S-57 的推广应用，其局限性日益明显：

（1）S-57 几乎仅用于电子海图与显示信息系统（ECDIS）的电子导航海图（ENCs）编码。

（2）S-57 没有被 GIS 领域广泛接受。

（3）S-57 维护机制不灵活。标准长时间不能更新，不利于生产。

（4）鉴于当前的结构，它能支持未来发展需求（例如栅格化的水深、时变信息等）。

（5）S-57 将数据模型嵌入到产品封装中（例如电子海图".000"文件），限制了其数据交换的灵活性和普遍性。

（6）很多人认为它是专门用于电子海图数据生产和交换的标准。

2）S-100 的推出

针对 S-57 标准的局限性，从 2008 年起，IHO 试图建造一项空间信息数据建模技术标准，以克服 S-57 的不足。该标准包括数据建模方法和应用规范，从注册规范、建模规范、产品规范、拓展应用等多个方面组织和优化数据产品模型规范，并确保其支持不同技术下使用的接口的可操作性。S-100 标准提供了一个模块化的技术架构，以便于相关机构注册和开发通用的产品规范服务。

S-100 采取了面向对象的表示方法，即统一建模语言（UML）方式编写，并推荐利用 XML 扩展标记语言进行不同接口间的技术交换和模型描述。

基于上述描述，IHO 希望 S-100 标准能够达到如下目的：

（1）与国际标准化组织（ISO）地理信息标准化技术委员会（ISO TC 211）正在编制的 ISO 最新地理信息标准相一致。

（2）为更广泛的海道测量及相关数字化的数据、产品和用户提供支持。

（3）编码格式与数据内容分离，建立与格式无关的产品规范。

（4）具有可适应变化的管理灵活性，旨在可以通过扩展来改进产品规范，而不需要发布现有产品规范的新版本。

（5）提供一个 IHO 管理的，与 ISO 一致的注册系统，其中包括要素概念字典和产品规范目录注册等，使其能够灵活地进行扩展管理。

（6）为不同的用户机构提供独立的注册系统。

基于上述目标，IHO 在 IMO 的 MSC 大会及下属分会 NAV 和 COMSAR 大会上多次报告力推该系统成为海上数据规范标准。基于此，IMO 于 2010 年通过将 IHO 的 S-100 作为 e-航海海上通用数据模型标准，并由 IALA 协调相关 e-航海战略中涉及的数据模型的注册，独立成为 S-100 的 IALA 数据域。

4.1.2 S-100 基本结构

S-100 共有 16 个章节，分 12 个部分详细规定了海上通用数据模型的制定，具体描述如下。

1）概述

本部分主要描述了 S-100 标准的起源、目标及其与 ISO 相关标准的关系，并简要说明 S-100 相关章节的内容，使读者从总体上对 S-100 标准有一个统一的认识。

2）第 1 部分——概念化架构语言

该章定义了概念化架构语言和在 IHO 组织内使用的基本数据类型。概念化架构语言由统一建模语言（UML）静态结构图和一系列基本数据类型组成，可作为地理信息产品规范的描述语言。

3）第 2 部分——IHO 空间地理信息注册管理

国际海道测量组织（IHO）已开发了一套注册系统，该注册系统符合 ISO 19135——地理信息项目注册程序。该注册系统包含系列子注册系统、要素数据字典、描述和元数据。该章节表述了注册系统的内容结构和管理机制，详细可参考 S-99 标准。

4）第 2a 部分——要素概念字典注册子系统

要素概念字典详细定义了描述各种地理信息的规范。使用该注册系统可明显提高 IHO 管理和拓展多种基于 S-100 产品的能力，使 S-100 可以在短时间内获得推广应用。该注册系统对注册用户是公开的，并可以获取任何用户的注册内容，这一特点使其得到了广泛应用，同时增加了 S-100 的潜在用户。

5）第 2b 部分——图示表达注册子系统

该部分预留给目前尚在开发中的图示表达方案。预计类似于 S-52 图示描述，我国可将 AIS 二进制标准图形描述进行如这一部分注册。

6）第 3 部分——通用特征要素模型

该部分详细介绍了开发基于 S-100 产品规范的基本要素应用模式规则。与应用模式相同，通用特征要素模型（GFM）也十分重要，它是特征要素、属性和关系的概念模型，其引入了信息类型的概念。本部分的 GFM 是 ISO 19109 应用模式规则中表达的 GFM 的专用标准。

7）第 4 部分——元数据

海道测量部门收集、存储及存档的大量数字数据正逐渐成为国家的重要财富。因为不同的用户和不同的应用系统对数据质量要求是不同的，所以海道测量数据质量认证对这些数据的应用是至关重要的。为了实现这一目标，管理者需要记录数据的质量信息（亦即元数据）以确保数据的可靠性。

通过定义质量元数据元素和建立通用元数据术语、定义和扩展程序的集合，ISO 19115 提供了描述数字地理信息的抽象结构。

该部分还描述了如何使用 ISO 19115 元数据类、元素和条件，以及形成质量元数据的合并规则。同时按照 ISO 19113，19114 和 19138 中的描述合并了质量度量。

8）第 5 部分——特征要素目录

特征要素目录记录了数据产品的内容。可以从一个或多个要素数据字典中使用项目类型，例如，特征要素及其属性。特征要素目录中最基本分类是特征要素的类型和信息类型。特征要素目录将以电子形式应用于包含有特征要素的地理信息集合。特征要素目录将遵从 S-100 该部分的规范，独立于任何已有的地理数据集合。

应该为每个产品规范定义特征要素目录。特征要素及其属性在特征要素目录中是相互关联的。特征要素及其属性的定义从特征要素概念字典中获取。

该部分还定义了特征要素类型的编排方法，并阐明如何把特征要素类型的分类组织进特征要素目录中，并进一步展现给空间数据集用户。该部分可用于对以前未编排的领域创建特征要素类型目录，并且修订已存在的特征要素目录以适应标准的实施。该部分适用于以数字化形式表示的特征要素类型编排。其原理可以扩展到其他格式的地理数据编排。

本部分适用于在类型级别上对地理要素的定义。这个国际标准不适用于每种类型个体实例的表达。

9）第 6 部分——坐标参考系统

本部分适用于海道测量信息产品生产者和使用者。其原理可以扩展到其他地理信息形式，例如地图、图表和文本文档。

本部分定义了空间坐标参考系统的概念模式，其描述了1维、2维和3维空间坐标参考系统的最小数据要求。本章节包括了所有空间坐标系统及其基准要素。该部分还描述了一个坐标系统向另一个坐标系统转换的信息需求，及其坐标转换操作涉及的参数和方法所必需的要素。坐标转换操作包括投影和基准变换。

坐标参考系统信息可以完全以本部分定义的要素来表达，也可以参考坐标参考系统信息注册子系统的描述。坐标参考系统信息注册表可以遵照ISO 19135管理。

IHO尚未规划执行坐标参考系统注册子系统。标准化工作组（EPSG）测量参考数据集是当前使用的坐标参考系统信息注册子系统的实例，该数据集由OGS的测量与定位委员会（SPC）管理。完整的CRS定义可以通过ESPG命名空间和诸如4326代码（亦即EPSG：4326）的方式表达。该代码定义了基于WGS84基准的椭球体坐标系统。EPSG数据库的管理并不遵从ISO 19135。

10）第7部分——空间架构

该部分定义了描述和操作地理要素空间属性的必要信息。它基于ISO 19107地理信息—空间架构，但是，S-100的空间要求不如ISO 19107全面。该专用标准包含了用于S-100的ISO 19107中的类的子集。

11）第8部分——影像和格网数据

该部分定义了在海道测量实际应用中的格网数据的内容模型，包括图像和格网数据。描述了网格化数据的组织、类型和与之相关的元数据及空间参考系。尽管需要进行图像和格网数据的编码与描述，但这部分内容并不在S-100该部分内。该部分内容是基于ISO 19129的影像、格网和覆盖数据框架。

12）第9部分——图示表达

该部分内容描述了用于定义和组织符号以及表现S-100产品要素所需要的绘制规则的绘制模型。

注：该部分并不包含在这个S-100版本中，并将在日后开发。

13）第10部分——编码格式

该部分内容覆盖编码格式。S-100本身没有强制要求特定的编码格式，所以产品规范的开发者可以确定编码标准，并对选中格式建立文档。编码信息与目前可用的编码标准一并发布，表4-1提供了可用编码标准的部分列表，根据需要可以将其发展成S-100的扩展。

编码标准实例（可用该表中任一种编码格式建立产品规范）　　表4-1

编码名称	描　述
ISO/IEC 8211	目前用于S-57ENC数据的编码标准
GML	地理标记语言
XML	扩展标记语言
GeoTIFF	TIFF规范的扩展，用于存储地理坐标相关联的信息
HDF-5	分级数据格式，第5版
JPEG2000	联合图像专家组—压缩照片图像的通用方法

对特征要素目录中内容与定义、数据集应用架构的定义与结构以及所应用的编码规则

的认知和了解，是数据交换成功的基础。

14）第 10a 部分——ISO/IEC 8211 编码模式

该部分规定了数据交换集执行所要求的结构和物理构成。

15）第 11 部分——产品规范

该部分解释了产品规范。这是 ISO 19131 的 IHO 描述性专用标准，并且描述了用于地理数据产品的海道测量及相关要求的数据产品规范。

该专用标准的目的是确保任何数据产品规范有一个清晰和连续的结构，并与所有其他基于 IHO S-100 框架所开发的标准相符合。

产品规范是所有要素、属性、应用及与数据表映射关系的详细描述。它是一个用于定义特殊地理数据产品的所有特征要素的完整描述。

16）第 12 部分——维护程序

该部分规定了维护和出版 S-100 各个部分所遵守的程序。注意，所有基于 S-100 的产品规范都应包括维护部分。

4.1.3　S-100 与 e-航海数据模型规范

S-100 标准以 ISO 19100 系列数据标准框架作为框架支撑，打造广泛应用、灵活扩展的海上数据信息标准架构，总体框架如图 4-1 所示。S-100 作为海上信息数据架构模型标准，可指导海上各种相关信息数据交换模型的定义。

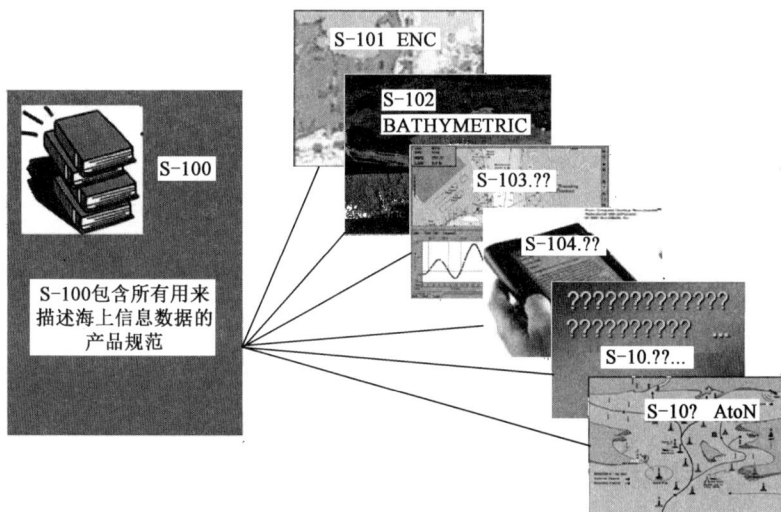

图 4-1　S-100 标准与系列产品规范

如上节所述，S-100 定义了数据交换标准描述的各个方面，从概念架构定义到产品注册、产品规范定义，十分全面。但作为 S-100 标准的最终目的是制定一系列涵盖各领域的数据产品规范标准，以供信息传输和交换应用；而这些产品规范标准是 S-100 的后续系列标准。S-100 可作为所有产品规范标准的抽象描述模型，如图 4-1 所示。

未来实现的 e-航海战略中的海上通用数据模型和信息交换标准定义就属于 IHO S-100 系列标准产品中的一部，将由 IALA 域用户进行管理注册和产品规范标准的制定。因此，e-航海最终将包括一系列产品规范标准，这将是一个十分庞杂标准体系。

4.2 IALA S-100 产品规范介绍

如前文所述，IMO 于 2010 年同意采纳 IHO 的 S-100 标准作为 e-航海的通用数据模型，从而为 S-100 在 e-航海领域的应用确立了广阔的前景。

为实现 S-100 在 e-航海领域的应用，需要进行域用户管理注册，并制定一系列 S-100 产品规范，这些产品规范将由多个具体的产品规范组成，形成一个庞杂的标准体系。为此，IALA e-航海委员会于 2013 年起草了《IALA 关于 S-100 产品规范的指南（草案）》（以下简称 S-100 产品规范），为下一步制定各类具体的 e-航海产品规范和信息标准奠定了基础。下面对 S-100 产品规范有关概念和开发过程进行简单介绍。

4.2.1 产品规范的开发

1）产品规范

为了在海事服务集（MSP）和 e-航海环境下指定、实施以及交换数据产品，应制定统一的数据规范。数据产品按照 S-100 框架进行标准化，就是数据规范，符合数据规范的数据也叫数据产品，所以数据规范也叫产品规范。根据 IMO 的规定，e-航海环境下，岸上服务区域提供的 e-航海服务可以用 MSP 的形式提供。MSP 包含标准化的操作和服务，具体由岸基主管机构或 e-航海服务部门来运行、维护 MSP。岸基主管机构或 e-航海服务部门利用数据产品交换数据。与 IALA 职责范围相关的数据产品有航标产品规范、AIS 产品规范等。各种不同的产品规范需要逐一创建并，并由 e-航海应用系统使用这些产品规范。

应该按照 S-100 规定的标准对产品规范进行描述或者定义，也就是说，可以认为产品规范是定义符合 S-100 标准的数据产品的精确技术描述。它描述了给定应用的要素、属性和关系以及它们与数据交换手段的映射，如数据集、动态数据流等。

因此，产品规范包括用于数据识别的一般信息以及数据内容、结构、参考系统、数据质量、数据获取、维护、传输和元数据的信息。

产品规范应用方法源自 ISO 19131 标准。在 e-航海框架内，利用 S-100 标准创建数据产品规范，必须使用"IALA 产品规范模板"。

2）产品规范模板

产品规范模板定义了确定和描述产品规范的标准方法。模板作为产品规范指南的组成部分，可作为附录附在规范后面。模板包含了开发产品规范所必需的所有相关信息。

3）产品规范中使用的一些概念

当开发一个产品规范时，该产品规范当中会用到一些一般性的概念。本节将对产品规范当中使用的主要概念展开逐一介绍。

4）统一建模语言（UML）

UML 为 S-100 当中使用的建立数据模型的语言。制定产品规范需要对 UML 类图表有统一的理解。读者可以通过维基百科（http：//en. wikipedia. org/wiki/Unified_ Modeling_ Language）了解 UML 的相关知识，本书不再赘述。

5）应用模式

应用模式为任何基于 S-100 的产品规范的基本要素。应用模式有两个目的，介绍如下：

首先，在特定的应用范围内达成对数据内容和结构的共同且正确的理解。应用模式将描述特定数据集内容。

其次，在用于数据管理的自动应用机制中，应用模式可以提供计算机可读模式，通过可扩展标记语言（XML）文件便可实现这一目的。在产品规范中，应用模式需要创建，这是一个循序渐进的过程，其过程步骤可以简单地描述为：

（1）以通用要素模型中定义的概念制定应用的概念性模式。这一工作也包含确定要素类型、属性和限制。

（2）根据应用模式和通用要素模型的规则描述 S-100 当中使用的应用模式要素。

（3）以其他标准模式（空间模式、质量模式等）将正式的应用模式整合到一个完整的应用模式当中。

应用模式需遵守以下规则：

（1）用于数据传输的应用模式的所有类应实例化，所有的类应是具体的。

（2）每一个应用模式的确认都应包含一个名称和一个版本号。应用模式描述了特定数据集的内容，用户在使用应用模式时，通过应用模式的版本号，可以确保服务提供者和用户有相同的表述。

（3）在 UML 当中，应用模式应在数据包（PACKAGE）中进行描述，对应用模式的描述应包括应用模式的名称以及 PACKAGE 文件中使用的版本号。

（4）应用模式应进行记录。为确保整个 S-100 产品规范的一致性，S-100 记录应用模式的手段应保持一致。

（5）如果信息可以导出供其他应用使用，UML 当中的应用模式的文件可以使用创建该应用模式的软件工具中的文档工具来创建。

（6）如果一个类或其他 UML 组件与要素目录中的信息一致，应记录该要素目录的参考内容。

应用模型的详细说明见 S-100 第 3 部分。

6）通用要素模型

数据产品中的具体内容的结构是根据对象创建的。通用要素模型的对象有两个概念。

（1）产品要素与其属性一块定义。要素是现实世界现象的抽象表示。要素具有两个方面：要素类型和要素实例。要素类型对要素的归类，在要素目录中进行定义。要素实例是要素类型中的一次实现，表现为数据集中的一个对象。

（2）信息类型：信息类型是在要素目录中定义的对象的类别。信息类型实例是在数据集中可识别的信息单元。信息类型仅有主题属性。信息类型的实例可以与一个或多个要素实例或信息类型的其他实例相关联。

例如，要素可以是浮标，信息类型的实例可以是浮标的维护报告。

具体见 S-100 第 3 部分。

7）属性类型

S-100 中，属性类型用 S100_ GF_ AttributeType 表示。它大体上相当于 ISO 19109 标准中的"类"，只是在以下方式上有所不同：在 S-100 中没有实现关联 attributeOfAttribute，但引入了复合属性的概念。复合属性在 ISO 19109 子条款 7.4 中进行了详细介绍。

4.2.2 产品规范流程示例

下面简单介绍开发 S-100 产品规范的大致流程与步骤。

图 4-2 来自 ISO 19109 标准，对现实世界转换为地理数据模型的过程进行了说明。

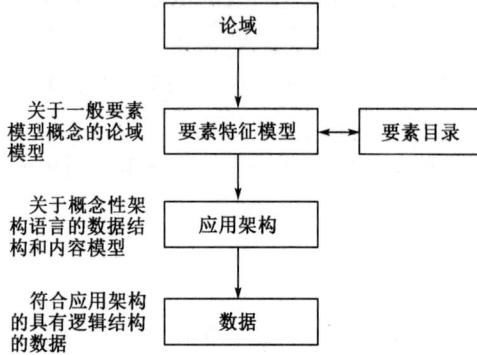

图 4-2 从现实到地理数据

图 4-2 说明了给定现实世界的背景或"论域"（可理解为讨论的范围）下，以明确的对世界的认知为基础，归纳得出建模要素的过程。这些建模要素可以用概念性的模式语言（如 UML）进行表示，并且可以储存在称为要素目录的文件当中。之后，数据符合应用模式的结构和内容，最后在要素目录中反映出来。

图 4-3 中的流程图基于 S-100 附录 A，说明地理空间产品的产生流程，该地理空间产品可以包含矢量数据和覆盖数据。

以下为开发基于 S-100 的产品规范的关键步骤：

（1）确定几何要求。

开发产品规范的第一步是确定数据是离散数据还是连续数据（即向量几何数据或覆盖性数据）。产品规范可以同时包含离散和连续数据，这些数据可以分别有不同的范围。

几何现象分为两大类——离散和连续。离散现象是具有相对明确的边界或空间范围的可识别对象。实例为包括建筑、航标等。连续现象随着空间变化而变化，并且没有特定的范围。实例为包括无线电信号强度或地面高程。连续现象的值或描述仅在空间内（任何可能的时间）的特定位置才有意义。例如，无论从其他位置如何进行测量或修改，信号强度只有在确定的位置才能呈现出特定的值。

（2）确定类和属性。

下一步是确定数据对象所属的组或类及其相关的属性。数据对象、类和属性可能已经被其他的应用进行了定义，这时就应使用那些现有的定义。如果没有，则需要创建新的定义。S-100 使用了两种特定的对象类型，一是对象具有属性和几何性质的要素类型，二是对象无几何性质的信息类型。信息类型可以与要素类型相关联。

我们以航标为例，说明如何建立航标的产品规范。现实世界中航标为离散现象，可以分为两类：固定标和浮动标。因为航标具有自身的位置，这样在 S-100 当中便是要素类型。其性质可以定义为属性，如形状、颜色和名称。

航标报告可以是带有报告、日期和管理机构详情的信息类型。

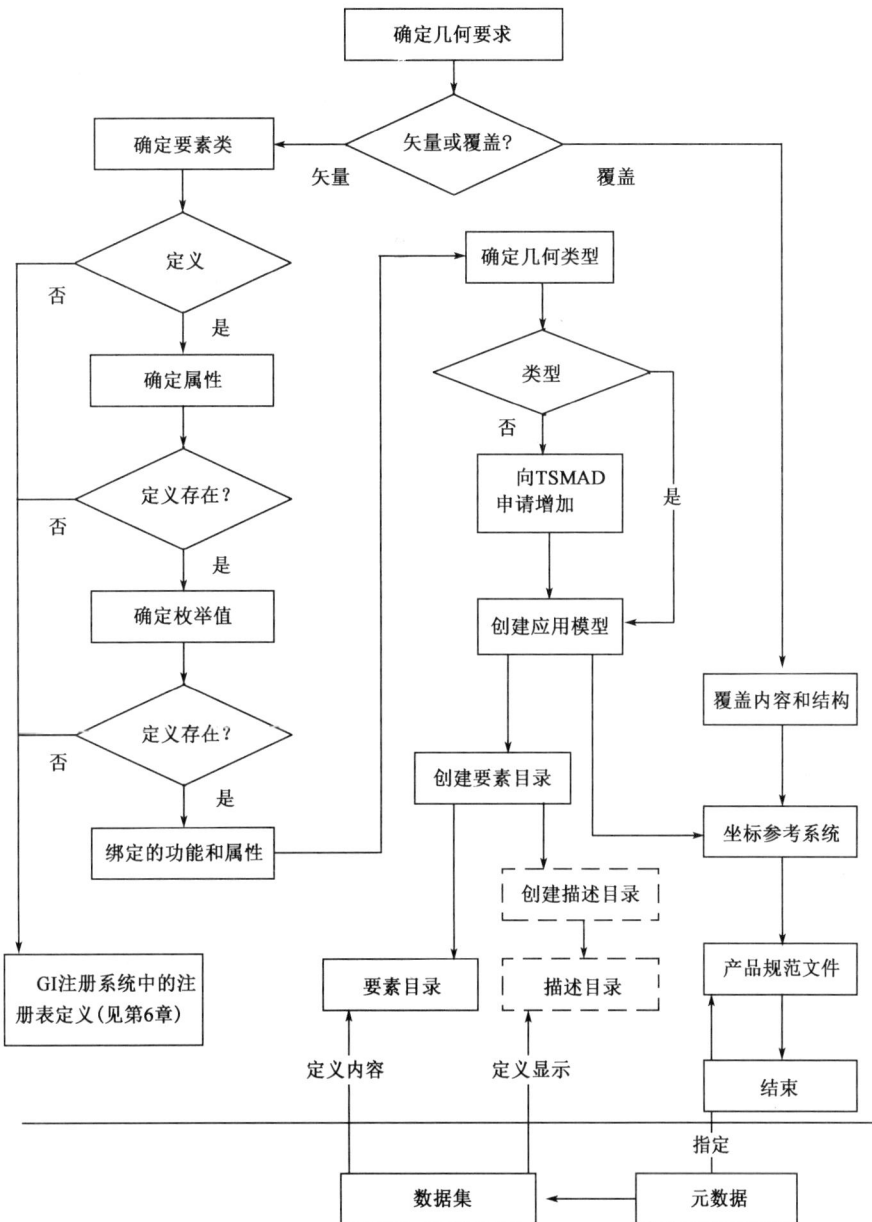

图 4-3　产品规范流程

注：几何性质之外的属性被认为是专题属性，这些属性可以是简单的，也可以是复合的。简单属性具有一定的描述特征，通常是给定类型的一个值，如：文本型、日期型、布尔型、整型等。复合属性可以是由一个或多个简单属性（也被称为子属性）组成的性质。

（3）创建应用模式。

接下来的步骤为创建应用模式。可以是逻辑模式或物理模式。

例如：逻辑（概念）模式可以使用 UML 进行创建。物理（编码）模式可以使用 XML 进行创建。图 4-4 说明了使用 UML 的情况。

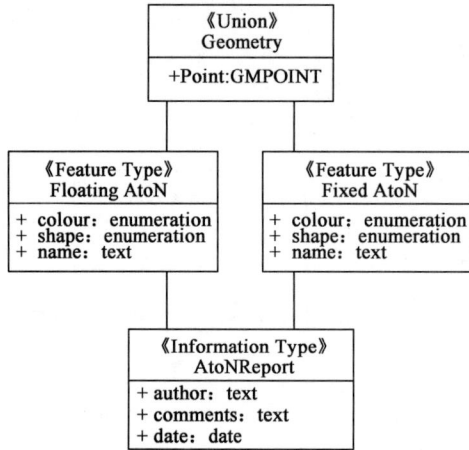

图 4-4　使用 UML 的实例模式

如果应用涉及复合的结构或关系，这些便更容易使用 UML 进行可视化，所产生的逻辑模式应包含在产品规范当中。在某些情况下，也可以从逻辑模式当中自动产生物理模式。

在 S-100 当中，应用模式通过以 XML 编码的要素目录得以实现。这就确定了产品规范所使用的要素、信息类型和属性。

（4）坐标参考系统。

必须为数据产品确定适合的坐标参考系统。坐标参考系统可以是水平的也可以是垂直的。

例如：WGS84（1984 世界大地测量系统）应该用于空间数据的水平参考系统。WGS84 应作为参考椭球体使用。数据生产者必须能够实现任何坐标系统的转换。

（5）测量单元。

需要确定测量单元。

例如：米、海里。

（6）数据质量。

应说明数据的精度和验证程序。

例如：对于给定参考坐标系，测量精度为 ±1m（95％ 置信度）。

（7）维护情况。

应对产品规范的所有权和修订安排进行说明。

例如：IALA 下属专业委员会负责每年对此产品规范修订一次。

（8）描述。

在 S-100 当中数据的描述是可选的。但是如果包含对数据的描述，则需要提供显示和符号的规则，这样的规则将用于规范中定义的数据，并需要在描述目录中进行说明。

例如：显示和符号应遵循 IMO 文件 SN Circ. 243 的要求。

（9）数据格式（编码）。

需要对编码进行讨论，选项包括 XML 和 GML（地理标记语言）。

对于一些产品来说，网站服务如 OGC 网络要素服务（WFS）可以代替传统的编码格式。

以下示例（图 4-5）展示了用于航标产品规范的 XML 编码，该示例摘自英国灯塔总局制定的一个数据模型，也是英国海道测量局按照 S-100 产品规范正在开发的一种 XML 格式。

```xml
<? xml version = "1.0" encoding = "utf-8"? >
<s100:FeatureCollection                xmlns:s100 = "http://www.iho.int/S-100"
xmlns:a104 = "http://www.iala-aism.org/A-104"
xmlns:xsi = "http://www.w3.org/2001/XMLSchema-instance"
xmlns:xlink = "http://www.w3.org/1999/xlink"
xsi:schemaLocation = "http://www.iala-aism.org/A-104 A-104XMLSchema.xsd" >
  <s100:featureMember >
      <a104:BuoySpecialPurposeGeneral s100:id = "F1" >
        <a104:featureName > AFAN OUTFALL INNER </a104:featureName >
        <a104:buoyShape > spherical </a104:buoyShape >
        <a104:categoryOfSpecialPurposeMark > pipeline
mark </a104:categoryOfSpecialPurposeMark >
        <a104:colour > yellow </a104:colour >
        <a104:depth > 8.1 </a104:depth >
        <a104:topmark >
            <a104:topmarkShape > x-shape (St. Andrew's cross) </a104:topmarkShape >
            <a104:topmarkColour > yellow </a104:topmarkColour >
  </a104:topmark >
        <s100:Point > <s100:pos > -3.90093 51.58994 </s100:pos > </s100:Point >
</a104:BuoySpecialPurposeGeneral >
  </s100:featureMember >
<s100:featureMember >
    <a104:Lights s100:id = "F2" >
      <a104:signalPeriod > 10 </a104:signalPeriod >
      <a104:signalGroup > (1) </a104:signalGroup >
      <a104:colour > yellow </a104:colour >
      <a104:lightCharacteristic > flashing </a104:lightCharacteristic >
      <a104:lightDescription > Fl. Y. 10s </a104:lightDescription >
      <s100:Point > <s100:pos > -3.90093 51.58994 </s100:pos > </s100:Point >
    </a104:Lights >
  </s100:featureMember >
</s100:FeatureCollection >
```

图 4-5　航标产品规范的 XML 建模语句示例

4.3 IALA 域产品规范过程

在本章之前的章节中介绍了关于 S-100 的相关知识以及如何利用 S-100 建立产品规范推动 e-航海发展的相关内容。对于 IALA 域当中产品规范的开发，应符合固定的流程。图 4-6 的流程图说明了 IALA 域产品规范开发的流程，可作为未来开发 IALA 产品规范的参考。

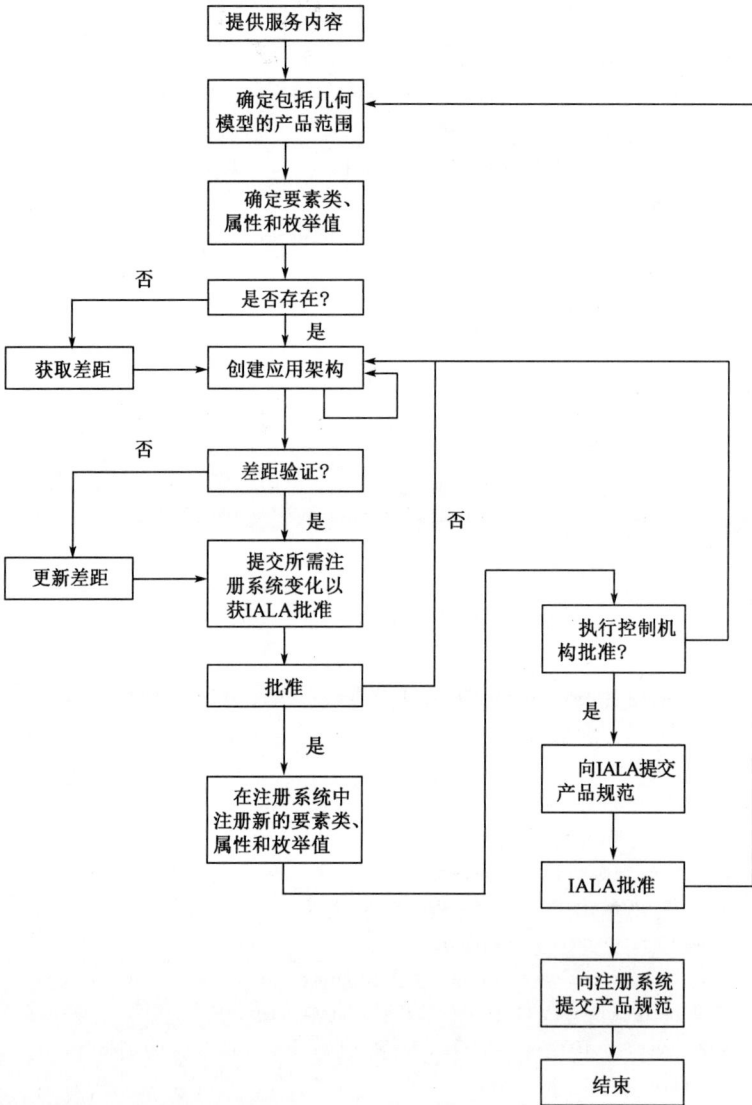

图 4-6 IALA 域产品规范过程

一张流程图并不能包含过程当中各个步骤的全面内容。表 4-2 对产品规范的一些过程步骤进行了简要解释。

产品规范流程图阐述

表 4-2

提供服务内容	假设在 IALA 机构当中已经对进入点假设情况进行了必要的讨论，并且已经通过了创建一个 S-100 产品规范的行动。该行动也包括成立开发产品规范的工作组
确定包括几何模型在内的产品范围	使用产品规范模板，工作组将范围细化到产品规范当中。范围纳入过程包括确定如几何模型、编码、CRS 和维护等项目
确定要素类、属性和枚举	工作组初步确定所需的要素类、属性和枚举值。这一过程包括对指南可以使用的现有定义和模型的相关域的调查
定义是否存在	工作组在 GI 注册定义中对所需要素类、属性和枚举值进行检查
获取差距	在定义查找中发现的任何差距（缺失/不足的定义）都将在之后的参考中获取
创建应用模式	工作组使用所需要素类、属性和枚举值开发应用模型。该过程可以形成所需要素类、属性和枚举值的修订列表。通常情况下，开发过程包括若干迭代，因为工作组需要细化应用模式。所产生的成果为一致的符合 S-100 的应用模式
差距验证	通过一致的应用模式对之前所确定的定义差距（缺失/不足定义）进行验证，因为一致的应用模式可能在迭代过程中已经引入了修订
更新差距	如果之前所确定的差距（缺失/不足定义）需要进行修订（由于差距增加、消除或变化等），则需要将这些获取的信息提交至 GI 注册系统
提交所需注册系统变化已获 IALA 批准	确定向 IALA 域控制机构提交的差距，以获提交注册系统的批准
是否批准	如果提交获得通过，新的定义可以作为提案注册到 GI 注册系统当中，或者提交被退回至工作组做进一步修改
在注册系统中注册新的要素类、属性和枚举值	由 IALA 域控制机构或指定的工作完成者注册已完成的新提案
是否执行控制机构批准	提交提案将由 GI 注册系统注册表管理者进行审议，如可能由执行控制机构进行验证。如果被拒绝，提案则退回至工作组进行修改
向 IALA 提交产品规范	当所需定义均在 GI 注册系统当中注册时，产品规范便可以完成，提交 IALA 进行审议和批准
IALA 批准	在第 3 章中审议和批准过程规定中，IALA 可以决定产品规范草案是否需要进一步完善或确定已经完成。如果需要进一步完善，产品规范草案则会退回至工作组
向注册系统提交产品规范	产品规范一旦完成，IALA 可以要求工作组向产品规范注册管理者提交完成的产品规范
结束	全部完成

　　本章大致介绍了基于 S-100 的 e-航海信息标准相关研究成果。本书第 8 章根据中国海区的具体实际，详细介绍了开展中国海区 e-航海建设可能建立的相关数据模型及数据模型内部具体结构。因此欲了解开发、建立 S-100 数据模型的具体技术细节，可参阅本书第 8 章相关内容。

第5章　e-航海导航技术

自从人类开始海上航行活动，就应用各种船舶导航技术。导航技术不仅能确保船舶的安全航行，显著地减少航行事故，而且能使船舶航行在最佳、最短航线上，创造巨大的经济效益。

目前，海上导航已发展到卫星导航时代。各种全球卫星导航系统（GNSS）及其增强系统，为海上航行的船舶提供了精确、实时的定位、导航和授时（PNT）信息。GNSS技术的成熟和GNSS系统的广泛应用，为e-航海的实现创造了外部条件。GNSS也成为e-航海赖以实现的外部支撑系统（图3-2）。另一方面，e-航海的发展也对GNSS系统提出了更高的要求。因此，介绍e-航海发展，必须对导航技术进行全面归纳和梳理。

本章全面回顾了航海导航技术的发展，并对现有的GNSS系统做了全面的介绍，阐述了e-航海对GNSS系统的要求以及未来GNSS技术的发展趋势，分析了GNSS的局限性、解决措施，并介绍了eLoran陆基导航技术的相关知识，最后简要介绍了国际航标协会（IALA）发布的《全球无线电导航规划》。

5.1　导航技术发展回顾

海上导航方法大致经历了如下过程：
（1）推算导航；
（2）路标导航；
（3）天文导航；
（4）无线电导航。

前三种方法是原始的导航方法，十几个世纪以来，一直被人们广泛应用，但其受客观条件影响很大，定位误差大。无线电导航是导航史上的一次革命，是用无线电导航设备确定舰船以及其他运载体的位置坐标，有目的地引导和控制它们从一地向另一地运动的技术。无线电导航一般属于非自主式导航，它通常由若干地面发射台及用户接收机组成，地面台的任务是发射特定的导航信号，用户接收机则接收这些地面台信号来完成定位和导航任务。

无线电导航技术的发展已经历了三个阶段。在第二次世界大战以前，斯通于1902年发明了无线电测向技术，该技术很快进入了实用阶段。第二次世界大战开始至20世纪60年代初，无线电测向技术进入发展阶段，先是台卡、罗兰（即后来所称的罗兰A）系统的问世，后来随着精度和航程的需要，发展了罗兰C和欧米伽导航系统。20世纪60年代以后，无线电测向技术进入了成熟阶段，主要标志是实现了全球导航，导航精度也更高。这时的典型系统是子午仪系统、齐卡达系统，这些系统的主要缺点是100多分钟才可定位一次。20世纪70年代后，无线电导航技术进一步完善，进入卫星导航时代。美国研制开发的GEOSTAR系统用三颗同步卫星在美国本土上解决了实时定位问题，定位时间6s，精度

2～10m。与此同时，美国国防部研制实施了具有通信、导航、敌我识别功能的 GPS 和 JTIDS 系统，其特点是定位精度高、抗干扰性强、机动性好。美国的 GPS 和俄罗斯的 GLO-NASS 系统都是固定全球导航网络，但因为 GPS 星座布置快，美国又公开了 C/A 码提供民用，便形成了世界范围内采用 GPS 系统导航的热潮，导致罗兰 A 系统趋于淘汰，子午仪和齐卡达系统也无人问津。罗兰 C 因其精度较高，导航距离较远，尚可使用一段时间。欧米茄系统虽然精度不高，但由于其信号可入水 10m，能够为潜艇导航，因此还在保留使用。作为一般的航海和航空导航，目前主要是利用 GPS 卫星系统和其他卫星导航系统，并在此基础上发展更完善的全球导航卫星系统（GNSS）。

5.2　GNSS 发展现状

5.2.1　GNSS 的概念及全球无线电导航系统（WWRNS）

GNSS 的全称是全球导航卫星系统（Global Navigation Satellite System），它是泛指所有的卫星导航系统，包括全球的、区域的和增强的卫星导航系统，如美国的 GPS、俄罗斯的 GLONASS、欧洲的 Galileo、中国的北斗卫星导航系统等。卫星导航系统的增强系统包括美国的 WAAS（广域增强系统）、欧洲的 EGNOS（欧洲静地导航重叠系统）和日本的 MSAS（多功能运输卫星增强系统）。GNSS 还包括一些在建和以后要建设的其他卫星导航系统。国际 GNSS 系统是个多系统、多层面、多模式的复杂组合系统。这些系统构成了全球无线电导航系统（WWRNS），为海上航行提供优良的导航定位服务。现有 WWRNS 如图 5-1 所示，其中，GPS 和 GLONASS 是获得 IMO 认可的 WWRNS 系统的一部分。

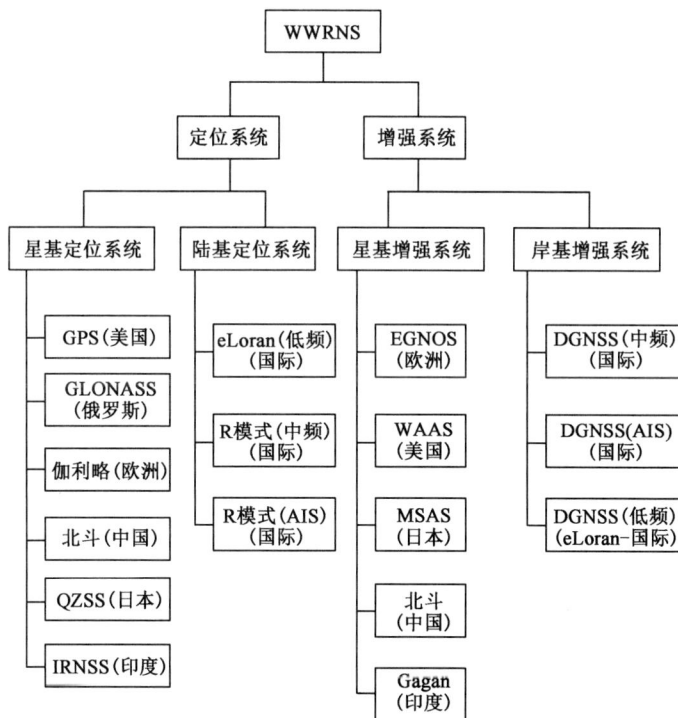

图 5-1　全球无线电导航系统（WWRNS）（GPS 和 GLONASS 是 IMO 认可的 WWRNS 的一部分）

5.2.2　GNSS 的发展现状

1）GPS 系统

GPS 是在美国海军导航卫星系统的基础上发展起来的无线电导航定位系统，具有全能性、全球性、全天候、连续性和实时性的导航、定位和定时功能，能为用户提供精密的三维坐标、速度和时间。GPS 系统由空间部分、地面测控部分和用户部分三部分组成。

（1）空间部分。

GPS 系统的空间部分由空间 GPS 卫星星座组成。GPS 卫星星座原计划是将 24 颗卫星均匀分布在 6 个不同的轨道平面上，每个轨道平面与赤道平面的倾角大约 55°。在地球上任何地点、任何时刻都能观测到 5~8 颗卫星。每颗卫星都利用两个 L 载频传送信号，即 L_1（1 575.42MHz）和 L_2（1 227.26MHz）。每颗卫星都在完全相同的频率上传送信号，但每颗卫星的信号在到达用户之前都经过了多普勒频移。L_1 承载精密（P）码和粗/捕获（C/A）码，L_2 仅承载 P 码。导航的数据报文叠加在这些码上，两个载频上承载着相同的导航数据报文。P 码通常是加密的，只有 C/A 码可供民用。而发展到今天，在轨道上运行的卫星数量已经达到 31 颗，其中 GPS-2A 卫星 10 颗，GPS-2R 卫星 12 颗，经现代化改进的带 M 码信号的 GPS-2R-M 和 GPS-2F 卫星共 9 颗。根据 GPS 现代化计划，2011 年美国推进了 GPS 更新换代过程。GPS-2F 卫星是第二代 GPS 向第三代 GPS 过度的最后一种型号，将进一步使 GPS 提供更高的定位精度。

（2）地面测控部分。

地面测控部分包括地球上所有监测与控制卫星的设施。美国的 GPS 运行控制系统（OCS）包括监测站、主控站（MCS）以及上行线路天线。主控站设在美国 Colorado 州的 Falcon 空军基地，一天 24h 从监测站接收数据，用以确定卫星是否有时钟或者年历变化以及检测设备功能是否正常。主控站根据监测信号的计算结果，每天向卫星发送 1、2 次新的导航与位置推算历信息。监测站设在 Colorado Springs、夏威夷 Ascencion Island、Diego Garcia 和 Kwaialein。无源监测站实质上是用以跟踪可视卫星的 GPS 接收机，可汇集卫星信号的测距数据。监测站测量来自卫星的信号，并注入每颗卫星的轨道模型。卫星轨道模型可用以计算精密的轨道数据以及卫星时钟的修正。主控站向卫星传送天文历和时钟数据。然后，卫星通过无线电信号将轨道的天文历数据子集发送到 GPS 接收机。

（3）用户部分。

GPS 用户部分包括 GPS 接收机和用户团体。GPS 接收机的体积很小，仅使用几个集成电路，所以造价也较低，这是它能够广泛应用的基础。GPS 系统可提供 GPS 接收机能够处理的特殊编码卫星信号，用以计算位置、速度和时间。要想求得一点至卫星的距离，需要测量无线电信号从卫星到该点的传播时间。假定卫星和接收机可同时生成相同的伪随机码，接收机本机代码与接收到卫星的随机代码的时间差即是信号的传播时间，该时间乘以光速就是该点至卫星的距离。根据三角测量法，计算位置（X、Y、Z）和时间需要利用 4 颗卫星。三维导航是 GPS 的基本功能。GPS 接收机可提供导航、定位、定时和测量等功能。现在已有适用于飞机、轮船、地面交通工具和个人手提的导航接收机。

联邦无线电导航计划中规定的 GPS 定位服务包括精密定位服务（PPS）和标准定位服务（SPS）。

（1）PPS。

授权的精密定位系统用户需要密码设备和特殊的接收机，包括美国军队、某些政府机构以及批准的民用用户。

（2）SPS。

对于普通民用用户，美国政府对于定位精度实施控制，仅提供 SPS 服务。SPS 服务可供全世界用户免费、无限制地使用，现有的多数接收机都能够接收和使用 SPS 信号。美国国防部通过所谓的选择可用性（SA）方法有意将 SPS 的精度降低。

为了提高 SPS 用户的定位精度，进一步推动 GPS 的应用，美国在 2000 年 5 月 2 日的时候取消了无差别 SA 干扰，但是也不否认在特殊时期会再一次使用。美国 2012 年的联邦无线电导航规划中公布的 SPS 水平精度为 9m（95%），垂直精度为 15m（9%），定时精度为 40ns（95%）。

GPS 现代化进程包括空间段、地面段和用户段的现代化升级改造，目标是极大地缓解当前 GPS 存在的脆弱性问题，为全球用户提供高抗干扰、高定位精度和高安全可靠的服务。目前第三代 GPS 研发工作正在顺利进行，按计划第一颗 GPS-3 卫星将于 2014 年发射，整个 GPS-3 星座计划将用近 20 年的时间完成，以取代目前的 GPS-2。第三代 GPS 将选择全新的优化设计方案，放弃现行的 6 轨道 24 颗卫星星座的部局和结构，计划用 33 颗 GPS-3 卫星构建成高椭圆轨道（HEO）和地球静止轨道（GEO）相结合的新型 GPS 混合星座。此外，在 GPS 第一导航定位信号上增设一个新的伪噪声码 L1C 码，将为其民用信号（L1C、L2C 和 L5）以及新的 M 码信号的生成提供便利，从而使导航信息更具完整性，且精度和有效性得到提高。

2）GLONASS 系统

1982 年，俄罗斯卫星导航系统 GLONASS 的第一颗卫星升空，从此开始应用于测量与导航领域。GLONASS 的定位引起了人们的关注，因为它不实施所谓的 SA，因而对于民用来说，可获得较高的定位精度。GLONASS 的另一个优势是卫星轨道倾斜度较高，可适用于较高纬度的地区。

GLONASS 的定位技术与 GPS 相同，即以精确的定时和卫星量程计算为基准来进行。所需的精确定时由每颗卫星上的多个原子钟来提供。每个卫星使用两个频率（频段）来传送。民用代码（仅在较低频率上）和军用代码均调制在这些频率上。此外，每颗卫星都广播有关每个时刻卫星所处位置的信息。这一点非常必要，否则只知道接收机与未知点之间的距离，而得不到有关自己位置的信息。GLONASS 卫星发送两个伪随机噪声代码：一个代码是民用码 SPS（标准定位服务，相当于 GPS 中的 C/A），其码率为 511kbit/s；另一个代码是机密的军用码 PPS（精密定位服务，相当于 GPS 的 P），其码率为 5.11Mbit/s。码率数值越高，定位精度也越高。GLONASS 接收机的工作原理与 GPS 接收机大致相当。接收机生成一份代码（此为已知），并与从卫星接收的代码比较，得出内部代码的时间差代表卫星信号的传播时间。测量的时间乘以光速即可求得至卫星的距离。以同样的方法测量至三颗卫星的距离可得出三维位置，另外还需要通过测量至第四颗卫星的距离来解决接收机中的时钟问题。

GLONASS 卫星星座原计划发射 24 颗卫星，但由于经历了苏联解体，发展受阻，直到

2001 年 8 月，俄罗斯在经济复苏后开始计划恢复并进行 GLONASS 的现代化建设工作。截至 2013 年，在轨卫星已达 29 颗，其中 23 颗处于工作状态，2 颗为备用，3 颗暂时处于技术维护状态，1 颗处于飞行试验状态，并计划未来几年内将星座卫星数量增加到 30 颗，并在 2015 年使其定位精度达到 3m，与目前 GPS 的定位精度相当，实现与 GPS/Galileo 在 L_1 频点的兼容和互用。

3）Galileo 系统

Galileo 卫星导航系统是由欧盟研制和建立的全球卫星导航定位系统，该计划于 1999 年 2 月由欧洲委员会公布，欧洲委员会和欧空局共同负责。系统由轨道高度为 23 616km 的 30 颗卫星组成，其中 27 颗工作星，3 颗备份星。卫星轨道高度约 2.4 万 km，位于 3 个倾角为 56°的轨道平面内。2012 年 10 月，Galileo 全球卫星导航系统第二批两颗卫星成功发射升空，太空中已有的 4 颗正式的 Galileo 系统卫星，可以组成网络，初步发挥地面精确定位的功能。

空间段的 30 颗卫星均匀分布在 3 个中高度圆形地球轨道上，轨道高度为 23 616km，轨道倾角 56°，轨道升交点在赤道上相隔 120°，卫星运行周期为 14h，每个轨道面上有 1 颗备用卫星。某颗工作星失效后，备份星将迅速进入工作位置，替代其工作，而失效星将被转移到高于正常轨道 300km 的轨道上。这样的星座可为全球提供足够的覆盖范围。

地面段由完好性监控系统、轨道测控系统、时间同步系统和系统管理中心组成。Galileo 系统的地面段主要由 2 个位于欧洲的 Galileo 控制中心（GCC）和 29 个分布于全球的 Galileo 传感器站（GSS）组成，另外还有分布于全球的 5 个 S 波段上行站和 10 个 C 波段上行站，用于控制中心与卫星之间的数据交换。控制中心与传感器站之间通过冗余通信网络相连。全球地面部分还提供与服务中心的接口、增值商业服务以及与"科斯帕斯—萨尔萨特"（COSPAS-SARSAT）的地面部分一起提供搜救服务。

2013 年欧洲 Galileo 卫星导航系统的 4 颗卫星成功完成首次地面定位，通过 Galileo 系统进行地面经纬度和海拔高度定位，精度达 10～15m，这标志着该系统建设取得重要进展。按照计划，至 2015 年，Galileo 星座将有 18 颗卫星，至 2020 年，将完成 30 颗卫星星座的构建。投入使用后它将与 GPS 在 L_1 和 L_5 频点上实现兼容和互用。

4）北斗卫星导航系统

北斗卫星导航系统［BeiDou（Compass）Navigation Satellite System］是中国正在实施的自主发展、独立运行的全球卫星导航系统。系统建设目标是：建成独立自主、开放兼容、技术先进、稳定可靠的覆盖全球的北斗卫星导航系统，促进卫星导航产业链形成，形成完善的国家卫星导航应用产业支撑、推广和保障体系，推动卫星导航在国民经济社会各行业的广泛应用。

北斗卫星导航系统由空间段、地面段和用户段三部分组成，空间段包括 5 颗静止轨道卫星和 30 颗非静止轨道卫星，地面段包括主控站、注入站和监测站等若干个地面站，用户段包括北斗用户终端以及与其他卫星导航系统兼容的终端。

目前，北斗系统已经具备覆盖亚太地区的定位、导航和授时以及短报文通信服务能力；预计到 2020 年左右，北斗系统将建成覆盖全球的卫星导航系统。

北斗卫星导航系统致力于向全球用户提供高质量的定位、导航和授时服务，包括开放服务和授权服务两种方式。开放服务是向全球免费提供定位、测速和授时服务，定位精度10m，测速精度 0.2m/s，授时精度 10ns。授权服务是为有高精度、高可靠卫星导航需求的用户，提供定位、测速、授时和通信服务以及系统完好性信息。

除了导航定位功能，北斗还具备短报文通信功能：北斗系统用户终端具有双向报文通信功能，用户可以一次传送 40～60 个汉字的短报文信息。这一功能在远洋航行通信方面有重要的应用价值。

作为我国自主研发、独立运行的，具有通信功能的卫星导航系统，北斗系统无疑将在未来中国沿海 e-航海环境中具有广阔的运用前景。

为深入推广北斗系统的应用水平，交通运输部海事局于近几年开展了基于北斗的高精度导航定位技术研究，包括北斗差分技术研究和北斗地基增强系统（CORS）研究，并获得成功，为建设需要高精度定位功能的 e-航海应用系统提供了有力支撑。北斗差分技术和CORS 的研究情况详见本章后续章节。

5）其他区域系统和增强系统

（1）MSAS/QZSS。

基于多功能卫星的星基增强系统（MSAS）是由日本气象局和日本交通部组织实施的基于 2 颗多功能卫星（MTSAT）的 GPS 星基增强系统。该系统从 1996 年开始实施，主要目的是为日本飞行区的飞机提供全程通信和导航服务。系统覆盖范围为日本所有飞行服务区，也可为亚太地区的机动用户播发气象数据信息。

MTSAT 卫星是一种地球静止同步卫星，定点位置分别在东经 140°和 145°。采用 Ku 波段和 L 波段两个频点。其中，Ku 波段频率主要用来播发高速的通信信息和气象数据。L波段频率与 GPS 的 L_1 频率相同，主要用于导航服务。

MSAS 于 2007 年 9 月完成了地面系统与 2 颗 MTSAT 卫星的集成、卫星覆盖区测试以及 MTSAT 卫星位置的安全评估和操作评估测试（包括卫星信号功率测试、动静态定位测试和主控站备份切换测试等）。测试结果表明，MSAS 能够很好地提高日本偏远岛屿机场的导航服务性能，满足国际民航组织（ICAO）对非精密进近阶段（NPA）和 I 类垂直引导进近（APV-I）阶段的水平位置误差（HPE）、垂直位置误差（VPE）以及相应的报警限值（HLA 和 VLA）的规定，具备了试运行能力。

由于日本属于多山地区，大部分城市位于峡谷地带，MSAS 提供的定位服务不能满足城市车载用户的导航定位需求。

为了提高空间卫星的几何分布，确保信号遮挡地区的导航定位需求。2006 年 3 月起，日本政府和企业联合开始研发准天顶卫星导航系统（QZSS），其主要目的是为车载用户提供综合的通信和导航服务，也可为亚太地区用户提供较好的空间卫星几何和差分改正服务。QZSS 对 GPS 的增强包括两方面：一是可用性增强，即提高 GPS 信号可用性；二是性能增强，即提高 GPS 信号的精度和可靠性。

QZSS 空间星座由位于 3 个高椭圆轨道上的 3 颗 IGSO 卫星组成。3 个轨道平面半长轴 $a = 42164km$，离心率 $e = 0.099$，倾角 $i = 45°$，升交点赤经 Ω 相差 120°。IGSO 空间星座的设计，确保在仰角 60°以上的空间，至少可以看到 1 颗 IGSO 卫星，这也是 QZSS 之所以称为"准天顶"卫星导航系统的原因。

（2）GAGAN/IRNSS。

GAGAN 系统由印度空间局（ISRO）和印度机场管理局（AAI）联合组织开发。空间星座由 1 颗位于东经82°的 GEO 卫星（INMARSAT-4F1 卫星）组成。GEO 卫星采用 C 波段和 L 波段频率作为载波。其中，C 波段主要用于测控，L 波段频率完全同 GPS 的 L_1（1575.42MHz）和 L_5（1 176.45MHz）频率，用于广播导航信息，并可与 GPS 进行兼容和互操作。空间信号覆盖整个印度大陆，能为用户提供 GPS 信息和差分改正信息，用于改善印度机场和航空应用的 GPS 定位精度和可靠性，也属于 GPS 星基增强系统。

GAGAN 系统的建设主要包括两个阶段：即技术验证（TDS）阶段和最后操作运行（FOP）阶段。在 TDS 阶段主要完成系统指标分配、系统联调和在轨测试等内容，该阶段已于 2007 年 8 月 13、14 日完成最后的系统联调测试。该阶段测试内容主要是系统的精度指标，不包括完好性信息和生命安全服务（SOL）的测试。FOP 阶段是指在 TDS 内容完成的基础上，采用 3 颗 GEO 卫星对 GPS 进行增强，完成最后的集成并投入运行，且能对系统完好性信息和 SOL 服务进行论证，该阶段计划在 2010 年前完成。

GAGAN 未来计划为：

①实现与美国广域增强系统（WAAS），欧盟 GALILEO 和日本基于多功能运输卫星的 GPS 增强系统（MSAS）的完全兼容。

②加强国际合作，在境外增建地面监测站。

③空间信号（SIS）覆盖区扩展到东南亚和亚太地区。

④尽快完善 GAGAN 系统，为印度区域导航卫星系统（IRNSS）的研制提供技术储备。

IRNSS-1A 是印度首颗区域导航卫星，预计在 2013 年 7 月 1 日发射升空。下一颗卫星 IRNSS-1B 卫星预计 2014 年初发射，整个星座预计在 2015 年完成。全部卫星入轨后方可提供运行服务。

印度空间局（ISRO）在 GAGAN 基础上，加紧研制印度独立自主的区域卫星导航系统——IRNSS。该系统可以不依靠 GPS，为印度领土用户提供独立的导航定位服务。IRNSS 空间卫星全时段可见，实时为用户广播卫星钟差改正数、电离层误差改正数和相应的完好性信息。系统可提供标准定位服务（SPS）、精密定位服务（PPS）和政府特许用户（RS）服务。

IRNSS 空间星座有分别位于东经34°、83°和132°的 3 颗 GEO 卫星，以及东经55°和111°的 4 颗倾角为29°的 IGSO 卫星组成。设计星座覆盖范围为东经40°~140°和纬度±40°之间，可以为用户发播单频和双频信号，标准服务定位精度优于20m。

空间卫星采用 3 个波段作为载波：C 波段、S 波段（2 491.005MHz）和 L 波段（1 191.795MHz）。其中，C 波段频率（上行 3 400~3 425MHz，下行 6 700~6 725MHz）主要用于测控，S 波段和 L 波段主要为用户提供导航定位服务。标准定位服务（SPS）和精密定位服务（PPS）信息调制在 S 波段和 L 波段的 L_5 上。政府特许用户服务（RS）信息仅调制在 L_5 频率上。

（3）WAAS。

WAAS（Wide Area Augmentation System）是由美国联邦航空局开发建立的用于空中导

航的一个系统, 该系统主要是通过解决广域差分 GPS 的数据通信问题, 从而提高全球定位系统的精度和可用性。

WAAS 由约 25 个地面参考站台所组成, 位置横跨整个美国。它们监看着卫星的数据。其中两个主要的站台, 位于两岸, 从各参考站台收集校正信号并建立校正信息。这些信息根据卫星的轨道误差, 卫星上的电子钟误差, 以及由于大气及电离层所造成的信号延迟。这些数据经计算校正之后再经由一个或两个地球同步卫星, 或是轨道固定在赤道上空的卫星传播。这些信息的结构是完全兼容于基本的 GPS 信号, 这意味着任何具有 WAAS 启始的 GPS 接收机将能解读这种信号。

目前, WAAS 卫星的有效的覆盖范围只有美国南部。美国东部并没有地面参考站台, 因此, 即使 GPS 用户能够接收得到 WAAS, 因为所接收到的信号并没有正确的校正, 所以无法确定其精确性。即使在位于赤道下的美国用户, 也会因为水平角度视角太小, 而很难得到良好的收信。WAAS 信号显然比较有利于开放性的地势环境与海上的位置。WAAS 提供了某种相对于以地面传送的 DGPS 系统, 同时延伸了内陆与海上的服务。另一个好处是, WAAS 并不需要额外的接收机设备及费用。

(4) EGNOS。

EGNOS 系统是欧洲自主建设的第一个卫星导航系统, 它通过增强现在运行的两个军用系统 (GPS 和 GLONASS), 来满足高安全用户的需求。它是欧洲 GNSS (Global Navigation Satellite System) 计划的第一步, 是目前正在研发中的 Galileo 计划的前奏。

EGNOS 系统是欧洲空间局 (ESA)、欧盟 (EU) 和欧洲航空安全组织 (Eurocontrol) 联合规划的项目, 系统总经费 3 亿欧元, 欧空局出资 2 亿, 欧盟出资 1 亿。欧空局全面负责 EGNOS 系统的技术设计和工程建设, 并在 1999 年和法国阿尔卡特航天工业公司 (Alcatel Space) 为代表的一个开发集团签署了研发合同, 总金额 2 114 亿欧元。欧盟负责国际合作, 并且确保把各类用户对系统的要求融入 EGNOS 系统的设计和实施中。欧洲航空安全组织设计满足民用航空需求, 并且在系统测试中扮演主要角色。

EGNOS 系统由四部分组成: 地面部分、空间部分、用户部分和支持系统。

EGNOS 空间部分包括 3 颗 GEO 卫星: 2 颗是 Inmarsat-3 卫星, 1 颗在大西洋东部 (AOR-E), 另 1 颗在印度洋 (IOR); 还有 1 颗是 ESA 在非洲上空的地球同步通信卫星 Artemis。

EGNOS 地面系统包括 MCC (主控制中心), RIMS 站 (测距与完好性监测站) 和陆地导航地球站 (NLES)。

用户部分包括: 用于空间信号性能验证的 EGNOS 接收机, 以及水运、空运和陆运用户专用设备; 用于用户接收机验收、系统性能证明、定位误差比较分析的系统静态和动态测试平台。

支持系统包括: EGNOS 广域差分网以及系统开发验证平台、工程详细技术设计、系统性能评价以及问题发现等支持系统。

(5) 航海无线电指向标差分全球导航卫星系统 (RBN-DGNSS)。

RBN-DGNSS 即航海无线电指向标—差分全球导航卫星系统 (Radio Beacon-Differential Global Navigation Satellite System), 是一种利用航海无线电指向标播发台播发 DGNSS 修正信息向用户提供高精度服务的助航系统, 属单站伪距差分。

RBN-DGNSS 主要由基准台、播发台、完善性监控台和监控中心组成。

（1）基准台。

基准台由二台高性能的 GNSSS 接收机和二个调制器组成。接收天线安放在位置已精确测定的点上，通过跟踪视野内的所有卫星，计算出相对于每颗卫星的修正信息，按规定格式送至调制器。调制器采用最小移频键控（MSK）（Minimum Shift Keying）调制方式将接收机送来的修正信号调制到无线电指向标载频上（频率 283.5~325.0kHz）。

（2）播发台。

播发指向信号，依规定的强度和速率播发 DGNSSS 修正信息和指向标状况及基准台状况信息。

（3）完善性监控台。

完善性监控台由导航 GNSS 接收机、指向标接收机和完善性监控计算机组成。其功能为：监测 GNSSS 系统的完善性和播发的差分修正值的正确性；监控基准台；计算并登录系统运行数据的统计结果。

（4）监控中心。

监控中心的功能是监测、控制各 RBN-DGNSS 站的工作。

RBN-DGNSS 是国际海事组织（IMO）认可的全球无线电导航系统（WWRNS）组成部分，国际航标协会（IALA）公布的数据显示，全球目前规划、使用中的 RBN-DGNSS 台站达 400 余座，为沿海航行的船舶提供免费的高精度定位导航服务，其中台站及用户最多的是 RBN-DGPS 系统。

RBN-DGLONASS 也在规划和试用，既可按 DGPS/DGLONASS 联合工作方式运行，也可按独立工作模式分别播发 DGLONASS 和 DGPS 修正数据，可提供 3~10m 的精度，并提供实时的完善性监测，在 10s 内可向用户警示有关无线电指向标或 GPS/GLONASS 工作异常。

6）差分北斗（RBN-DBDS）系统和北斗地基增强（CORS）系统

（1）差分北斗（RBN-DBDS）系统。

随着中国北斗卫星导航系统的不断完善，交通运输部海事局开展了差分北斗（RBN-DBDS）系统的研发工作。目前已建立了北斗沿海差分播发试验系统，在航海无线电指向标载频（283.5~325.0kHz）上实现了差分北斗和差分 GPS 伪距信息的融合播发，定位精度达到亚米级。以 2013 年在北塘台站进行的测试为例，播发参数如表 5-1 所示。

播 发 参 数 表 5-1

台站名称	北　　塘
基准站识别码	609
基准站差分输出标准	基于 RTCM　2.3
播发数据类型	类型 9-3（GPS 伪距差分）、类型 42（BDS 伪距差分）
播发频率	310.5kHz
调制方式	MSK
发射功率	200W
覆盖距离	300km

未来系统建成后，海上公众用户只需使用一台差分北斗/GPS 双模接收设备，即可免费享受北斗、GPS 及北斗/GPS 融合的三种模式的高精度定位服务，可广泛应用于船舶航行、海洋开发、海上搜救、海洋测绘及海事监管等需要高精度导航定位服务的领域。

（2）北斗地基增强（CORS）系统。

2013 年，交通运输部海事局开展了北斗地基增强（CORS）系统研究与开发工作，建成了实验系统，开发了系统管理和定位服务等软件，并进行了运行测试。

以在渤海湾地区建成的实验系统为例，系统包括唐山港、上古林和东营港三个基准站。系统主要功能如下：

①基于北斗卫星导航系统的渤海湾地区精密定位和导航服务系统，并兼容 GPS 系统；

②渤海米级差分导航定位服务；

③渤海湾实时厘米级三维定位服务。

测试结果：渤海湾北斗 CORS 示范系统定位精度达到平面优于 3cm，垂直优于 4cm，有效覆盖范围为离岸 45 海里，可以在任何天气条件下，向渤海湾地区水上航行的船舶提供实时厘米级定位和分米级导航服务，使渤海湾水域首次真正进入高精度导航定位时代。

除了渤海湾水域外，交通运输部海事局在长江口水域也建成了类似的差分北斗和北斗 CORS 实验系统。

北斗差分系统和北斗 CORS 系统的测试成功，为建设需要高精度定位功能的 e-航海服务系统（例如水上精密施工、船舶靠泊或入坞操作、恶劣天气下船舶引航等）提供了有力支撑。

5.3　e-航海对导航系统的要求和综合 PNT 的概念

5.3.1　e-航海对导航系统的要求

按照 e-航海的发展计划，IMO 在全球范围进行了未来 e-航海环境的用户需求分析，并以这些用户需求为导向，由国际航标协会（IALA）等国际组织，对 e-航海岸上系统、船舶 e-航海系统、通信系统等 e-航海相关各个方面进行了研究。通过研究的不断深入，对船舶 PNT 设备也提出了新的要求，具体体现在以下几个方面：

（1）对船舶进行定位是 e-航海的关键元素，定位的主要任务是为航海人员和助航系统（ECDIS、跟踪控制系统、AIS、组合导航系统等）提供位置、速度和时间数据（PVT）。在 IMO 的 A.915（22）决议中，以 GPS 为代表的全球导航卫星系统（GNSS）是 IMO 认可的可用于确定 PVT 的定位系统。

（2）在未来的 e-航海环境下，根据用户需求，所有助航相关数据的可靠性（例如精度和完善性）应得到提高，并能够向用户提供关于可靠性的评估信息，考虑到这一点，船舶定位系统更重要的目标是有弹性地提供定位、导航和授时（PNT）数据。在这里，PNT 数据包括了 PVT 数据以及描述船舶目前运动姿态的船舶参数（例如航向、转速等）。

（3）有弹性地提供 PNT 信息，是指 PNT 系统能够探测到内部和外部干扰源、系统各部分的故障点，并能进行补偿。做到这一点的同时，不应影响 PNT 数据的提供、降低系统性能。在 IMO 完成的用户需求分析中，用户对"数据和系统完善性"的需求之一就是 e-航海系统应具备弹性。

（4）有弹性地提供 PNT 数据，需要对现有的、未来的无线电导航系统、船载传感器和有关助航服务系统进行研究开发。"提高系统可靠性，提供可靠性评估信息"这样的用户需求应该用具体性能指标来实现。在 IMO 决议 Res. A. 915（22）中，已经提出了一些具体性能指标，例如对未来 GNSS 系统水平定位的要求。但对所有的 PNT 数据，需要进一步制定明确具体的性能要求（例如精度、完善性、连续性、可用性等）标准。

（5）为达到不同航行阶段（例如外海、沿海、港区、入坞等）不同的导航要求，需引入可扩展性导航要求的概念。这一概念可以保证 e-航海实施时"目的决定寻找"这一理念的实现，即不同的性能要求将需要不同的岸基助航服务。

（6）船舶需要建立合理的船载系统框架结构，以解决存在的导航服务的差距（例如技术上、管理上、制度上及培训方面），从而逐步满足差距分析所确认的用户需求（提高可靠性、完善性评估、所有导航数据的自动评估、自动报告等），该框架结构的一部分就是综合 PNT 系统。

（7）综合 PNT 系统应支持无线电导航系统（包括空基系统和陆基系统）、船载传感器和陆基助航服务系统的现代化改造过程。综合 PNT 系统应是开放的框架结构，应支持任何船载传感器、助航服务和数据源的使用。这些传感器、助航服务和数据源的使用，可以提高系统精度或对 PNT 数据、PNT 系统组建的完善性进行评估。有关海事的标准编制工作应及时考虑这一综合 PNT 系统的概念，并应利用性能标准模块化的概念制定 PNT 系统标准。

（8）综合 PNT 系统的概念考虑到了现有的技术、如何增强 PNT 传感器和技术以及处理设施。

开发多系统导航接收机（MSR）将使系统能够获得新的无线电导航信号，建议的 MSR 是一种船载接收设备，能够使用来自一个或多个系统的信号。这些系统包括：GNSS 系统、提供增强信号的岸基助航服务系统以及提供 PVT 数据的陆基无线电导航系统。

提供有弹性的 PNT 数据，需要有完善的 PNT 数据处理，能完成以多传感器为基础的系统冗余和融合，实现 PNT 数据可靠性（精度、完善性等）的评估。这一方面需要制定新的性能标准以实现相关功能。

5.3.2　海上综合 PNT 系统的概念

综合 PNT 系统是指由 GNSS（全球无线电导航系统的一部分）、岸基 PNT 助航服务系统、船载 PNT 设备和通信链组成的一个综合的系统，该系统能够在船舶航行的所有阶段，及时、完整、清楚地为各种应用系统提供精确、可靠的船舶 PNT 数据。综合 PNT 系统通用结构图如图 5-2 所示。

图 5-2 中，船舶 PNT 设备是指船舶配置的一整套硬件、软件 PNT 系统。硬件部分（传感器层）包括 WWRNS 传感器设备和其他船载导航传感器设备，包括数据交换设备。软件部分（数据处理层）既可以是单个传感器的一部分，也可以是船舶组合导航系统（INS）中的 PNT 单元。船舶上的传感器层表示提供船舶 PNT 数据所需要的一整套多个传感器，船舶上的数据处理层表示确定船舶 PNT 数据所应用的方法。上述 PNT 系统概念可以灵活地采用下面几种方案来实现。

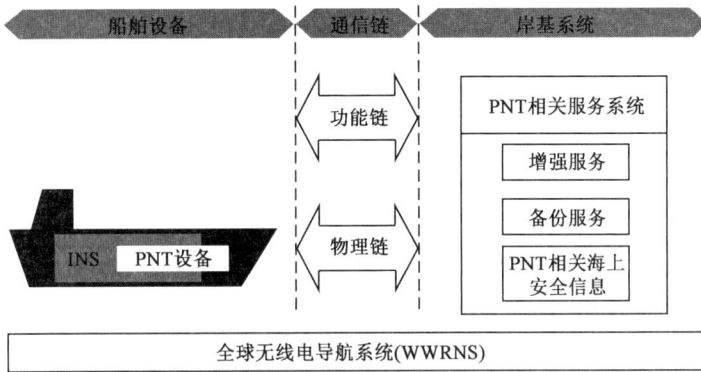

图 5-2   海上综合 PNT 系统通用结构图

1）采用单独设备的传统 PNT 系统方案（图 5-3）

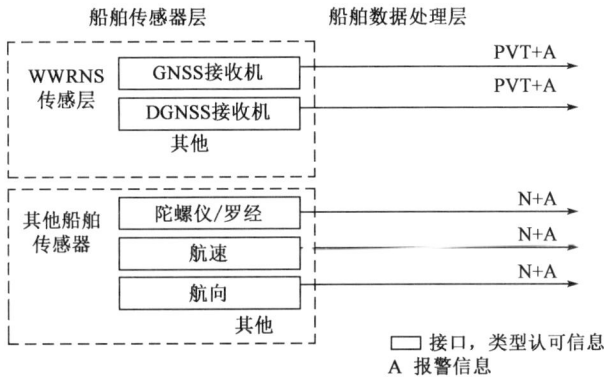

图 5-3   船舶 PNT 系统的传统方案

采用单独设备的船舶 PNT 方案只提供船舶传感器获得的 PNT 数据，例如 WWRNS 传感器提供的 PVT 数据、其他船舶传感器提供的导航数据。船舶的数据处理层是船舶传感器设备系统的一部分，为提供 PNT 数据提供内部处理方法。使用 PNT 相关的增强服务由连接到通信系统的 WWRNS 传感器来实施完成。采用单独设备的 PNT 方案，由于设备冗余不足，不支持多传感器系统冗余，因此该方案不能满足 e-航海用户诸如提高系统可靠性、监测评估系统完善性等方面的用户需求。

2）PNT 单位作为组合导航系统（INS）一部分的综合 PNT 方案（图 5-4）

采用这一方案的 PNT 系统，能够满足提高系统可靠性、提供系统可靠性评估信息的用户需求，可以使用多种 PNT 相关传感器和数据源。把这些传感器进行组合，对其原始数据进行处理，可以产生最佳的 PNT 信息。该方案可以使用来自于不同系统的 PNT 增强信息，可以综合附加 PNT 相关数据源（例如 e 罗经、雷达应答器等），也可以使用将来的 PNT 相关的海上安全信息（MSI）。该方案通过使用完善性监测手段，PNT 系统能够确定并提供最佳的 PNT 数据，并能够指出目前的 PNT 数据的精度和完善性。以完善性信息和系统达到的性能等级为基础，可以实现自动报告，并可以改进传感器和整个 PNT 处理过程的报警信息管理。目前，本方案只是增强 PNT 数据处理能力的一个概念，本方案的具体实施尚需要进一步制定相关标准。

目前组合导航系统（INS）的概念支持本 PNT 系统方案。

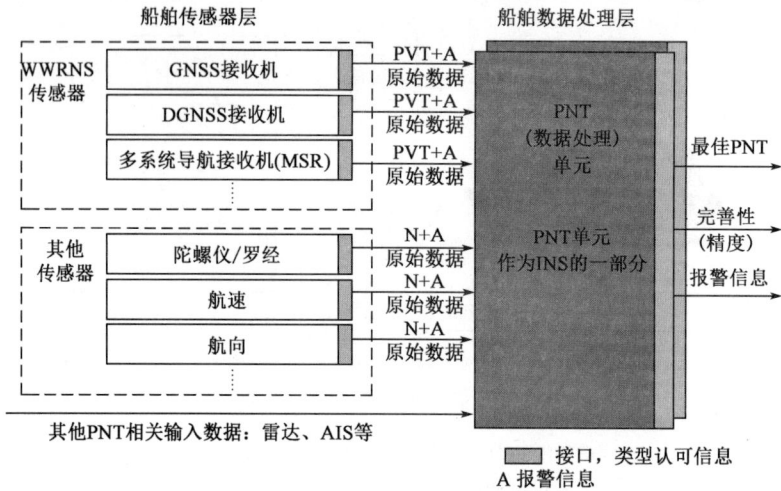

图 5-4　具有数据处理单元作为 INS 一部分的船舶 PNT 系统

"组合导航系统（INS）的目的是通过提供完善和增强的助航功能，避免船舶在地理、交通和环境方面可能产生的危险，从而增强船舶航行安全。"［参见 IMO 决议 MSC. 252 (83)］。PNT（数据处理）单元将成为 INS 内部的统一通用参照系统（CCRS）的一部分，从而能够提供与统一通用参照点相关的经过评估的 PNT 数据，从而实现对所提供的 PNT 数据和 PNT 设备的完善性监测。PNT 系统和 CCRS 系统关系见图 5-5。

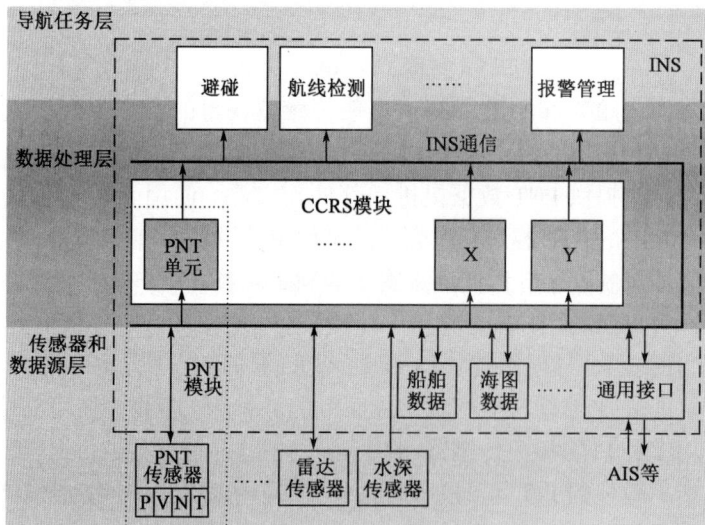

图 5-5　PNT 单元作为 INS 内 CCRS 的一部分

5.3.3　综合 PNT 的下一步发展

目前，综合 PNT 系统还停留在概念阶段，尚需为它制定相关标准，根据标准才能开发出船舶适用的综合 PNT 系统［或者作为组合导航系统（INS）系统的一部分］。对于综合 PNT 系统的性能标准，应考虑如下几项：

（1）IMO 文件 SN.1/Circ.274 介绍了船载设备的性能标准应用模块化概念的有关指导方针。采用模块化概念的船载设备的性能标准应包括传感器/数据源模块、操作/功能模块、接口模块和系统/设备文件编制模块的性能标准。

（2）船舶 PNT 系统采用模块化的系统方案时，单个的 WWRNS 传感器（例如多系统接收机 MSR）可以在传统 PNT 方案中作为 PNT 设备使用，也可以作为 PNT 单元中的传感器使用，MSR 使系统能够获得新的无线电导航系统信号，可以借此开发导航增强系统，从而提供最佳的 PNT 数据。

（3）PNT 单元可以是船舶 INS 系统内 CCRS 中的操作/功能化模块，这时 PNT 单元处于 INS 中的 PNT 数据处理层。但如果没有 INS 系统，PNT 单元自身也可以独立提供 PNT 功能。

（4）模块化 PNT 系统的概念，通过采用性能标准的模块化结构，能够加快全球 PNT 设备标准化制定及其型式认可的步伐，实现 PNT 产品认证的"快速通道"。

（5）在制定 PNT 传感器和 PNT 单元性能标准时，还应制定符合 IHO S-100 数据注册要求的产品规范。

5.4 GNSS 系统的缺陷

第 5.3 节介绍了 e-航海对导航系统的最新要求以及船舶 PNT 系统的下一步发展趋势。e-航海对船舶 GNSS 导航系统的这一要求，是针对导航系统自身发展而言的。除此之外，由于 GNSS 系统本身存在缺陷，对于未来需要获得高可靠性船舶导航系统的 e-航海环境，还需要建立 GNSS 的备份系统，以解决 GNSS 系统的局限性，提供导航系统的完善性。下面对这方面情况进行介绍。

5.4.1 GNSS 缺陷问题的来源

GNSS 特别易于被干扰，其原因是用户端接收机极低的信号水平。这些干扰包括非故意干扰和故意干扰。非故意的干扰源包括电离层的变化，太阳活动的影响，其他频段大功率发射机失谐或者互调的强烈信号，以及 GNSS 接收机附近的信号源。故意的干扰包括蓄意辐射窄带或者宽带阻塞信号。

目前，GNSS 受到干扰导致其定位性能大幅下降的事例已发生多起：

2004 年 1 月 1 日，GPS 卫星 SVN23 上的原子钟悄悄地停止了工作。接着没有任何预警，整个欧洲的 GPS 定位错误开始迅速增加。在一些地方，GPS 定位误差达到 40km，在近 3 个小时后 GPS 系统才宣布卫星已无法使用。依靠 GPS 定位的船舶自动识别系统（AIS）显示船正在陆地上航行。但是，来自沿岸无线电信标差分台站、欧洲地球同步导航重叠服务（EGNOS）和 GPS 接收机自主完好性监测（RAIM）的加强服务都迅速做出了反应，并将各自的 GPS 定位精度保持在 2m。然而即便是这样，很多航行者还是一如既往地忽视这些保护系统，即使是在能见度很低的情况下，仍然仅依靠已经失效了的 GPS 导航系统驾驶小型或大型船舶。

2006 年 12 月 6 日，发生了有史以来最猛烈的一次太阳耀斑。地球处于白昼的那一侧半球上的 GPS 接收机被来自太阳的无线电噪声暂时性地封锁了。于是同样是没有任何预警，这些接收机都停止了工作。就连美国联邦航空管理局的广域增强系统（WAAS）都失灵了。这些都是非常严重的事件。

上述事例是非人为干扰的情况。对 GPS 影响最大的还是人为干扰。卫星信号的传输能力并不比汽车头灯光线的传播能力强多少，但它却要在距离地球 2 万 km 的太空中"照亮"将近半个地球表面。因此，一台近距离的干扰发射机的辐射哪怕只有千分之一瓦的能量，也可将要传送至接收机的信号淹没。广播电视发射机也可能引起一些非故意的干扰。加利福尼亚的一个港口，一艘船上的两个已经失效了的电视天线装置都能对港口以及一公里海域内所有船舶上的 GPS 产生干扰。去年，美国海军无意间对圣地亚哥港口和城市的 GPS 信号进行了长达两个小时的干扰。

蓄意干扰的情况也在增加。干扰发射机等设备被犯罪分子广泛用来攻击 GPS 追踪与安全系统。很多系统对此没有任何保护措施，据说，恐怖分子或是黑客可以在车内通过一组干扰发射机攻击公路收费系统。英国国防部曾进行的一次干扰试验可以在 320 海里半径范围内影响飞机的航行。另一项由英国灯塔总局（GLAs）进行的试验证明，即便是在有雷达信号且视程良好的情况下，GPS 的突然失灵也会给船舶的航行带来巨大困难。《Navigation News》杂志最近介绍了一个可以骗过 GPS 的简单装置，也就是说它可以发送错误信号，而这些错误的信号可以使船舶的航行陷入危险之中（《Navigation News》2008 年 11/12 月号）。

5.4.2 缓解措施

GNSS 系统存在易受干扰的缺陷，这一问题仅依靠 GNSS 系统自身发展是不可能解决的。在未来 e-航海环境下，需要为船舶提供高可靠性的导航手段，仅依靠 GNSS 进行导航显然是不能解决这一问题的，为此，为 GNSS 建立陆基备份系统就成为解决这一问题的必要选择。

GNSS 陆基备份系统可以有多种方案。目前，最可行的方案就是建立 eLoran 系统。

5.5 eLoran 系统

5.5.1 Loran 现代化的背景

罗兰系统 Loran（Long Range Navigation），是美国国防部在第二次世界大战期间开始进行研发的远距离无线电导航定位系统，在其后的时间里进行了多次的修改，出现了各种版本，比如在 20 世纪 50 年代，美海军和美海岸警卫队研制的罗兰 C（Loran-C）系统，摩托罗拉公司设计的 Loran-D 和 Loran-E 等。前苏联建设的恰卡（Chayka）是和罗兰 C 类似的定位系统，中国也在 20 世纪 90 年代建成了罗兰 C 系统。目前在世界上共有三大罗兰 C 系统管理组织，分别是远东罗兰（The FERNS，the Far-East Radio Navigation System，包括俄罗斯、中国、韩国和日本）、北美罗兰（North America Loran，由美国和加拿大组成）和西北欧罗兰（NELS，North-West European Loran-C System，由法国、荷兰、挪威、丹麦、德国及爱尔兰组成）。

随着对 GPS 信号的缺陷性认识的加深，人们开始寻找作为 GNSS 备份的无线电导航系统。由于罗兰 C 和 GPS 在工作体制（陆基、星基）、工作频率（低频、特高频）以及信号强度（强信号、弱信号）等方面互补性很强，在遭受干扰或打击时一般不会同时受损，因此罗兰 C 系统理论上完全可以成为 GNSS 的增强和备份系统，增强罗兰（eLoran）就是在这样的背景下产生的。

eLoran 可以简单理解为具有为全球导航卫星系统提供备份能力的现代化罗兰系统。美国政府组织交通部（DOT）、国土安全部（DHS）对罗兰系统的政策进行了评估和研究。评估和研究结果表明，罗兰 C 系统可能是 GPS 系统最为理想的备份系统。虽然传统罗兰 C 系统不能满足 GPS 备份的要求，但是经过现代化改造的 eLoran 系统在精度、可用性、完好性和连续性方面可以满足美国现有的非精密进近、港口进近、陆地车辆和导航定位服务的需要；作为精密时间和频率源，eLoran 系统可以极大改进单一依赖 GPS 系统的风险。

在 2007 年 1 月，国际罗兰协会（ILA）公布了《增强罗兰定义文件》，为政策制定者、服务商和用户提供顶层的 eLoran 定义。增强罗兰是一个国际标准的定位、导航和定时的 PNT 服务，在传统罗兰 C 系统基础上，结合最新的罗兰数据通信技术、接收机技术、天线技术和发射机系统的功能，采用了增强技术后，新的罗兰 C 可以拥有传统罗兰系统无法达到的性能指标。

5.5.2 欧洲 Loran-C 的技术改造

欧洲 Loran-C 技术改造的基本思想是：以罗兰 C 信号作为差分 GPS 改正值和完善性信息的载体，用脉冲时间移位调制（脉冲调制）的方法对正常罗兰 C 信号脉冲进行额外调制，构成称之为 Eurofix 的数据链路。

欧洲在 1989 年于荷兰 Delft 科技大学的 Dvan Willigen 提出了 Eurofix 的概念，即以罗兰 C 信号作为差分 GPS 改正值和完善性信息的载体，用脉冲时间移位调制（脉位调制）的方法对正常罗兰 C 信号脉冲进行额外调制，构成称之为 Eurofix 的数据链路。

1997 年 4 月，NELS 指导委员会第 11 次会议原则上同意在 NELS 中采用 Eurofix 技术，并将整个实现过程划分为可行性阶段和实现阶段。1998 年 10 月，NELS 指导委员会决定进入可行性阶段。可行性阶段是将 NELS 的 4 个台站装备 Eurofix 技术，以便对 Eurofix 技术进行最后验证和优化，并实现基本的 Eurofix 服务。1999 年 4 月 Chayka8000 台链（位于 Bryansk）试验发射 Eufofix 信号，播发差分 GPS 和 DGLONASS 信息。结果表明差分 GPS 定位的水平位置误差不超过 3m。截至 2000 年 3 月 8 日，Sylt 和 Vaerlandet 的发射机改造已经完成，另外两个站的改造正在实施中。NELS 计划在 2000 年 6 月通过上述 4 台站播发 Eufofix 信号。在实现阶段，首先对所有的 NELS 台链施以 Eurofix 技术改造，其后将前美国海岸警卫队在西班牙和意大利的地中海台链的诸多罗兰 C 台站和欧洲 Chayka 台链的各台站综合起来，从而实现在全欧洲的 Eurofix 服务。

英国目前也在推动 eLoran 系统，英国灯塔总局（GLAs）分别于 2008 年及 2010 年对 GPS 服务失效影响进行测试，2013 年在英吉利海峡启动了 eLoran 的初始服务，首次在真实的场景中演示自动和无缝的 eLoran 解决方案。在船舶驾驶台上安装了这项原型系统并且监测了独立 PNT 的性能，目的是提供"最佳"的可用性。因此，当 GPS 被蓄意堵塞时，该系统自动切换成 eLoran 并为连接的船桥系统提供 PNT 信息，这样让它们继续操作，并让船员安全且高效地航行。

5.5.3 韩国增强型罗兰系统

由于从 2010 年起，韩国 GPS 受干扰的频率和持续时间不断提高，这迫使韩国政府不得不开始发展并部署"增强型罗兰"（eLoran）系统，计划在2016年覆盖全国。

2013年2月，韩国政府已经完成了eLoran系统设计、开发和建造相关文档的准备工作，随后将展开国际公开招标。

建造eLoran系统将为整个韩国地区提供精度优于20m的定位和导航能力。该系统有望在2016年具备初始运行能力，2018年全面运行。韩国政府希望与俄罗斯和中国紧密合作，将eLoran系统的覆盖范围扩大到整个东北亚地区。韩国希望eLoran系统能够确保导航定位能力的精确性、可用性、连续性和完整性，满足海上船只的海港入口与航道（HEA）需求，以及飞机的非精确进场（NPA）需求。

相比于之前的"罗兰"系统，eLoran对设备、信号和操作规程进行了升级。通过这些改进，eLoran可以比"罗兰-C"系统提供更好的性能和更多的服务。

目前，韩国在浦项和光州有2座"罗兰-C"发射站，2014年，这两座发射站升级成为eLoran的发射站。另外，韩国还将在郁陵岛、江华郡和济州岛新建3座eLoran发射站，这5座发射站将为韩国全境提供无线电导航服务。为了提供eLoran差分服务，韩国还将在境内部署43座eLoran差分站，其中一部分将使用现有的GPS差分站。为了在2018年实现全面运行，韩国将在2016~2017年对系统进行测试。

5.5.4　eLoran的未来

目前，国际航标协会（IALA）鼓励成员国发展eLoran系统，并发布了关于eLoran系统的相关技术文件。英国等一些欧洲国家以及韩国，也赞成用eLoran作为GNSS的陆基备份系统，并纷纷开发、建立了各自的eLoran系统。但美国、日本等国对eLoran的发展态度并不明确，相继于2010年前后关闭了本国的Loran-C台站。因此，eLoran是否将成为IMO认可的未来GNSS的陆基备份系统，目前尚不明确。

5.6　IALA《世界无线电导航规划》简介

为支持e-航海的实施和无线电导航技术发展，IALA于2010年发布了第一版《世界无线电导航规划》，对全球无线电导航系统进行了综述和展望。该规划对世界各国建立、维护和规划本国的无线电导航系统、开展e-航海系统规划和建设具有重要的指导意义。

5.6.1　综述

GNSS系统是e-航海得以实现的支撑系统。GNSS系统能够为船舶提供定位、导航和授时（PNT）信息。目前能够满足IMO要求，用于全球无线电导航的PNT系统是GPS和GLONASS系统。因此海上导航高度依赖于GNSS系统用于PNT。系统能提供关于船舶位置的实时信息，并且能够直接输入到下述船载系统中：

（1）综合船桥系统；

（2）ECDIS；

（3）ARPA/雷达；

（4）GMDSS；

（5）AIS；

（6）LRIT；

（7）VDR（航行数据记录仪）。

这些输入信息不仅影响每艘船舶的船载决策程序，还影响通过 AIS 系统获取船舶信息的其他船舶和岸上系统。

岸基海事助航系统也需要获取 PNT 信息用于：

（1）VTS 位置报告；

（2）LRIT；

（3）AIS 时隙同步；

（4）系统同步通信。

健康的 PNT 信息将成为实现 e-航海的基础条件，PNT 系统需要 3 个互为补充的组件，分别如下：

（1）全球导航卫星系统（GNSS）为核心；

（2）增强 GNSS 系统，以保证 GNSS 系统性能满足应用要求；

（3）GNSS 系统发生故障时有适用的备份系统。

应当注意的是：

（1）只有陆基/岸基系统是由 IALA 成员国主管机构维护的；

（2）星基增强系统通过卫星传送信号，但系统也需要地面台站，包括基准站。

5.6.2　要求

对导航系统的要求一般描述为满足 5 个关键功能的能力：

（1）精度；

（2）可用性；

（3）连续性；

（4）完好性；

（5）信号覆盖范围。

不同技术为不同的导航提供不同的覆盖区域，如图 5-6 所示：

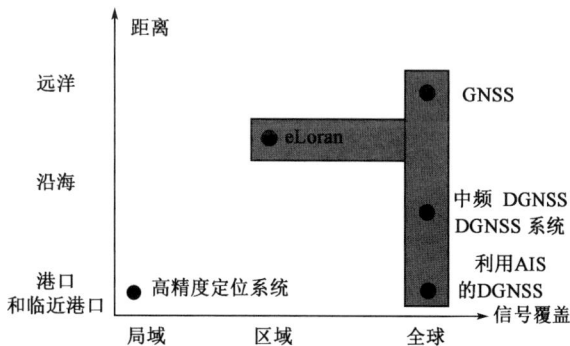

图 5-6　无线电导航系统的作用距离和信号覆盖能力

专有高精度无线电定位系统包括正在开发的实时运动 GNSS 系统和虚拟卫星技术，该技术依赖于可视直线通信链的建立。

采用信号认证的方式对服务的来源和安全进行担保，可能是未来对导航系统的一项要求。

IEC61108 系列标准定义了 GNSS 系统接收机技术，包括接收机自动完善性监视（RAIM）技术。

预计未来的 e-航海接收机将把 GNSS 核、增强系统和备份功能集成在一个单元上，称为"综合 PNT 接收机"。

5.6.3　GNSS 系统的缺陷

GNSS 系统存在缺陷，用户应了解这些缺陷（本章对此已介绍，不再赘述）。

5.6.4　全球和区域卫星导航系统

目前，用户可以使用多个全球或区域卫星导航系统：GPS、GLONASS、Galileo 系统等（详见本章 5.2 节介绍）。

5.6.5　GNSS 系统增强

1）岸基增强系统（GBAS）

IALA 的无线电指向标 DGNSS 系统仍然是国际上认可的为海上用户提供 DGNSS 校正值和完善性信息的方法。该系统由相关国际标准进行。IALA 和 ITU 协调该系统的地区使用频率。

IALA 成员将继续提供无线电指向标差分 GNSS 信号服务。该项服务将与 GNSS 的发展保持一致，以监测 GNSS 系统的性能，能够及时提供系统性能下降的完善性警告，提供综合的低成本的增强服务（可参阅 IALA 关于未来 DGNSS 系统的建议 R-135）。

IALA 成员国将做到如下几项：

（1）继续提供 IALA 无线电指向标 DGNSS 信号服务，以满足当前用户的需求；

（2）在必要时完善现有的系统设施，以避免系统的退化；

（3）评估系统提供的服务并考虑 GNSS 的发展；

（4）继续支持和鼓励 IMO 将 IALA 的无线电指向标 GDNSS 系统作为全球无线电导航系统（WWRNS）的一部分；

（5）研究高精度 DGNSS 系统的标准化和服务，以支持航标管理、进港和靠泊。

2）AIS 作为 GBAS

自动识别系统（AIS）是船—船和船—岸之间的数据广播系统，使用海上 VHF 波段。它的特点和容量使其成为保障航行安全和提高船舶运输效率的有力工具。

一个 AIS 基本单元是一个 VHF 无线电收发器，能够与其他船舶或岸站之间交换台站识别码、位置、航线、航速、距离、船型、货物等信息。AIS 使用自组织时分多址技术，由 GPS 提供同步信息，也可将其他可能的时间源和基站作为时间基准。

根据 SOLAS 公约，自 2004 年起，AIS 成为国际航行船舶强制性安装的设备。许多主管机构建立了区域网络以改善海上交通管理。使用 IALA 的 A124 号建议中描述的标准传输电文（电文 17），AIS 基站能够为船载 AIS 设备提供 DGNSS 校正值。但大多数船载 AIS 设备并不能够把收到的 DGNSS 信息传送给船上的其他系统。

AIS 的电文 17 的使用提高了 DGNSS 信息获益船舶的数量，这些船舶能够利用其在 AIS 报告中提供更高的精度和完善性。

3）空基增强系统（SBAS）

美国联邦航空管理局已经实施广域增强系统（WAAS）以支持 GPS 在美国大陆通用和民用航空领域的使用。系统最近已扩大到墨西哥和加拿大部分地区。目前，WAAS 系统包括 38 个基准站、3 个主控站、4 个上行站、2 个地球同步卫星链和 2 个运行控制中心。WAAS 提供差分校正服务，也提供每个卫星的 GPS 类型测距信号。

欧洲目前的 DGNSS 设施是 EGNOS 系统，系统增强了 GPS 的 L_1 波段的信号，以实现生命安全方面的应用（即民用航空）。目前，EGNOS 系统正处于初步运行阶段，正在进行讨论研究，以保证系统的长期运行。目前系统通过 INMARSAT 卫星上的 2 个 GEO 发射机在 L_1 波段上提供了 SBAS 服务。在 ARTEMIS 系统上的第 3 个 GEO 发射机用于支持系统升级。

日本的 SBAS 系统是类似于 EGNOS 和 WAAS 的多卫星增强系统（MSAS）。MSAS 已经具有初步运行功能，使用 L_1 波段具有 2 个地球同步轨道链与专用卫星共享通信和气象功能。

印度正在开发 GPS 辅助地球同步轨道增强导航系统（GAGAN）。这是类似于 WAAS 和 EGNOS 的 SBAS 系统。GAGAN 系统包括 8 个基准站、1 个任务控制中心、1 个上行站和 1 个地球同步轨道链，使用 INMARSAT 4-F1 卫星上的 L_1/L_5 转发器。印度宣布到 2010 年系统能够实现全部功能，届时系统经扩充后将增加 1 个主控制中心、1 个辅助上行站、2 个 GEO 轨道链（L_1/L_5）和 1 个在轨备份站及更多的基准站。

俄罗斯也正在考虑名为 SDCM（差分校正和监测系统）的 GLONASS 增强系统，目前还处于初步开发阶段。该系统设计思想起初是不符合 SBAS 标准的，但现在趋向于一个可实现互操作的系统。

所有的 SBAS 系统都需要一个分布广泛的陆地基准站网络，能够上行链接到卫星，以实现系统功能。

5.6.6　GNSS 的未来

1）已经存在的和计划发展的空中 GNSS 能力

需要考虑 GNSS 基础设施的发展，因为有很多机会来满足新兴用户的需求：

（1）对所有可视卫星提供增强服务，以支持用户对精度、完好性、可用性和可靠性方面的需求，从而改善仅用单一 GPS 信号进行定位的性能。

（2）在未来发展中，需要提供额外的信道以支持增强信号在覆盖区域上的数据分发，其中包括人命安全和大量市场应用以及为民用航空、航海和陆地区域的用户服务。

（3）未来的 GNSS 的发展，应在较高频段（S，C 波段）提供其他的导航信号，为移动通信提供较好的性能（精度、可靠性）和较高的频谱利用。

2）GNSS 战略

再经过一段时间（大概到 2020 年），可能有 3 个或 4 个 GNSS 系统可用，总计提供多于 100 颗卫星，具有多频率、自主完整性监测和预警功能。大量可用的 GNSS 卫星将使 RAIM（接收机自主完整性监测）更加可靠。独立的（卫星或者陆基的）增强系统可能需要重新测试，也可能会考虑逐步淘汰。然而，有关 GNSS 系统弱点的担忧仍会存在，仍需要存在一些可以替代的陆基电子定位系统和具有独立认证与警报功能的备份系统。

应该注意到，当前的 GNSS 供应商并不为他们提供的服务而承担责任。

5.6.7 非无线电定位

如果没有 GNSS 定位或授时，那么 AIS 或 ECDIS 就不可用。因此，使用一个基于惯性导航的备份系统就很重要，该系统能够在给定的时间段持续提供具有相似精度水平的电子定位。

惯性导航是一种自控导航技术，利用加速度计和陀螺仪提供的测量数据来跟踪一个物体相对于已知起始点的位置和姿态。

惯性导航系统的性能和成本主要取决于所使用的不同的技术。

目前，即使是最高级的惯性导航系统也不能作为 GNSS 定位的主要备用系统。

惯性导航系统必须和其他传感器，如速度计程仪、磁性传感器或 GNSS 等整合在一起使用，以弥补定位误差。

低成本的惯性导航系统正在发展之中，将来其性能可能使其成为短期的备份系统，也可能在提高完善性和稳定性方面发挥作用。

在一些特殊应用领域，如水道测量，一些船舶上的惯性导航系统已经和 GNSS 系统组合使用，可以获得短期的定位稳定性。

1）视觉信息的整合

能够增强传统船载罗经功能的"电子罗经"的技术被提了出来，它能够获得固定或偏移物体的方位，并能够在电子导航系统内部使用。

一台集成的电子罗经必须具有视觉观察物体的能力，用户通过按一个触发器或按钮获取位置，在电子导航系统显示器上形成一条位置线（LOP）。还应包括如下更多的功能：

（1）当看见一个物体时，能够根据图形特征，通过图形方式自动相互参照，或通过使用航标表、航路指南或世界船队数据库等数据自动相互参照，通过 AIS 使用这种相互参照技术，一旦看见诸如灯塔、其他船舶等物体，就可以同步显示该物体的逼真图像及其特性。

（2）判断其他船舶的航向，评估碰撞的危险，通过雷达或 AIS 联系到其他目标的跟踪特性，以实现更有效的跟踪，并提供信息冗余，进行内容确认和检查。

（3）电子罗经的可视图像能够增强低照度技术或红外线技术。

（4）电子罗经产生的 LOP 可以记录在航向数据记录仪（VDR）或其他设备之内，主管人员可以据此评估值守人员的工作情况。

2）陆基导航

另一个潜在的定位信息源是使用矢量海图，利用回声测量方法，使用基于数字陆地模型（DTM）的地图匹配算法，使测量深度与已知海图数据相关联。

陆基导航系统（TNS）可以看作是导航系统的一个独立的部分，其主要功能是提供定位测量。TNS 可以和惯性导航系统（INS）和连接的 GNSS 接收机组合使用。在其他的系统里，它可以和船位推算系统组合使用，或作为独立的定位源。陆基导航通过为 INS 和 GNSS 提供辅助定位估算，来提供整个系统的导航完善性能。当船舶位于 GNSS 受到干扰或电子欺骗的区域时，该功能对船舶非常有用。目前，TNS 正在进行测试，用于为自动水下航行器和潜艇导航。

陆基相关处理程序可以与 INS 连接，用来处理陆地相关性。将计算出的定位数据和相关的不确定性反馈给导航系统，以限制定位误差漂移。陆基相关处理程序可以用于提供水深数据的传感器，例如多波束和单波束测深仪。

使用 TNS 的一个潜在问题是，除了特殊区域的 DTM 经过高分辨率（1～10m 水平分辨率）测绘，获得的 DTM 通常分辨率和精度都较低。陆基导航精度取决于算法的特征、传感器精度、地图精度、地图分辨率，尤其是地形的匹配。所有的陆基导航算法都需要地形的变化信息。

在 e-航海环境下，每艘船舶都可以持续记录相对于当前位置的测深信息，并把该信息转发给岸站。岸站接下来就会对这些信息进行与电子海图的比对检查，以识别下述错误的发生：

（1）PNT 系统错误或"欺骗"数据；

（2）水道测量数据，或指示需要实施新的测量的水域。

5.6.8 全球无线电导航未来发展计划

IALA 鼓励成员参加实现具有强健的 PNT 要素的 e-航海系统，如下所述：

（1）推进 e-航海发展；

（2）推进 GNSS 和空基增强系统的发展，使这些系统操作人员对航海具有一定的兴趣；

（3）继续提供国际认可的差分全球导航卫星服务，通过：

①对现有的差分全球导航卫星的设施继续投资，以避免系统老化；

②审核现有 GNSS 的发展所提供的服务；

③继续支持和鼓励 IMO 将 IALA 无线电信标 DGNSS 系统纳入全球无线电导航系统。

④调查研究高精度 DGNSS 系统的标准化和服务，以支持航标管理、进出港和靠泊。

（4）寻求为 GNSS 提供充分的应急备份系统，包括以下方面：

①在 Loran/Chayka 设施管辖范围内，保持他们的运行，并计划将其升级到具备 eLoran 能力；

②全力支持 eLoran 的发展和标准化，使该系统可以成为 e-航海的一部分。

（5）应对海洋雷达技术的发展——这可能需要更换现有雷达信标设施来适应"新技术"雷达；

（6）发展 AIS 服务作为航标；

（7）努力试验和开发新系统，以加强海上航行，例如：

①中频信标机与 AIS 的 R-Mode；

②非无线电技术，包括惯性导航、"电子罗经"和陆基导航系统。

（8）基于风险分析，继续提供短距离航标作为应急系统——提供环境中所有潜在的变化，包括趋势、类型、数量和混合交通、局部障碍物、交通区域的集中和分散、环境因素和其他降低风险的措施。

第6章　e-航海通信技术

目前，无线电通信技术在航海领域有着广泛的应用，为船岸之间和船船之间进行有效沟通提供了技术手段。目前，已经开发应用的航海无线电通信技术大部分仅针对单一方面的应用，因此，商业船舶为了接收各种不同通信系统的相关数据，必须携带多种不同的无线电通信设备，才能够保证船舶的正常航行。这种情况为船员操纵船舶造成了一定的困难，也是 e-航海概念产生的背景之一。

在 e-航海系统技术架构中，通信系统是重要的组成部分。船端系统和岸基系统之间需要通信链路进行数据传输，岸—岸之间和船—船之间也需要进行数据交换，因此，通信系统即通信技术在 e-航海体系中将发挥关键作用。为支持 e-航海的发展，IMO 相关技术委员会、IALA e-航海委员会及其他有关组织机构对 e-航海通信技术进行了全面研究，并对未来 e-航海通信系统进行了规划。本章全面回顾了海上各种通信技术，重点介绍了 e-航海通信技术的发展、未来规划、AIS 技术以及作为未来 e-航海主要通信手段的 VDES 技术。

6.1　海上通信技术发展回顾

下面，我们大致根据频率从低到高的顺序，简单介绍目前海上可用的各种无线通信技术及相关系统和设备。

6.1.1　低频/中频通信方式（LF/MF）

差分全球定位系统（DGNSS）：国际航标协会（IALA）DGNSS 系统工作在 LF/MF 频段（283.5 ~ 325kHz），向海上用户广播差分定位信息和完好性信息。数据速率是 50bps、100bps 或 200bps。这是一种岸向船的数据广播系统，通过播发差分信息帮助船舶进行高精度定位。

6.1.2　中频/高频通信方式（MF/HF）

航海领域大量使用中频/高频（MF/HF）无线电频谱进行语音和数据通信，包括船船之间、岸船之间和船岸之间的一些通信方式。MF/HF 支持的通信方式既包括普通信息、海上安全信息通信，也包括应急遇险相关信息的通信，例如通信系统包括数字选择性呼叫（DSC）、窄带直接打印电报（NBDP）、语音和数据通信等。这些通信方式一般在海上移动服务频段的 1.6 ~ 26.5MHz 范围内，但遇险相关通信会通过一小部分专用信道进行。信道带宽的典型值是 0.5kHz（DSC 和 NBDP）和 3kHz（语音和数据）。下面对这些海上移动通信方式进行简单介绍。

1）数字选择性呼叫（DSC）

DSC 是一项数字编码技术，可以使无线电台与其他的无线电台之间建立连接、传输信息，进行遇险和一般通信。在 GMDSS 系统中，DSC 是一项船船之间、船岸之间和岸船之间进行遇险报警、紧急和安全呼叫的通信系统，DSC 遇险报警由预先设定的遇险信息组成，主要应用于船舶与协调中心之间最初的紧急通信，通过专用信道，实现船桥值班人员和岸上监管人员对遇险和安全频率的持续监听，包括 MF/HF 和 VHF DSC。

MF/HF DSC 是 GMDSS 系统中组合电台的组成部分，设定 6 个特别应用于遇险和安全通信的 MF/HF 频率，主要包括 MF：2187.5kHz，HF：4207.5kHz、6312.0kHz、8414.5kHz、12577.0kHz、16804.5kHz，实现无线频段内的单呼、组呼或"全呼"。每一个装备有 DSC 设备的船舶、岸站和群（Group）都有一个唯一的海上移动服务识别码（MMSI），该识别码在国际电信联盟（ITU）的文件 ITU-R M.585 中做了定义。MF/HF DSC 采用 FSK 调制方式，传输速率为 100bps，通信距离在 200 海里以上。

除了使用中高频，DSC 也使用甚高频（VHF）进行通信，具体设备配置与中高频 DSC 系统类似，详见 6.1.3 节 1）。

2）语音通信

航海领域船船之间、岸船之间和船岸之间广泛使用多种 MF/HF 无线频谱进行语音通信。通常，大部分语音通信使用的频谱分布在 1.6～26.5MHz 范围内，信道带宽典型值是 3kHz。使用 MF/HF 频段进行语音通信的典型通信系统是单边带（SSB）通信系统。

3）数据通信

近几年，一些专家提出用中高频（1.6～26.5MHz）进行数据通信的技术方案。该技术方案的具体内容参见 ITU-R M.1798 建议案。该建议案在 2010 年 4 月出版，对中高频数据通信建议了三种系统：系统 1、系统 2 和系统 3。系统 1 是 HF 频段上采用正交频分复用（OFDM）的数字调制解调器协议，使用 4/8PSK 调制到 32 个子载波上。系统 2 是一个电子邮件系统，使用 Pactor-Ⅲ协议，包括全球链路网络（GLN）的系统应用，使用 QPSK 调制到 18 个子载波上。系统 1 和系统 2 都使用 3kHz 信道进行数据传输，传输速率为 3kbps 以及更低。系统 3 是一个 10～20kHz 的宽带高频数据系统，提供因特网接入以及使用 OFDM 的电子邮件服务。这个系统采用 QAM 以 10kHz 带宽调制到 228 次载波上，或者以 20kHz 带宽调制到 460 次载波上，数据传输速率达到 51kbps。以上三种系统都是 IP 层兼容的，并且可以互操作。目前，海上中高频数据通信技术的具体实施还需要有关专家和国际组织进行进一步研究。

4）窄带直接打印电报（NBDP）

NBDP 是一种自动无线电信号电报技术。NBDP（也是众所周知的无线电传）在 HF 信道上 0.5kHz 的带宽范围内使用 FSK 调制方式，并在海上移动服务带宽（1.6～26.5MHz）内支持低速数据传输（100bps）。NBDP 是 GMDSS 的组成部分，可作为船船之间、船岸之间和岸船之间，特别是为了克服语言困难而基于文本播发的遇险通信和一般通信。NBDP 在一般通信中的使用正在减少，现在主要应用于船位报告、气象警告和天气预告。

5）导航电报（NAVTEX）

NAVTEX 是一种国际化的自动播发海上安全信息（MSI）的系统，利用 NAVTEX，岸台可以向船舶发送海上航行警告、天气预报和其他一些搜救通告等类似信息。NAVTEX 是 GMDSS 的一个组成部分，其船桥设备是一种小型、低费用和自动打印的无线电接收机（NAVTEX 接收机）。该系统在 518kHz 内用英语广播信息，在 490kHz 和 4209.5kHz 上用英语或本地语言广播上述信息。电文编码包括了一个识别字头，以表明广播基站的类型、电文类型，紧接着是2个电文串行码的识别标志编码。NAVTEX 广播时间由国际统一协调，这样在航行区域内能够共享同一频率播发 NAVTEX 信息。

6.1.3 甚高频（VHF）通信

甚高频（Very High Frequency，VHF）是指频带由 $30 \sim 300\text{MHz}$ 的无线电电波。VHF 波段（$156.025 \sim 162.025\text{MHz}$）常被用于海上语音通信，是覆盖区域内船岸之间和船船之间的主要通信方式。VHF 可被用于遇险、安全信息和一般信息的海上通信。VHF 信道间隔是 25kHz，使用其中心频率上下共 12.5KHz 的带宽。VHF 系统利用 ITU-R M 1084 建议案中提出的无线电协调规范提高频谱的利用率。

1）数字选择性呼叫（DSC）

与 MF/HF DSC 不同，VHF DSC 采用专用信道，在 VHF 70 频道（156.525MHz）上进行遇险和一般通信。其工作方式和相关设备与 MF/HF 系统类似，采用 FSK 调制，但传输速率为 1200bps，理论通信距离为 100 海里，实际在 $30 \sim 50$ 海里之间。

2）语音通信

目前，海上使用 VHF 频段进行语音通信十分普遍。VHF 语音通信是船船之间和船岸之间一种基本的通信方式。VHF 语音通信用于遇险、安全和一般通信。遇险搜救通信的频道包括 Ch6、Ch13、Ch16 和 Ch70。目前 VHF 频道间隔为 25kHz。IALA 发布的无线电通信规划鼓励使用 ITU-R M 1084 建议案中提出的 12.5kHz 的频道间隔。

3）121.5MHz 示位信标机

121.5MHz 无线信标技术于 20 世纪 70 年代中期发展起来，主要应用在航空领域，安装在飞机上，作为紧急定位发射机（ELTs）使用，但它们也被用于船上作为无线电紧急示位信标机（EPIRBs）或者个人示位信标机（PLBs）使用。

关于 EPIRB 的较详细介绍，参见 6.1.3 节 8）。

4）自动识别系统（AIS）

AIS 采用时分多址（TDMA）通信方式，被用于船船之间和船岸之间的信息交换。AIS 的主要目的是通过传播有效的航行安全信息，提升航海安全、保护海上环境。AIS 系统主要有以下功能：

（1）船对船模式的避碰；

（2）在沿海使用以获得船舶及其载货信息；

（3）作为 VTS 工具，比如船对岸（交通管理）。

AIS 提供一种船舶电子数据的交换手段，传输的数据包括：识别码、位置、航向、航速以及附近的船只和岸站。这些信息可以显示在一个屏幕上。AIS 的目的是实现船舶避碰、辅助船舶的监管人员和相关海事机构跟踪和监测船舶动向。AIS 使用 VHF 频道的 AIS1（161.975MHz）信道和 AIS2（162.025MHz）信道。

AIS 可以与物理航标结合使用，安装在物理航标上，也可以通过 AIS 基站发送信息，在海上建立虚拟航标。

AIS 还可使用专用电文（ASM）交换与导航安全相关的数据。采用 ASM、AIS 可以播发导航信息、水文及水道测量数据以及其他应用专用电文。当使用 ASM 时，应该考虑到甚高频数据链（VDL）的荷载问题。

AIS-SART 是一个定位设备（替代雷达 SART）。作为 GMDSS 一个部分，AIS-SART 被用于定位幸存航空器和遇险的船舶。AIS-SART 没有接收机，并使用电池进行工作，可独立运行 96h。AIS-SART 位置和时间同步源来自于 GNSS 接收机。

在未来的 e-航海环境中，AIS 系统将发挥重要作用，以第二代 AIS 为基础建成的 VHF 数据交换系统（VDES）将是未来 e-航海的主要通信系统。本章后续章节将详细介绍 AIS 和 VDES 技术。

5）双向 VHF 无线电话设备

双向 VHF 无线电话设备是 GMDSS 的一部分。该设备在搜救直升机上使用，既可以是便携式，又可以是固定式的收发器。它用于搜救航空器之间、搜救航空器与其他船舶之间及与被救助目标之间的现场通信。系统在 Ch16（156.8MHz）和至少一个其他信道上进行通信。船上收发机可以使用一个备份电池进行通信，但主电池必须用于 GMDSS 通信。

6）区域数据通信系统

目前，有一些区域实现了 VHF 数据通信，这种区域 VHF 数据通信系统主要应用于岸船之间和船岸之间的数字通信。这些系统是商业系统，主要用于船舶跟踪以及搜救（SAR）业务中的区域搜救等。VHF 数据通信的具体实例包括：在意大利有用于船舶监控的数据交换系统；在挪威建立了一个区域 VHF 数据交换系统，在 9 个窄带 VHF 频道上实现数据通信。

7）卫星数据通信

目前，在市场上可以获得商业 VHF 波段（200～400MHz）卫星通信，但该波段不是现在的海事 VHF 波段。这些商业 VHF 卫星通信系统可以提供短信、天气预报和船舶跟踪服务。

8）应急无线电示位标（EPIRB）

应急无线电示位标是一种能够发射无线电信号的装置，利用自身发射的无线电信号，表明其所处的位置。EPIRB 一旦启动，就会发送一个遇险报警信号，当非对地静止轨道卫星侦查到此信号，可以采用多普勒移频测量和三角组合定位方法计算出该 EPIRB 位置。该装置具有以下功能：

（1）报警（Alarm）：载体遇到危险时能够自动或人工发射遇险报警。

（2）识别（Identification）：发射的报警信号中含有识别信息，便于确定载体。

（3）定位（Position）：信号中含位置信息（GPS），或通过检测其发射的信号计算出其位置（利用多普勒效应）。

（4）（附带）寻位（Homing）功能：121.5MHz（供飞机、船舶寻位）或内置 SART。

船用 EPRIB 一般内装两个发射机，406MHz 发射机和 121.5MHz 发射机，其中 406MHz 发射机为 SOLAS 公约所有船舶必须配备的自浮式 EPRIB、121.5MHz 非强制配备，可以作为搜救飞机和搜救船舶的寻位信号。

6.1.4　特高频（UHF）通信

UHF 的频率范围是 300～3000MHz，可用于船上通信、卫星通信等领域。

1）船上通信

UHF 无线电通信通常用于船舶内部通信、船舶与码头、泊位的工作人员在靠岸时的通信。这些无线电通常限制功率小于 2W 的 450～470MHz 频段，并仅用于语音通信。

2）增强型群呼（EGC）

增强型群呼（EGC）系统工作在 1530～1540MHz，是 Inmarsat-C 海事移动卫星系统中的信息广播业务，它使地面的信息提供者可以将电文或数据发送到移动的增强型群呼接收机二类或三类 C 标准移动地球站，或配有 EGC 接收机的 Inmarsat 移动站。EGC 系统提供两种基本业务：

（1）安全网业务（Safety NETSM），用于播发海上安全信息；

（2）船队网业务（Fleet NETSM），用于向一个船队或一组船舶发送船队管理和一般公共信息。

3）卫星通信

卫星通信就是地球上（包括地面和低层大气中）的无线电通信站间利用卫星作为中继而进行的通信。最适合的卫星通信频段为 1～10GHz。部署在船上的 UHF 频段的卫星通信通常可完成遇险、安全和正常语音通信。卫星通信链路能支持例如数字语音、e-mail、短信、群呼、电报、传真、远程监控、跟踪（位置报告）、图表和天气的更新等信息服务。

Inmarsat 是最早的 GEO 卫星移动系统，是利用美国通信卫星公司（COMSAT）的 Marisat 卫星进行卫星通信的，它是一个军用卫星通信系统。20 世纪 70 年代中期，为了增强海上船只的安全保障，国际电信联盟决定将 L 波段中的 1535～1542.5MHz 和 1636.3～1644MHz 分配给航海卫星通信业务，这样 Marisat 中的部分内容就提供给远洋船只使用。1982 年形成了以国际海事卫星组织（Inmarsat）管理的 Inmarsat 系统，开始提供全球海事卫星通信服务。正在工作的为第三代海事通信卫星，它们分布在大西洋东区和西区、印度洋区和太平洋区，第四代 Inmarsat-4 卫星，也已于 2005 年 3 月发射了第一颗卫星。

全球卫星导航系统中，中国的北斗卫星导航系统（BDS）除了具有定位、导航和授时功能外，还具有短报文通信能力。2011 年 12 月 27 日，该系统开始试运行服务，到 2020 年左右，北斗卫星导航系统将实现全球覆盖。北斗系统在 5 颗地球静止轨道（GEO）卫星上采用卫星无线电导航（RNSS）和卫星无线电测定（RDSS）的双重体制，不仅能与其他轨道卫星一起提供无源定位服务，还能由这 5 颗 GEO 卫星向区域用户提供有源定位、位置报告和短报文通信服务。北斗短报文通信出站信道速率为 31.25kbps，入站信道速率为 15.625kpbs，一次最大可发送 200 个字节的数据，可广泛应用于公网信号无覆盖的水域以及应急搜救等领域。

6.1.5 使用特高频/超高频（UHF/SHF）频段的其他的通信技术

特高频/超高频（UHF/SHF）的频率范围涵盖了 300MHz～30GHz，除上述介绍的通信技术外，在海上通信领域，还包括 UHF/SHF 频段上其他各种通信技术，如 GSM/GPRS、3G、4G、WiFi 和 WiMax 等，以及一些短距离通信设备，比如 Zigbee 和蓝牙链路等。这些通信方式提供了高速数据传输的可能。然而，大部分这类系统的覆盖范围有限，因此被限制在仅支持港口环境中数据的传输。下面对这些通信方式作简单介绍。

GSM/GPRS 和以往连续在频道传输的方式不同，是以封包（Packet）式来传输，因此使用者所负担的费用是以其传输资料单位计算，并非使用其整个频道，理论上较为便宜。GSM/GPRS 的传输速率可提升至 56 甚至 114kbps。GSM/GPRS 的用途十分广泛，包括通过手机发送及接收电子邮件、在互联网上浏览信息等。

　　3G 是第三代移动通信技术，是指支持高速数据传输的蜂窝移动通信技术。3G 服务能够同时传送声音及数据信息，速率一般在几百 kbps 以上。3G 无线通信与国际互联网等多媒体通信结合的新一代移动通信系统，目前存在 3 种标准：CDMA2000、WCDMA、TD-SCDMA。

　　4G 是指第四代移动通信技术，能够快速传输数据、高质量的音频、视频和图像等信息。4G 能够以 100Mbps 以上的速度下载信息，比目前的家用宽带 ADSL（4 兆）快 20 倍，并能够满足几乎所有用户对于无线服务的要求。而在用户最为关注的价格方面，4G 与固定宽带网络在价格方面不相上下，而且计费方式更加灵活机动，用户完全可以根据自身的需求确定所需的服务。此外，4G 可以在 DSL 和有线电视调制解调器没有覆盖的地方部署，然后再扩展到整个地区。

　　Wi-Fi（Wireless Fidelity，无线保真技术）属于在办公室和家庭中使用的短距离无线技术，这项技术目前在 IEEE 有三个标准，分别为：802.11a、802.11b 和 802.11g。Wi-Fi 的覆盖范围可达 300ft 左右（约为 90m）。采用 Wi-Fi 的无线保真技术，其传输速度快，采用 802.11b 标准的带宽可以达到 11Mbit/s，而 802.11a 及 802.11g 更可达 54Mbit/s。该技术可以组建无线局域网，特别在同一层楼内的办公室可以使用无线办公，其传输速率可以有效地满足宽带联网的需求。

　　WiMax（World Interoperability for Microwave Access，全球微波互操作接入技术），是基于 IEEE802.16 标准的无线城域网技术，有 802.16d 和 802.16e 两个标准，无线信号传输距离最远可达 50km。WiMax 是一项新兴的无线通信技术，能提供面向互联网的高速连接，适用于静止和半静止状态访问网络，其传输速率可达 10～70M，能完全满足宽带上网的需求。802.16e 标准定义了空中的物理层与 MAC 层，802.16e 接入 IP 核心网，也可以提供 VoIP 业务，支持一点对多点的结构。

　　Zigbee 是 IEEE 802.15.4 协议的代名词，这一名称来源于蜜蜂的八字舞。蜜蜂（Bee）是靠飞翔和"嗡嗡"（Zig）抖动翅膀的"舞蹈"来与同伴传递花粉所在方位的信息，也就是说蜜蜂依靠这样的方式构成了群体中的通信网络。其特点是近距离、低复杂度、自组织、低功耗、低数据速率、低成本。主要适用于自动控制和远程控制领域，可以嵌入各种设备。ZigBee 技术优势主要包括以下几个方面：低功耗、低成本、可靠、网络容量大、安全保密、工作频段灵活。

　　蓝牙是一种支持设备短距离通信（一般 10m 内）的无线电技术。能在移动电话、PDA、无线耳机、笔记本电脑、相关外设等众多设备之间进行无线信息交换。利用"蓝牙"技术，能够有效地简化移动通信终端设备之间的通信，也能够成功地简化设备与因特网（Internet）之间的通信，从而数据传输变得更加迅速高效，为无线通信拓宽道路。蓝牙采用分散式网络结构以及快跳频和短包技术，支持点对点及点对多点的通信，工作在全球通用的 2.4GHz ISM（即工业、科学、医学）频段，数据传输速率为 1Mbps，采用时分双工传输方案，可以实现全双工数据传输。蓝牙技术的特点可归纳为如下几点：全球范围适用、同时可传输语音和数据、可以建立临时性的对等连接、具有很好的抗干扰能力，蓝牙通信模块体积很小、便于集成、功耗低、使用开放的接口标准、成本低。

船—岸 e-航海数据和语音通信技术地理分类　表6-1

e-NAV 域定义	GMDSS 作用（接近）	宽带电话线路或电缆（船舶靠泊时）	Wi-Fi	WiMax	移动电话技术	AIS	VDE	数字 VHF 语音和数据	调制雷达数据	地球静止卫星	商业 MEO/LEO 卫星通信	中频和高频（包括 Navtex/MSI）	DGPS 信标数据广播服务	现有的中频和高频 NBDP	高频数字数据服务	中频/高频 MSI 数字数据服务（包括 NAVDAT）
1-港口内	A1	E	F	F	E	E	F	F		E	E	E	E			F
2-进港区域	A1			F	E	E	F	F	F	E	E	E	F			F
3A-超出蜂窝电话作用范围的沿海导航区域（将近 5 海里）	A1			F	E	E	F	F	F	E	E	E	F		E	F
3B-VHF 覆盖的沿海导航区域（将近 25 海里）	A1			F	E	E	F	F	F	E	E	E	F		E	F
4-沿海区域（将近 100 海里）	A2								F	E	E	E	F	E	E	F
5-远海区域	A3									E	E	E		E	E	F
6-极地区域	A4										E	E		E	E	F

注：E 表示已经存在的技术；

F 表示未来未不存在或者未来广泛使用的技术；

表示可能更好的技术（已经存在的，未来的）。

表 6-2

船—船 e-航海数据和语音通信技术地理分类

e-NAV 域定义	GMDSS 作用（接近）	宽带电话线路或电缆（船舶靠近时）	Wi-Fi	WiMax	移动电话技术	AIS	VDE	数字 VHF 语音和数据	调制雷达数据	地球静止卫星	商业 MEO/LEO 卫星通信	中频和高频（包括 Navtex/MSI）	DGPS 信标数据广播服务	现有的中频和高频 NBDP	高频数字数据服务	中频/高频 MSI 数字数据服务（包括 NAVDAT）
1-港口内	A1		F	F	E	E	F	F	F	E	E	E				F
2-进港区域	A1			F	E	E	F	F	F	E	E	E				F
3A-超出蜂窝电话作用范围的沿海导航区域（将近 5 海里）	A1				E	E	F	F	F	E	E	E				F
3B-VHF 覆盖的沿海导航区域的沿海区域（将近 25 海里）	A1					E	F	F	F	E	E	E			E	F
4-沿海海区（将近 100 海里）	A2					E	F	F		E	E	E			E	F
5-远海区域	A3					E	F	F		E	E	E			E	F
6-极地区域	A4					E	F	F			E	E			E	F

注：E 表示已经存在的技术；
　　F 表示未来不存在或者未广泛使用的技术。

□ 表示已经存在的技术；

■ 表示可能更好的技术（已经存在的，未来的）。

本节按照频率从低到高的顺序，简单介绍了目前海上可用的各种无线通信技术及相关系统和设备。由于篇幅所限，不能对每种通信技术进行详尽介绍。未来 e-航海环境中，船岸之间主要的数据通信系统将是 VDES（详见本章后续章节），但并不排除其他各种通信手段的使用。用户在开发、建设 e-航海系统时，可根据各种通信技术的优缺点，酌情选择使用。

6.1.6 当前及未来语音和数字通信技术概述

以上按照频率从低到高对航海通信技术做了简单介绍，下面就当前及未来语音和数字通信技术应用情况及未来发展趋势做个小结。

表 6-1、表 6-2 给出了目前海上语音和数据通信技术类别，同样也给出一些未来短期或一段时间内即可使用的技术，分别为船岸之间的通信技术（表 6-1）和船船之间的通信技术（表 6-2）。

两个表的左栏列出了六个地理区域，它们由可选择利用的通信技术作用距离及可提供的通信技术选择的范围进行定义。GMDSS 作用海域也在第二列中进行了近似标注。

两表中所建议的通信技术大部分都可以应用于 e-航海系统的语音和数字通信。六个地理区域中都用灰色表示，"E" 代表现存的技术，"F" 代表将来的技术或目前在海上领域还没有广泛应用的技术。

6.2 IALA 对未来 e-航海通信方案的研究

本章第 6.1 节对各种海上通信技术进行了简单回顾。可以看出，海上通信技术种类繁多，各有优缺点。为支持 e-航海的发展，IALA e-航海委员会对这些海上通信技术进行了研究分析和归纳总结，于 2011 年提出了未来 e-航海环境中船岸数据通信的三种主要手段，即：

（1）下一代 AIS；
（2）VHF 数据交换；
（3）500kHz 数据广播。

6.2.1 下一代 AIS

在目前 AIS 基础上，开发下一代 AIS。下一代 AIS 除了保留原有的 AIS1 和 AIS2 信道外，还增加 2 个单工信道和 2 个双工信道。下一代 AIS 将包括 4 个单工信道和 2 个双工信道。

其中 AIS1 和 AIS2（均为单工信道）为 AIS 原有信道，仅用于安全航行、重要位置报告和确认、船对船和船对岸安全通信。

新增 AIS3 和 AIS4（单工信道 75 和 76），将用于卫星 AIS 探测和跟踪船舶，该功能可以利用 AIS 电文 27 实现。这两个频率毗邻信道 16 的频率，最初是信道 16 的防护频道。相关研究已经表明 AIS 短电文 27 使用频率将较低，不会影响信道 16 的使用。

新增 AIS5 和 AIS6（双工信道 27 和 28），用于海上安全和安保相关信息的通信，这些信息包括气象数据和符合 IMO 文件《AIS 专用电文指南》（S/N Circ. 289）的 AIS 二进制电文。

下一代 AIS 将解决目前 AIS1 和 AIS2 信道拥挤的问题，可以保证即使在交通拥挤水域也能获得良好的 AIS 卫星信号探测，并确保海上安全相关信息的有效播发。

另外，继续保留信道 70 管理 AIS 信道。

下一代 AIS 信道安排和具体使用功能见表 6-3。

下一代 AIS 信道安排和具体使用情况　　　　　　　　　　　　　表 6-3

AIS 信道（单工或双工）	AIS1 和 AIS2（单工）；安全航行	AIS3 和 AIS4（单工）；船舶跟踪和未来 GMDSS	AIS5 和 AIS6（双工）；数据通信	信道 70；AIS 信道管理
用途	安全航行；海上和内陆遇险和安全通信	卫星探测 AIS；未来 GMDSS	海上安全信息；通用信息通信	根据 ITU-R M. 822-1 文件要求统一管理 VHF 数据链
频率分配	已分配，作为专用信道	需分配新频率，应作为专用信道	需要分配新频率，可以是共用信道	已分配，作为专用信道
AIS 电文类型	船舶识别；船舶动态数据；船舶静态数据；航标信息	卫星探测 AIS；支持未来 GMDSS 的电文播发	区域 AIS 二进制电文；S/N Circ. 289 国际 AIS 二进制电文	TDMA 系统管理电文，例如电文 20、22；用于协调信道共享的其他电文
典型应用	船舶避碰；VTS 工具；船舶跟踪；GMDSS 定位	沿海国家探测超过 AIS 基站覆盖范围的船舶；未来遇险报警	警告和航行建议；气象和水文信息；船舶交通管理；AIS 信道管理，未来 VHF 数字数据信道；船—岸数据交换；	信道转换；FATDMA 分配；信道分配
建议使用的信道	已有信道，继续保留	信道 75 和 76	优先选用全球专用信道 27 和 28	已有信道，继续保留

6.2.2　VHF 数据通信

VHF 数据通信将提供船—船和船—岸之间性能优良的高速数据交换。AIS 系统目前、将来都不具备这种高速的数据交换能力。解决这一问题的方案是采用 VHF 数据通信。

根据《在〈无线电规则〉附录 18 水上移动业务频道交换数据和电子邮件的 VHF 无线电系统和设备的特性》（ITU-R M. 1842-1），采用 VHF 进行数据通信，需要 6 个连续的 25kHz 的 VHF 信道，最好是信道 24、84、25、85、26 和 86。这些信道可以单独作为数据通信信道使用，也可以组合成一个宽带信道使用。较典型的使用方案是，使用其中的 4 个信道，用于港口水域和交通拥挤水域的数字通信，而其他 2 个信道用于这些水域之间的沿海水域的数字通信。

如果把多个 25kHz 信道组合起来，比较典型的方案可以获得 100kHz 的带宽，从而具有比单个 25kHz 大得多的数据通信带宽。

2013 年，在下一代 AIS 和 VHF 数据通信技术相结合的基础上，IALA 提出了 VHF 数据交换系统（VDES）的概念，并建议把 VDES 作为未来 e-航海的主要通信系统。

6.2.3 利用500kHz频段进行数据通信 (NAVDAT)

500kHz数据通信系统也称为NAVDAT系统。NAVDAT是一种中频无线电系统,用在海上移动服务上,在500kHz带宽上进行海上安全以及船岸相关信息的数字广播。

500kHz频段是指495~505kHz的频段。500kHz频段可用于从船舶向岸上播发海上安全和安保相关信息,其传输距离可达400海里,传输速率为25kbps。

现在海岸电台使用的424kHz、490kHz和518kHz的Navtex系统可以在将来作为500kHz的NAVDAT系统使用。

WRC-12已经核准将495~505kHz频段在世界范围内用来进行海上移动服务。MAV-DAT系统在10kHz带宽利用OFDM调制提供大约25kbps的传输速率,特性如下:

(1) 如果有需要,可以传送加密的任何类型的文本、图表,图片,数据等;

(2) 自动接收;

(3) 可以使用单频网络 (SFN) 技术,不需要在同频进行时间片分配;

(4) NAVDAT的全球架构和NAVTEX是相似的,覆盖从海岸台站将近250/350海里。

NAVDAT的具体技术描述请参阅国际电信联盟 (ITU) 于2012年3月发布的NAVDAT系统的技术文件ITU-R M.2010 (在500kHz波段广播岸船安全及相关信息)。

6.2.4 WRC2012会议成果简介

IALA认为,下一代AIS、VHF数据通信和500kHz数据通信,是解决未来e-Nav通信问题的最佳方案。为此,IALA通过多种渠道,向IMO、国际电信联盟 (ITU) 等国际组织和机构提出了该方案,并获得这些国际组织的高度重视。2012年1月23日~2月17日,国际电联无线电通信大会 (WRC2012) 在日内瓦召开,会议研究了IALA的上述方案,并基本认可了该方案,相关决议如下:

1) 远程AIS信道

WRC-12会议决定,信道75和76用于接收自动识别系统 (AIS) 播发的远程AIS广播电文 (电文27的定义参见ITU-R M.1371)。

2) 数字信道

WRC-12确定了《无线电规则》附录18中的6个信道,自2017年1月1日起可以用于数字通信。这些信道是:信道24、84、25、85、26和86,频段为157.200~157.325MHz和161.800~161.925MHz。这些信道将同时用于固定和移动通信业务。应注意的是,在海上移动通信方面,ITU将全球分成了3个区域,在这3个ITU区域,上述这些数字通信信道的可用性是不完全一样的。

另外,WRC-12还决定,在ITU区域2以外的区域,频段为157.025~157.175MHz和161.625~161.775MHz的信道80、21、81、22、82、23和83,也可用于数字通信。

3) AIS实验专用信道

WRC-12决定,频率160.900MHz用于未来的应用系统 (例如AIS应用系统,落海救生系统) 的通信实验。如果经过主管机关批准使用该频率进行通信实验,不应干扰海上固定和移动通信服务,也不应要求频率保护。

WRC-12决定,信道27、28、87、88可用于未来AIS应用系统的测试,但不应干扰已有的海上固定和移动通信服务，也不应要求频率保护。

4）未来 WRC 议程

WRC-12 决定 WRC-15 和 WRC-18 将继续研究海上无线电频谱分配事宜，以适应 e-航海实施的要求。

6.2.5　未来 e-航海数据通信系统

可以看出，对于 AIS 信道，WRC-12 满足了 IALA 提出的 AIS3 和 AIS4 信道要求，而对于 IALA 提出的 AIS5 和 AIS6（信道 27、28），WRC-12 暂时同意这两个信道先用于 AIS 数据通信实验，且增加的 87 和 88 信道也可用于 AIS 数据通信。

对于 VHF 数字信道，WRC-12 不仅同意了 IALA 原先提出的 24、84、25、85、26、86 信道，还增加了 80、21、81、22、82、23、83 这 7 个信道用于 VHF 数据通信。这样，未来 VHF 数据通信信道达到了 13 个（增加的信道用于区域 1 和 3）。

WRC-12 会议通过的一系列为未来海上通信增加频率的决议，为一直受困于通信信道限制的 e-航海的发展，扫除了通信容量的束缚，为其发展从理论走向具体实施创造了有利条件。

6.3　AIS 技术

AIS（Automatic Identification System，自动识别系统）是 20 世纪 90 年代兴起的，用于船舶海上识别和避碰的技术。由于 AIS 使用方便、系统稳定、具备船岸之间灵活的通信功能，因此 AIS 技术一问世，即得到了广泛应用。IMO 已将 AIS 作为船舶强制配载设备。通过研究论证，IALA 选择在 AIS 基础上发展的 VHF 数据交换系统（VDES）作为 e-航海系统的主要通信系统之一。因此 AIS 在未来将有广阔的应用前景。本节对 AIS 技术进行较为详细介绍。

6.3.1　AIS 技术概述

AIS 是集现代通信、网络和信息科技于一体的多门类高科技新型助航设备和安全信息系统，是一种工作在 VHF 频段采用 SOTDMA（自主时分多址）现代通信技术的广播式自动报告系统。

AIS 系统由岸基台、船载台、转发台、助航台、机载台组成。船载台可向他船及岸台自动播发本船的动态信息（船位、航速、航向等）、静态信息（船名、目的港等）、航次信息和安全短消息等相关资料，同时也可自动接收他船及岸台的资讯。岸台则可依靠所获取的信息，拓展主管机关的服务管理范围，及时掌握海域交通动态，提高海上交通管理效率。

AIS 系统建立了船—船、船—岸的信息平台，为真正实现海上交通安全的信息化管理提供了重要的手段，使其成为促进航行安全，提高航运交通效率的先进工具。AIS 系统的关系如图 6-1 所示。

AIS 的功能包括：

（1）AIS 设备能在没有船员介入的情况下，自动和连续地向岸基台及其他船载台报告自己的导航数据和状态信息。同时，也能接收和处理由岸基台、其他船载台等传送来的指令和相关信息；

（2）AIS 设备在所有区域通常工作在自主和连续模式，在岸基台的控制下也可以与指定模式或询问模式相互转换工作；

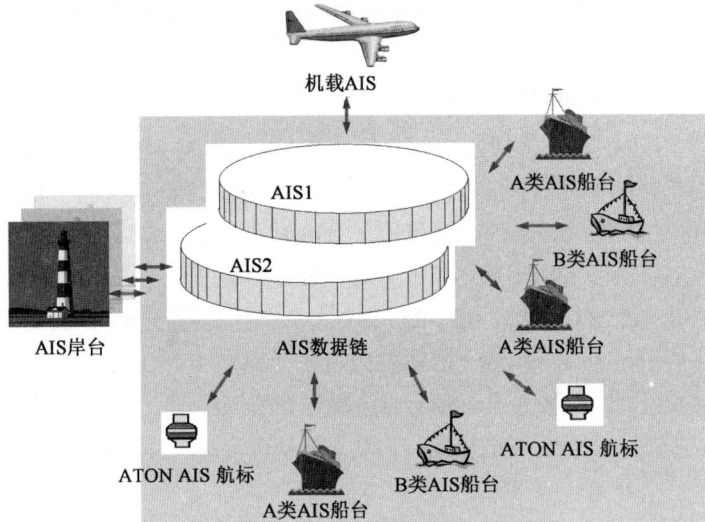

图 6-1　AIS 系统关系示意图

（3）AIS 设备能以高优先级和最小的延迟向岸基台和其他成员自动广播与安全有关的短信息，也能向指定的成员发送与安全有关的电文；

（4）AIS 设备能根据不同的用途，发射或接收及处理 ITU-R M. 1371 附件 2 表 13 规定的 22 种类型报文；

（5）AIS 设备可以使用 SOTDMA、ITDMA 和 RATDMA 三种时分多址访问协议。AIS 设备能使用与世界协调时 UTC 同步，或者在不能直接得到 UTC 时能够采用其他源同步的方法来保持 TDMA 工作的完整性；

（6）AIS 设备内部装有 GNSS 接收机，由此获得精确的 UTC 定时源，并能接收由岸基台广播的 DGNSS 修正数据，提供精确的船位精度。在失去外部提供船位信息源的情况下，内部 GNSS 接收机可被用作船位信息源；

（7）AIS 设备具有最小键盘和显示 MKD，能人工输入与航次和安全有关的信息，能进行 AIS 功能控制和数据选择等操作，能显示与船舶航行有关的导航信息，能够提供有关的报警和状态信息指示。在 MKD 基础上可以考虑扩展具有电子海图显示和信息处理的功能，向操作员提供信息内容更丰富和更形象直观的显示；

（8）AIS 设备具有一个符合 IEC61162 标准的双向接口，用于远程应用。同时还根据相应的国际海事接口标准要求配置各种传感器、船载系统及其相关应用的标准接口；

（9）AIS 设备提供必要的安全机制，以发现 AIS 失效和防止未经许可的数据输入、发送或更改。能自动记录 AIS 设备停止运行的所有时间，用户不得修改记录，当需要时可以恢复记录数据。

AIS 采用了独特的时分多址（TDMA）技术，即 SOTDMA，这是一种不需要建设基站，移动台中间自动组网的新型时分多址技术。具体的工作原理是：每分钟划分为 2250 个时隙。每个时隙可发布一条不长于 256 比特的信息，长于 256 比特的信息需增加时隙。每条船舶会通过询问（自动）选择一个与他船不发生冲突的时隙和对应的时隙来发布本船的信息。在统一的 VHF 的频道上，AIS 系统覆盖范围内任何船舶都能自行互不干扰地发送报告和接受全部船舶（岸站）的报告，这就是 SOTDMA 的技术核心。AIS 系统（在同一区域）能同时容纳 200～300 艘船舶，当系统超载的情况下，只有距离很远的目标才会被放弃，以保证作为 AIS 船对船运行主要对象的近距离目标的优先权。在实际操作中，系统的容量是不受限制的，可同时为很多船只提供服务。AIS 系统有 2 个 AIS 专用的 VHF 信道，即 AIS1 和 AIS2。目前，国际电信联盟（ITU）已为 AIS 系统扩展了信道，使 AIS 系统拥有了更多信道（详见 6.2 节介绍）。

AIS 系统采用船舶全球的唯一编码体制，即 MMSI 码来作为识别手段。每一艘船舶从开始建造到船舶使用结束解体，给予一个全球唯一的 MMSI 码。1987 年 11 月 19 日 IMO 通过了第 A.600（15）号决议，推广应用 MMSI 码。目的在于加强海运安全和防止海运中的欺骗及防止船舶造成海洋污染的管理。MMSI 码一般由当地船级社办理，现有的营运船可以向当地船级社提出申请获得。

6.3.2　AIS 信息内容及 AIS 电文

AIS 船台、岸台之间通过 AIS 电文交换信息。AIS 信息内容包括：

（1）静态信息：

①IMO 编号；

②海上移动业务识别码（MMSI）；

③呼号及船名；

④船长、船宽、船舶类型；

⑤船上使用的定位仪天线的位置（离船舷距离和中心线左右距离）。

（2）动态信息：

①船位及其精度标示和完好性状态；

②世界协调时 UTC 时间；

③对地航向（1/10 度为单位）；

④对地航速（1/10kn 为单位）；

⑤艏向（0～359°）；

⑥航行状态（由人工输入）；

⑦转向速率（若无可不发）。

（3）航次相关的信息：

①船舶吃水；

②危险货物（种类）按管理当局要求；

③目的港及估计到达时间（船长估计）；

④选项—航路计划（航路点 X 基本电文中无此数据区）。

（4）与安全有关的短电文：

①与安全有关的寻址电文（包含源 id、目的地 id，安全电文长度可占 1～5 时隙）；

②与安全有关的广播电文（只包含源 id，安全电文长度可占 1～5 时隙）。

1）信息更新率

AIS 在自主模式下信息的更新速率规定为：

（1）静态信息：6min 以及接收到发送要求时；

（2）动态信息：根据船速不同，按表6-4更新率报告；

（3）航次相关信息：6min 及数据有变化时和接收到发送要求时；

（4）安全信息：根据需要。

A 级 AIS 自主模式的信息更新率   表 6-4

船 舶 状 态	报告间隔时间	船 舶 状 态	报告间隔时间
船舶锚泊或停泊且移动速度≤3kn	3min	船速 14～23kn	6s
船舶锚泊或停泊且移动速度>3kn	1s	船速 14～23kn 并改变航向	2s
船速 0～14kn	10s	船速 >23kn	2s
船速 0～14kn 并改变航向	10/3s	船速 >23kn 并改变航向	2s

2）AIS 电文类别

AIS 船台、岸台之间通过 AIS 电文交换信息。目前 AIS 共有 27 种电文，如表6-5 所示。

AIS 处理电文列表   表 6-5

电文 id	名 称	说 明	M/B
1	位置报告	预定的位置报告（A 级船载移动设备）	M
2	位置报告	指定模式下的预定位置报告（A 级船载移动设备）	M
3	位置报告	响应询问的专门位置报告（A 级船载移动设备）	M
4	岸基台报告	岸基台的位置、UTC、日期和当前时隙号	B
5	静态和航行的相关数据	预定静态的、与航行相关的船只数据报告（A 级船载移动设备）	M
6	二进制寻址信息	寻址通信的二进制数据	M/B
7	二进制确认	确认收到寻址的二进制数据	M/B
8	二进制广播报文	广播通信的二进制数据	M/B
9	标准的搜救（SAR）飞机位置报告	只与搜救工作有关的机载台的位置报告	M
10	UTC/日期询问	请求 UTC 和日期	M/B
11	UTC/日期响应	若可用的话，当前 UTC 和日期	M
12	寻址安全相关消息	寻址通信的安全相关数据	M/B
13	安全相关确认	确认收到寻址安全相关消息	M/B
14	与安全有关的广播报文	广播与安全有关的数据	M/B

续上表

电文 id	名　称	说　明	M/B
15	询问	请求特定的消息类型（可导致一个或几个台站发出多个响应）	M/B
16	指配模式命令	由主管部门通过基站指配特定的报告性能	B
17	DGNSS 广播二进制消息	有基站提供的 DGNSS 校正	B
18	标准的 B 级设备位置报告	B 级船载移动设备的标准位置报告被用于插入到报文 1、2、3（8）	M
19	扩充的 B 级设备位置报告	B 级船载移动设备扩充的位置报告：增加静态信息	M
20	数据链路管理消息	为基站保留的时隙	B
21	助航装置报告	助航装置的位置和状态报告	M/B
22	信道管理	由岸基台进行信道和收发信机工作模式的管理，指定本工作区的地理坐标	B
23	群组指配命令	由主管部门通过基站为移动台特定指配特定的报告性能	B
24	静态数据报告	为 MMSI 指配的附加数据 A 部分：名称； B 部分：静态数据	M/B
25	单时隙二进制消息	非计划中的短二进制数据发送（广播或寻址）	M/B
26	带有通信状态的多时隙二进制消息	计划的二进制数据发送（广播或寻址）	M/B
27	远程应用的位置报告	计划的位置报告（基站覆盖范围以外的 A 类船载移动设备）	M

注：M 代表移动台，B 代表岸台。

A 级 AIS 的位置报告报文内容见表 6-6。

A 级 AIS 的位置报告报文内容表　　　　　表 6-6

参数	比特数	说　明
报文 id	6	报文 1、2 或 3 的识别符
转发指示器	2	用于指示报文转发次数，包括 0~3；0＝缺省；3＝不再转发
用户 id	30	MMSI（海上移动服务识别码）数字
导航状态	4	0＝发动机启动中；1＝锚泊；2＝没有指挥；3＝有限的机动性；4＝受它的吃水深度限制；5＝停泊；6＝搁浅；7＝捕鱼中；8＝在航路航行中；9＝预留用于将来对于船载 DG、HS 或 MP，或者 IMO 的 C 类危险品或污染物（HSC）时导航状态的修正；10＝预留用于将来对于船载 DG、HS 或 MP，或者 IMO 的 A 级危险品或污染物（WIG）时导航状态的修正；11~14＝预留将来用；15＝不定义＝缺省

参数	比特数	说　明
转向速率 ROT$_{AIS}$	8	±127〔－128（80hex）表示不可用，缺省〕； 编码：ROT$_{AIS}$ = 4.733 SQRT（ROT$_{INDICATED}$）°/min；ROT$_{INDICATED}$ = 外部传感器指示的转向速率（+/－720°/min）； +127 = 右旋720°/min或更大；－127 = 左旋720°/min或更大
对地速度 SOG	10	对地速度，步级1/10节（0 ~ 102.2节）。1023 = 不可用，1022 = 102.2节或更高
位置精度	1	1 = High（< 10m；如DGNSS接收机的差分工作模式）；0 = low（> 10m；如GNSS接收机或其他电子定位设备的自主工作模式）；缺省 = 0
经度	28	经度单位1/10 000minute（±180°，East = 正值，West = 负值）；181°（6791AC0hex）= 不可用 = 缺省
纬度	27	纬度单位1/10 000minute〔90°，North = 正值，South = 负值.91°（3412140hex）= 不可用 = 缺省〕
对地航向 COG	12	对地航向单位1/10°，0 ~ 3599，3600（E10hex）= 不可用 = 缺省；3601 ~ 4095不用
真航向	9	（0 ~ 359°）（511表示不可用 = 缺省）
时间标记	6	UTC报告为（0 ~ 59）= 秒； 或报告为60 = 时间标记不可用 = 缺省值，或报告为61 = 定位系统为手动输入模式或报告为62 = 定位系统工作在估计模式（航位推测），或63 = 定位系统不起作用
预留为区域应用	4	预留给区域管理者定义，如果未用于任何的区域应用，则置为0。区域应用不能用0
备用	1	不用，置为0
RAIM-标志	1	电子定位设备的RAIM（接收机自主完好性监视）标志：0 = RAIM不用 = 缺省，1 = RAIM在用
通信状态	19	
比特数总计	168	

6.3.3　AIS设备、A级AIS和B级AIS设备的区别

AIS设备包括以下几类：

（1）船载AIS；

（2）基站AIS；

（3）ATON AIS（辅助导航）；

（4）机载AIS；

（5）星载AIS。

船用AIS可分三大类：A级（Class A）AIS、B级（Class B）AIS和AIS接收器（Receiver Type AIS）。各类AIS各有其不同应用范围，B级AIS安装在IMO尚未强制规定必须

安装 A 级 AIS 的船舶上，有助于提高海上航行的安全。

B 级 AIS 有两种类型，一种是 CSTDMA（载波侦听时分多址），符合 IEC-62287-1 技术标准，一种是 SOTDMA（自组织时分多址），符合 ITU-R M. 1371 及 IEC-62287-2 技术标准，由于 SOTDMA B 级 AIS 协议与 A 级设备相同，可以看作是一种 A 级设备。

A 级和 B 级设备的主要区别如表 6-7 所示。

AIS A 级与 B 级设备的区别　　　　　　　　　　　表 6-7

项目	A 级	B 级（SOTDMA）	B 级（CSTDMA）
协议	SOTDMA	SOTDMA	CSTDMA
位置报告	消息 1	消息 18	消息 18
静态报告	消息 5	消息 19	消息 24A、24B
报告速率	最高速率 2s	最高速率 5s	最高速率 30s
电文通信	寻址：最长 936bit； 广播：最长 1008bit	寻址：最长 936bit； 广播：最长 1008bit	寻址：最长 96bit； 广播：最长 128bit
发射功率	最大 12.5W	2W	2W

具体说明如下：

1）协议区别

SOTDMA（自组织时分多址）是一种严格的时分多址技术协议，在 A 级设备和 B 级 SOTDMA 设备中采用。

SOTDMA 是 AIS 标准（ITU-R M. 1371）中规定的 AIS 数据交换用的数据链。标准中规定，以国际协调时（UTC）作为同步源，同步精度要求应小于 312 μs。在 SOTDMA 中，数据链使用权是自主选择获取的，每个 AIS 设备都是首先监听网络，记录每个时隙的使用情况，自动选择空闲时隙，并自动避免时隙冲突。SOTDMA 协议非常复杂，目前全球只有少数公司掌握此技术。

B 级 CSTDMA（载波侦听时分多址）采用先听后发技术，某一时刻接收不到其他船舶发射信号，即可发射本机消息，协议较简单。为防止 CSTDMA 设备干扰 AIS 系统，CSTD-MA 发射消息长度不能超过一个时隙。

2）静态报告的区别

A 级设备具备通过消息 5 周期性发送标准 A 级设备静态报告的功能。

SOTDMA B 级设备具备通过消息 19 周期性发送标准 B 级设备静态报告的功能。

说明：

电文 19——扩展的 Class B 位置报告，增加了船舶类型和大小等信息，可以被其他 A 级设备识别。由于电文 19 占用了两个时隙，所以 CSTDMA 的 Class B 不能使用该电文。电文 19 内容见表 6-8。

电 文 19 内 容　　　　　　　　　　　　表 6-8

参　　数	说　　明
电文 id	电文 19 的标识；总是 19
重复指示器	中继器用，表示电文已重复多少次（0 = 缺省，3 = 不再重复）
用户 id	MMSI
留作地区应用	留给地区主管当局去定义，如果不用，应当置为 0。地区应用不应用 0
SOG	地速，0.1 节步长（0 ~ 102.2 节），1023 不可用，1022 表示不低于 102.2 节
位置精度	1 = 高（<10m，例如 DGNSS 差分方式的接收机）； 0 = 低（>10m，例如 GNSS 自主方式或其他电子定位仪），缺省值
经度	经度，单位：0.0001min（±180°，东 = 正，西 = 负）， 2 的补码 181°（6791AC0H）= 缺省值 = 不可用
纬度	纬度，单位：0.0001min（±90°，北 = 正，南 = 负）， 2 的补码 91°（3412140H）= 缺省值 = 不可用
COG	对地航向，单位：0.1°（0 ~ 3599）， 3600（E10H）= 缺省值 = 不可用，不应当使用 3601 ~ 4095
真航向	（0 ~ 359°）（511 表示不可用，缺省值）
时间戳	UTC 秒，EPFS 生成报告时，（0 ~ 59）； 或 60，如果时间戳不可用，也是缺省值； 或 61，如果定位系统处于手动输入方式，位置传感器不工作； 或 62，如果电子定位仪运行在推算方式； 或 63，如果定位系统不工作。
留作地区应用	留给地区主管当局定义。如果不用于地区，应置为 0，而地区应用不应为 0
名字	最多 20 字符，6 比特 ASCII，连续 20 个@ = 不可用 = 缺省值
船舶类型	0 = 没有船舶或不可用 = 缺省值；1 ~ 99 相关定义； 100 ~ 199 留给地区应用；200 ~ 255 留作将来使用
船舶大小/位置基准	船舶大小，米；报告的位置的基准点
电子定位仪类型	0 = 无定义，缺省值；1 = GPS；2 = GLONASS；3 = 组合 GPS/GLONASS； 4 = 罗兰 – C；5 = Chayka；6 = 综合导航系统；7 = 观测；8 ~ 15 = 不用
RAIM 标志	电子定位仪的 RAIM（接收机的自主整体监听）标志。0 = 不用 RAIM（缺省） 1 = 使用 RAIM
DTE	数据终端就绪（0 = 可用；1 = 不可用）
指配方式标志	0 = 电台运行在自主和连续方式，缺省值；1 = 电台运行在指配方式
保留	不用，应当置为 0
合计比特数	312bit

　　CSTDMA B 级设备通过电文 24 发送静态 AIS 数据报告，电文 24 包括 24A 和 24B 两部分，24A 发射 1min 后应发射 24B。

说明：

电文 24——由于该电文是新增加的，原来的 Class A 船舶不能识别该电文，导致不能识别安装 CSTDMA 的 Class B 船舶。电文 24A、电文 24B 内容见表 6-9、表 6-10。

电文 24A 内容　　　　　　　　　　　　　　　　表 6-9

内　　容	说　　明（值）
电文 id	24
中继器识别	0
用户 id	MMSI
编号	0 = 电文 24A
船名	最多 20 字符（6bit ASCII），缺省@@@@@@@@@......

电文 24B 内容　　　　　　　　　　　　　　　　表 6-10

内　　容	说　　明（值）
电文 id	24
中继器识别	0
用户 id	MMSI
编号	1 = 消息 24B
船只类型	默认值 = 37，pleasure craft；缺省值 = 0，不可用
Vebdor id	可选，缺省@@@@@@@@@......
呼号	MMSI 注册呼号，缺省@@@@@@@@@
船舶尺寸/定位基准	

3）报告更新率的区别

按照 IEC 62287-1 标准，以 CSTDMA 方式工作的 AIS，位置报告（电文 18）的报告速率为：

（1）当航速 SOG > 2kn，30s

（2）当航速 SOG ≤ 2kn，3min

按照 ITU-RM.1371 规范，以 SOTDMA 方式工作的 AIS，其报告速率如表 6-11 所示。

A 级、B 级船载移动台的报告周期　　　　　　　　表 6-11

A 级 AIS	报告周期	Rr	B 级 AIS	报告周期	Rr
抛锚、停泊或速度 ≤ 3 节	3min	1/3	航行速度 ≤ 2 节	3min	1/3
抛锚、停泊或速度 > 3 节	10s	6	辅助导航	3min	1/3
航行速度 0 ~ 14 节	10s	6	航行速度 2 ~ 14 节	30s	2
航行速度 0 ~ 14 节并改变航向	$3\frac{1}{3}$s	18			
航行速度 14 ~ 23 节	6s	10	航行速度 14 ~ 23 节	15s	4
航行速度 14 ~ 23 节并改变航向	2s	30			
航行速度 > 23 节	2s	30	航行速度 > 23 节	5s	12
航行速度 > 23 节并改变航向	2s	30			

4）电文通信的区别

A级和SOTDMA的B级设备严格按照ITU-RM.1371规范设计，寻址电文最长936bit，广播电文最长1008bit，可以进行文字消息的通信，还可以进行中文短消息的通信，方便用户使用，对该系统在我国的推广应用具有积极的促进作用。

按照IEC 62287-1标准，CSTDMA仅允许发射与安全有关的文字信息，发射电文长度不能超过一个时隙，寻址电文最长96bit，广播电文最长128bit，不能进行自动回复。

5）发射功率的区别

A级AIS最大发射功率为12.5W。

按照IEC 62287-1标准，以CSTDMA方式工作的AIS，发射功率为2W。按照ITU-RM.1371规范，以SOTDMA方式工作的AIS，由于严格按照A级船舶的协议控制发射时隙，其发射功率适当提高后，可以提高其作用距离。

ITU（国际电信联盟）对按照ITU-RM.1371规范设计的发射功率为12W的B级AIS进行了研究，认为不会对系统有较大影响。

6）对AIS系统影响的区别

由于SOTDMA的B级AIS与目前的AIS系统采用完全相同的网络协议，并对其他AIS船舶—船舶、港口—船舶的正常消息广播和通信基本没有影响。

CSTDMA的B级AIS有与其他A级或B级设备可能发生时隙冲突，根据《自动识别系统—B级设备对A级系统的影响》（"Automatic Identification Systems—the effects of Class B on the use of Class A systems"，Journal of Navigation，May 2006）一文的分析，对同一海域，有120艘安装A级AIS的船舶、300艘安装CSTDMA B级AIS船舶的情况，发生通信冲突可能性为20%左右。

6.3.4 扩频后的AIS信道

6.2节介绍了WRC2012会议关于扩大AIS信道的相关决议。经过扩频，AIS系统的信道情况如表6-3所示。

6.3.5 空基AIS

AIS投入使用的最初目的是用于船船之间的避碰和自动识别。由于AIS的强制配载和自动报位特性，AIS逐步在其他一些领域得到了广泛应用，这些应用领域包括：海域感知、海面监视、辅助识别、环保、缉私、打击恐怖主义等方面。随着AIS在船舶、沿岸、飞机等平台的加装，AIS的监视范围有所扩展，但这些平台的搭载仍不能满足对AIS信息的覆盖范围和时效性要求，如岸基AIS系统覆盖半径在30~50海里（1海里=1.852km），空基AIS覆盖半径在200海里以内，而星载AIS系统（以轨道高度600km为例）覆盖半径可达1500海里。因此，为扩大AIS系统覆盖范围，一些发达国家，如美国、挪威、加拿大等，自2003年以来相继开展了星载AIS应用研究。下面对这方面的研究成果介绍如下：

1）欧洲

挪威和瑞典等北欧国家航运发达，迫切需要加强对船舶的动态监控、海域感知和监视，故在星载AIS技术研究方面起步较早。其中挪威取得的成果尤为显著，已完成相关关键技术攻关，并已发射多颗AIS卫星；瑞典、荷兰、芬兰等国仍在进行相关技术研究。

2004 年挪威防御研究组织就星载 AIS 技术的可行性进行了论证，并发表了报告，且研制出了样机。2004 年底和 2005 年夏，先后发射了 Ncube-1（图 6-2）和 Ncube-2 两颗载有 AIS 接收机的微小型通信卫星，也称皮卫星。但由于火箭发射出现故障，这两颗卫星均未能入轨。

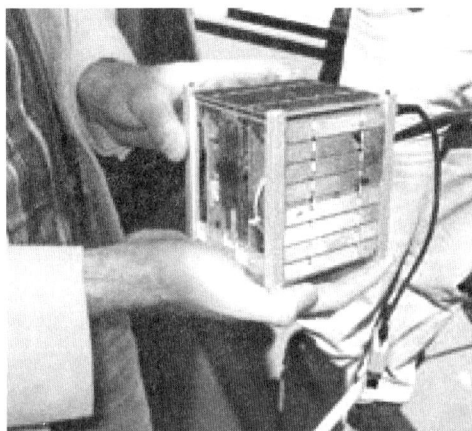

图 6-2　挪威的 Ncube-1 微小卫星

2010 年 6 月 12 日，FFI 联合挪威其他多家部门和单位，由挪威工商部出资 390 万欧元委托加拿大多伦多大学空间飞行试验室（Space Flight Laboratory，SFL）研制的 AISSAT-1 纳星在印度搭载 PSLV-C15 火箭发射入轨。如图 6-3 所示，AISSAT-1 纳星质量为 6kg，体积 20cm × 20cm × 20cm，主要荷载为星载 AIS 接收机。AISSAT-1 纳星能侦收到全球大部分海域的船舶 AIS 信息，但在船只密度较大地区如地中海、墨西哥湾、欧洲沿海等海域的船只检测率不高，甚至完全阻塞。

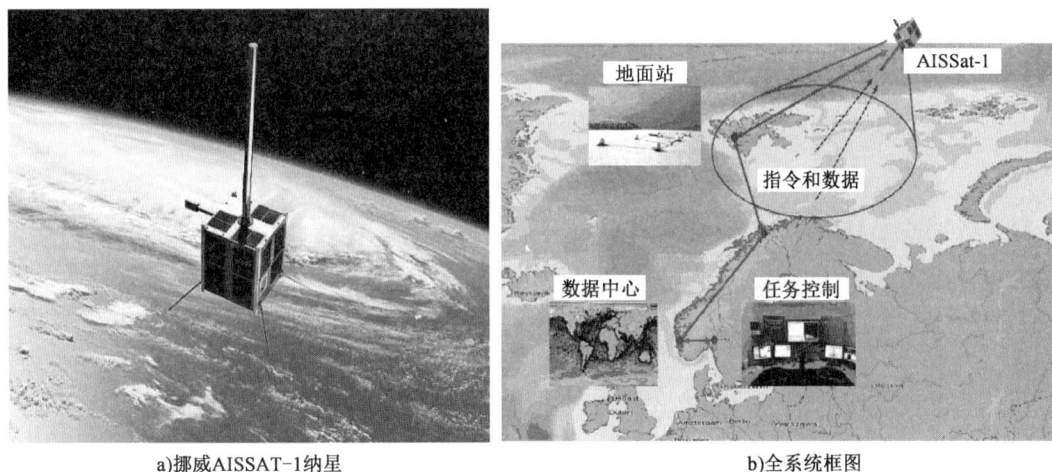

a)挪威AISSAT-1纳星

b)全系统框图

图 6-3　挪威 AISSAT-1 纳星及其全系统框图

2009 年 4 月开始，欧空局（ESA）启动了其 AIS 计划，计划利用 4 颗卫星实现全球 AIS 信息的实时监测，并期望解决 AIS 接收机遇到的多网信号冲突问题。2010 年，ESA 成立了 AIS 办公室，其研制的 AIS 多信道接收机和天线已于 2011 年在国际空间站上进行在轨测试，并计划在随后的 1～2 年内推向商业实用。

2）美国

美国在星载 AIS 方面的研究晚于欧洲，但凭借其强大的经济、科技实力和军民结合体制，发展势头强劲，已有多颗 AIS 卫星上天，且已完成多达 30 颗 LEO 星的 AIS 星座论证计划。

美国国防部于 2006 年 12 月发射了载有 AIS 接收机的 TACSAT-2 号卫星（图6-4），用于美国海岸警卫队（USCG）监控离岸 2000 海里以内的船只。这是世界上首颗实现从空间侦收 AIS 信息的卫星，也是在这一次飞行试验中，发现了星载 AIS 接收机遇到的多网信号冲突问题。

TACSAT-2 号卫星的此次飞行试验大大推进了美国星载 AIS 技术的发展。

图6-4 美国的 TACSAT-2 卫星

基于 TACSAT-2 飞行试验的结果，美国 Orbcomm 公司（一家全球卫星数据通信公司）要求 SpaceX 公司于 2010～2014 年向其提供 18 颗微小卫星进行全球 AIS 监测服务。2008 年 6 月，Orbcomm 公司先后发射了六颗搭载 AIS 接收机的卫星，但不幸的是，2008 年 11 月即发现其中四颗卫星由于反作用飞轮故障已失效，剩下两颗卫星的平台岌岌可危，有效荷载已不能工作。因为该次试验的失败，2011 年初已确定该系列的后续发射任务取消。

作为补充，Orbcomm 公司随后联合 OHB Technology 公司和 LuxSpace 公司研制 AIS 卫星。其中，由 OHB Technology 公司研制卫星平台、LuxSpace 公司研制星载 AIS 接收机荷载，目前已先后成功研制和发射两颗微小卫星：VesselSat1 和 VesselSat2。其中 VesselSat1 于 2011 年 10 月 20 日在印度由 PSLV-CA 火箭成功发射；VesselSat2 微小卫星于 2012 年 1 月 9 日在我国太原卫星发射中心由 CZ-4B 火箭成功发射。Orbcomm 公司 2008 年发射的 6 颗小卫星和 2012 年发射的 VesselSat2 微小卫星如图 6-5 所示。

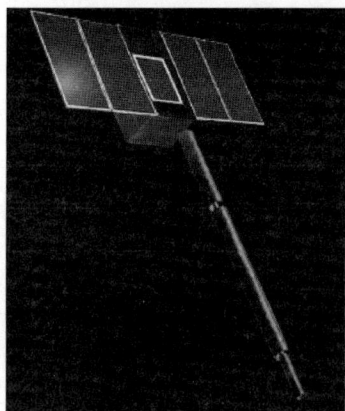

a)Orbcomm FM37-42小卫星　　b)VesselSat2微小卫星

图6-5 Orbcomm FM37-42 小卫星和 VesselSat2 微小卫星

VesselSat2 微小卫星装载两个 AIS 接收机和由两个双极子天线组成的天线阵，能实现一定程度的波束变化，减缓星载 AIS 的多网冲突。VesselSat1 卫星一天内能侦收到 22000～

24000 条船舶信息；VesselSat2 卫星一天内能收到超过 30000 条船舶信息。VesselSat2 卫星在所有在轨运行的 AIS 卫星中性能最佳，但仍未完全解决信号冲突问题。

Orbcomm 计划再发射 18 颗第二代微小卫星组成 AIS 星座进行全球 AIS 监测服务。这些卫星由 Sierra Nevada Corporation of Sparks, Nev 研制；计划通过 SpaceX 公司的 Falcon 9 火箭发射。其中首颗测试星计划于 10 月由 Space 公司 X 的 Dragon cargo（龙飞船）搭载发射至国际空间站，其余 17 颗由 Falcon 9（分 2~3 次）于 2013~2014 年发射入轨。

同时，Orbcomm 的 AIS 商业运营取得较大收益。2012 年 6 月 18 日，其与欧洲海洋安全局（European Maritime Safety Agency，EMSA）签订了三年的合作协议，第一年的星载 AIS 数据使用费用约为 62.5 万美元。该公司 2012 年上半年星载 AIS 项目的收入为 3220 万美元，其中军方使用费用是重要组成部分，达到 46%，共 2390 万美元。该公司计划明年实现 8~9 颗 AIS 卫星的运营，AIS 商业应用价值将非常可观。

2009 年开始，美国海军启动 GLADIS 计划（GLobal AIS and Data-X International Satellite Constellation），具体由海军研究试验室组织研究并实施。该计划拟通过 30 颗微纳卫星（其中美国提供 6 颗卫星，5 次发射，一箭 6 星，且邀请其他国家研制其他 24 颗卫星）组网，实现全球 AIS 信号监测。运载火箭可选用飞马座、米诺陶 1、猎鹰 1 等型号，一箭 6 星的安装方式如图 6-6 所示。

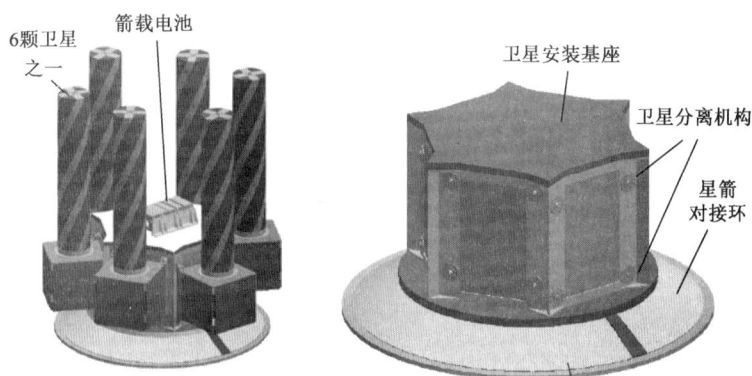

图 6-6　美国海军 GLADIS 计划一箭 6 星安装方式

30 颗微纳卫星成 5 个轨道面分布（极轨道，高度 550km），每个轨道面 6 颗卫星，相位相隔 60°，如图 6-7 所示。

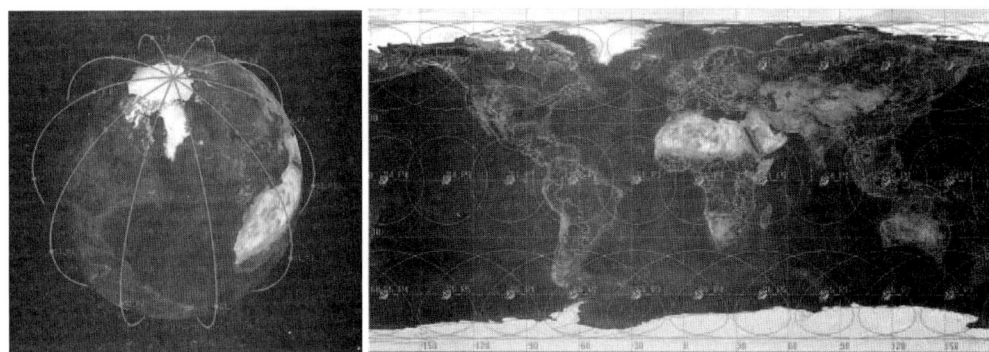

图 6-7　美国海军 GLADIS 计划 AIS 星座示意图

3）加拿大

加拿大在星载 AIS 的研究方面也较早，主要研究单位有 COM DEV 公司和多伦多大学空间飞行试验（Space Flight Lab, SFL）。其中 COM DEV 公司主要进行星载 AIS 的关键技术研究和荷载研制；SFL 主要进行微纳卫星平台的研制。COM DEV 公司作为美国 Orbcomm 公司的强力竞争对手，已有 2 颗 AIS 卫星在轨运行，并已开展商业运营。

2005 年至今，加拿大 COM DEV 公司一直致力于星载 AIS 技术的研究。该公司 2005 年完成 AIS 侦收的高保真性能仿真，2006 年完成 AIS 接收机的地面港口实验，2007 年完成星载 AIS 接收机的研制，2008 年，其星载 AIS 接收机随 NTS 纳星（图 6-8）发射，AIS 接收性能良好。在此基础上，该公司以实现 AIS 空间监测的商业化为目标，原计划于 2011 年发射三颗星组成星座，并实现基于三星星座的空间 AIS 监测，其目标为一天之内侦收 1.1M 条 AIS 信息，刷新周期小于 6h，2013 年拟实现基于六颗卫星的空间 AIS 监测，刷新周期小于 2h。但由于种种原因，目前该计划尚未按期实现。

图 6-8　加拿大 COM DEV 公司研制的 NTS 纳星

在 NTS 的基础上，该公司最新的 AIS 卫星 ExactView-1（EV-1）（图 6-9）于 2012 年 7 月 22 日由俄罗斯"联盟-FG"运载火箭发射入轨（搭载，一箭五星）进入高度 510km，倾角 97°的太阳同步轨道。卫星质量为 100kg，平台采用英国萨里（SSTL）的 SSTL-100，包含 S、C 波段数传。2012 年 10 月 17 日，ExactEarth（AIS 信息分销商，COM DEV 的子公司）公司宣布完成 AIS 荷载的性能测试（船舶检测概率是 NTS 的 2 倍以上，据称为有史以来检测性能最高的船只监测卫星），将于 11 月份投入商业运营。

除了与萨里公司合作，COM DEV 公司还联合 SFL 正在研制一颗 AIS 微小卫星 M3MSat（Maritime Monitoring and Messaging Microsatellite）。M3MSat 质量约 75kg，其采用双螺旋天线和信道化接收机，在多网信号冲突问题上有所突破，该卫星期望在全球任意海域的船舶检测概率超过 90%。NTS 纳星和 M3Msat 微小卫星如图 6-10 所示。

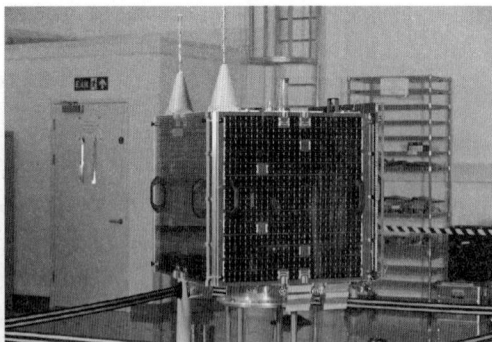

图 6-9　加拿大 COM DEV 与 SSTL 共同研制的 EV-1 卫星

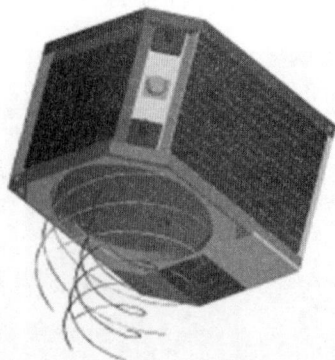

图 6-10　加拿大 COM DEV 与 SFL 共同研制的 M3Msat 微小卫星

6.3.6　IALA-NET

IALA-NET 是 IALA 主导建设 AIS 信息交换系统。根据 IALA 的定义，IALA-NET 是一个通过因特网来提供的、目前是基于 AIS 信息的准实时数据交换服务，并且具备 AIS 数据储存能力可用于统计目的。

IALA-NET 是一项全球性的服务，只向所有已提供本国水域内 AIS 数据的国家当局开放，以交换其他参与国家的 AIS 数据。该服务的目的是协助这些国家当局履行其在安全、保安、海洋环境保护和提高航行效率方面的义务。IALA-NET 是免费加入的。

IALA-NET 是一个全球性的、不保密的、自愿的、基于网络的、开放性结构的海事信息共享与交换服务。它将会开发一个计算机网络数据库，通过一个密码保护的因特网站点来推动船舶 AIS 数据的合作收集与分发。目前，IALA-NET 已建立了 3 个服务器中心，以加强系统备份及可用性。这 3 个中心分别设在丹麦、美国及中国，平均分隔在不同的时区，使得 3 个中心间负载平衡，进一步提高了服务的可用性及维护。

IALA-NET 提供两项基本的服务：一是基于 Web 的准实时 AIS 数据交换服务（图 6-11），二是基于 Web 的数据存储和统计功能（图 6-12）。

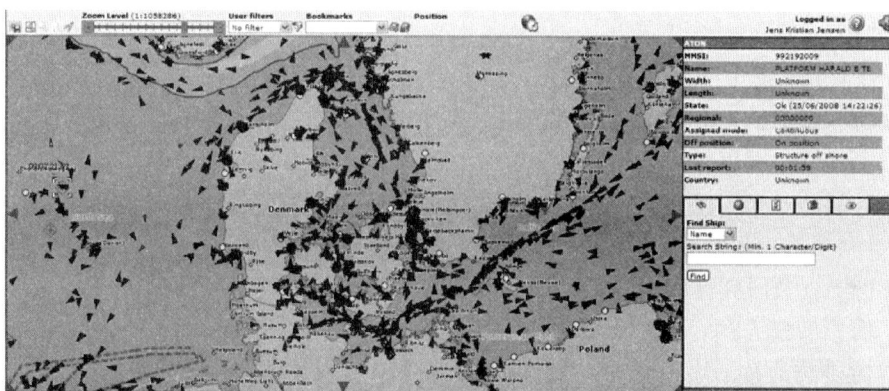

图 6-11　基于 Web 的 AIS 数据显示

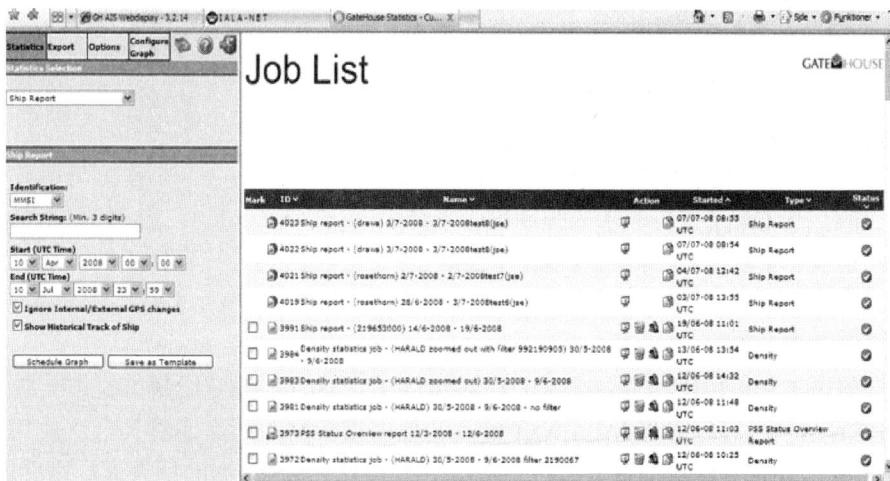

图 6-12　基于 Web 的数据存储和统计功能

从 Web 界面上，可以看到在参与国 AIS 覆盖范围内的所有船舶的当前位置和详细信息。并且，从网页上还可以回放近期的事件。如果拥有一个 IALA 账户，则可以在该网站 http：//ship-view. iala. ais. dk/上使用该功能。

IALA-NET 的统计生成功能能够完成如下任务：

（1）船舶报告（在指定时段内的船舶运动情况）；

（2）航线统计（船舶通过可配置航线的次数）；

（3）航线柱状图（船舶通过可配置航线的位置及方向分布图）；

（4）航线数据（通过可配置航线的每艘船舶的数据表）。

目前而言，IALA-NET 是免费的服务，为了保持服务的低成本、高性能，IALA-NET 数据库只能存储过去几周的数据。另外需要注意的一点是，IALA 并不承担数据质量和精确性的任何责任，因此 IALA-NET 仅仅是一个数据交换机制而已。如果用户对数据质量有所顾虑，可以遵照自身的质量保证办法行事。

如果拥有一个 IALA 账户，则可以通过网站 http：//ship-stat. iala. ais. dk/webstat/使用该功能。

IALA-NET 从国家主管当局接收、并向其提供 AIS 数据。这里所说的 AIS 数据，是指所有的根据 SOLAS 公约第 V 章第 19 款的规定强制装载了 AIS 的船舶 AIS 数据。因此，加入 IALA-NET 的国家主管当局必须同意提供并接收上述的 AIS 数据。不过，国家主管当局有权利限制不属于 SOLAS 公约第 V 章第 19 款规定的船舶的 AIS 数据。要获取来自 IALA-NET 成员国的 AIS 数据，只能通过 IALA-NET 进入成员国的国家主管当局。成员国的国家主管当局可以将接收到的 AIS 数据分发给其他有需要的国家机构，但是必须满足以下条件。

主管当局以及研究性机构、组织或其合约方须按照此处规定的用途行事：

（1）海事管理当局；

（2）污染防治及消除；

（3）VTS；

（4）港口国监督（PSC）；

（5）应急预案；

（6）国际船舶与港口保安（ISPS）；

（7）搜救（SAR）；

（8）交通规划、效率及管理，包括破冰服务；

（9）针对 HAZMAT 报告需求的强制报告系统；

（10）引航；

（11）客户监管；

（12）海洋资源保护；

（13）科研工作，以支持赫尔辛基公约的履行并为 IMO 船舶定线制措施作准备。

国家主管当局没有权力将 IALA-NET 的 AIS 数据用于商业用途或对其合法应用收取费用。因此，除上述提到的用途以外，任何进入 IALA-NET AIS 数据的行为都是违反规定的，入口将随即取消并且不会另行通知。缔约的任何一方对于其他缔约方都不承担任何的有效性、精确度或数据可靠性方面的责任。

2009 年 12 月，IALA 发布了《IALA 关于海上数据共享"IALA-NET"的建议 E-142》，建议 IALA 国家会员和其他主管当局加入 IALA-NET，共享海上数据。在该建议中，对于 IALA-NET 制定了如下指导原则：

IALA-NET，即全球政府间海上数据网络，是一个多边、免费共享的数据网络，其目的在于推动海事机构之间的海上数据交换。

IALA-NET 将秉承以下指导原则：

（1）每个参与国都须提交本国数据，才能够获取他国数据；

（2）IALA-NET 所交换的数据都是数据源所提供数据的原有格式，未加变动；

（3）数据的分发限于参与 IALA-NET 的海事当局或其所指定的本国代表机构；

（4）超越政府间的数据发布严格受到源数据提供方规定条款的制约；

（5）IALA-NET 基于所有参与当局的努力，致力于提供高度可靠的服务。

根据设想，IALA-NET 的内容及功能将从现有的 AIS 数据扩展至包含 e-航海数据。这也是 IALA-NET 基于其所交换的数据来不断推动增值服务发展的意图所在，将全球船舶追踪、风险分析、海上事故调查和险情分析（Near Miss Analysis）都包含在内。IALA-NET 所用语言为英语。

6.4　AIS 的进一步发展：VDES

鉴于 AIS 技术、VHF 通信技术在 e-航海和未来海上通信方面的重要作用，IALA、ITU 等国际组织在下一代 AIS 概念的基础上，于 2013 年提出了 VDES（VHF 数据交换系统）的概念。在 2013 年 5 月召开的 ITU-R 工作组 5B（WP5B）会议上，一些机构和 IALA 提出了 VDES 的概念，以解决 AIS VHF 数据流负载等问题。预计 VDES 将作为一个集成的系统运行，系统将包括 AIS、专用电文（ASM）和 VHF 数据交换（VDE）等功能，完成船—船和船—岸通信，包括卫星上行和下行链路。VDES 系统将采用无线电规则附录 18 规定的频谱资源，以及 ITU 相关标准。WP5B 同意开展 VDES 相关研究，并向 IMO、IALA 和 ITU 其他相关工作组提交支持 VDES 的工作文件。

下面介绍 IALA 提出 VDES 设想的背景及 VDES 未来发展的一些初步设想。

6.4.1　AIS 的首要用途

AIS 是强制船舶配载系统，提供避碰和船舶识别功能。AIS 系统包括岸基部分，监测和管理 VDL 数据链。AIS 可以使船舶和岸上管理机构能够快速识别船舶及其运动趋势，从而保障船舶在该水域的安全通行。

6.4.2　AIS 的其他用途

虽然 AIS 的首要用途是避碰和船舶识别，但 AIS 也可以有其他作用。目前，AIS 可以用于航标、搜救，播发辅助安全信息及其他一些电文。AIS 通过专用电文（ASM）的形式支持这些功能。ASM 支持有限制的自由格式的数据包交换。

6.4.3　AIS 系统的风险

由于 ASM 的功能及其灵活性，其在 AIS 领域的应用将获得迅速发展，我们应意识到这对

AIS 的首要用途会产生危害性，即对其避碰和识别功能产生影响。在某些区域这种情况已经发生，而且随着新的 AIS 设备的使用，例如 B 级 AIS 设备的使用，这种情况将会越来越多。在未来随着 e-航海的实施，这种情况还将更加严重，这就要求我们采取必要的应对措施。

IALA 的 e-航海委员会认识到未来 VHF 数据链（VDL）的负载将会有严重问题，因此开始研究措施保护未来的 AIS 首要功能不受影响，及开发支持 e-航海所必需的通信系统 VDES。

6.4.4　存在问题和可能的解决方案

最近几年，IALA e-航海委员会工作组 3 和工作组 4 研究了 AIS 的使用情况以及对 AIS 系统可能产生的风险。工作组认为，目前 AIS 的广泛使用，对 AIS 可能产生的风险包括如下几个方面：

（1）现在及不远的未来对 ASM 的大量使用。

（2）主管机构（AIS 服务管理者）变更 AIS 系统的性能。

（3）把 AIS 用作短电文服务系统（SMS）。

（4）把 AIS 设备应用于其他用途。应注意的是，由于 AIS 的多功能性和灵活性，市场上正在出产一些类似 AIS 的设备，用于跟踪渔网、小型船舶、冰山等，这些设备对 AIS 系统造成了很大的干扰。例如用于潜水娱乐的 MOB（人员落水）AIS 设备，有可能会对正常的 AIS 系统产生干扰，使 AIS 系统产生虚假报警。因此，AIS 成为自己成功应用的牺牲品。

（5）不同国家对 AIS 认证要求的解释不同。

考虑到上述 AIS 应用的风险因素，IALA e-航海委员会开始研究如何保护 AIS 系统，并对支持 e-航海的通信系统进行定义。委员会已经完成了一些工作：

（1）向 IALA 成员国相关主管机构提醒上述风险。委员会分别向 IMO 的航行安全委员会（MSC）、通信和搜救分委会（COMSAR）和航行安全分委会（NAV）提交了相关工作函提醒 AIS 的使用存在的问题，为此 IMO 发布了相关决议《关于保护 AIS VHF 数据链的建议》[MSC. 347（91）]。

（2）共享 AIS 专用电文（ASM）信息。除了 ITU-R M. 1371 标准电文，委员会还收集了 ASM，世界各国可以共享。

（3）起草了关于应用 ASM 的指南 1095。

（4）由 ITU 提出了未来的频谱要求。ITU 完全支持委员会的研究结论，为 VDES 测试分配了频率。

（5）为海上安全航行研究开发新的、性能优良的通信系统 VDES。

6.4.5　VDES 频率的选择和使用

在 WP5B2013 年 5 月的会议上，WP5B 提供了如下 VDES 频率的描述和选择：

VDES 系统即考虑了 WRC-15 议程 1.16，也考虑了 WRC-12 对附录 18 的修改，包括陆基和卫星信道的使用，通过把 AIS 应用和 ASM 转移到其他信道的方法，并为数字调制信号发射分配用于公用通信（VPC）的双工信道，以保护 AIS 的 VHF 数据链的完整性。上述技术方法符合描述 VDE 的技术规范 ITU-R M. 1842。VDES 集成了 AIS、ASM 和 VDE 的功能，包括了完成这些功能所需的信道。全球 VDES 的可用信道安排及功能用法见表 6-12。

信道分配示例：附录 18 中分配给 VDES（AIS，ASM 和 VDE）的频率和信道　　表 6-12

附录 18 中的信道编号	船台和岸台的发射频率（MHz）	
	船台（船—船） （远程 AIS） 船台（船到卫星）	岸台 船台（船—船） 卫星到船
AIS1	161.975	161.975
AIS2	162.025	162.025
75（远程 AIS）	156.775（船舶只发射）	不可用
76（远程 AIS）	156.825（船舶只发射）	不可用
2027（ASM1）	161.950（2027）	161.950（2027）
2018（ASM2）	162.000（2028）	162.000（2028）
24/84/25/85（VDE1）	100kHz 信道 （24/84/25/85，下行，合并使用） 船到岸 船到卫星	100kHz 信道 （24/84/25/85，上行，合并使用） 船到船，岸到船 某些情况下卫星到船
24	157.200（1024）	161.800（2024）
84	157.225（1084）	161.825（2084）
25	157.250（1025）	161.850（2025）
85	157.275（1085）	161.875（2085）
26/86（SAT1）（VDE2）	50kHz channel （26/86，下行，合并使用） 船到卫星/岸	50kHz channel （26/86，上行，合并使用） 卫星/岸到船
26	157.300（1026）	161.900（2026）
86	157.325（1086）	161.925（2086）

还应注意的是，根据无线电规则附录 18 的相关备注说明，在某些地区可以使用更多的信道。表 6-13 给出了这些信道的一些示例。

VHF 数据交换区域可用频率表（单位：MHz）　　表 6-13

	区域 VDE（1 区和 3 区）						
船舶发射	1080 157.025	1021 157.050	1081 157.075	1022 157.100	1082 157.125	1023 157.150	1083 157.175
船舶接收	2080 161.625	2021 161.650	2081 161.675	2022 161.700	2082 161.725	2023 161.750	2083 161.775
	可以分别使用，也可以作为 50kHz 信道使用，也可以作为一个 100kHz 信道使用					可以分别使用，也可以作为一个 50kHz 信道使用	
	注：上面列出的 VHF 信道在无线电规则附录 18 中是一个连续的集合，包括一个连续的频率段，可以经受接收机中单一选择性滤波器的保护措施						

图 6-13 说明了 VDES 在船舶、岸台和卫星方面的各种不同功能和使用情况。应说明的是，除了表 6-12 中指定的用法，图 6-13 对信道的使用提供了一些可选的用法建议。

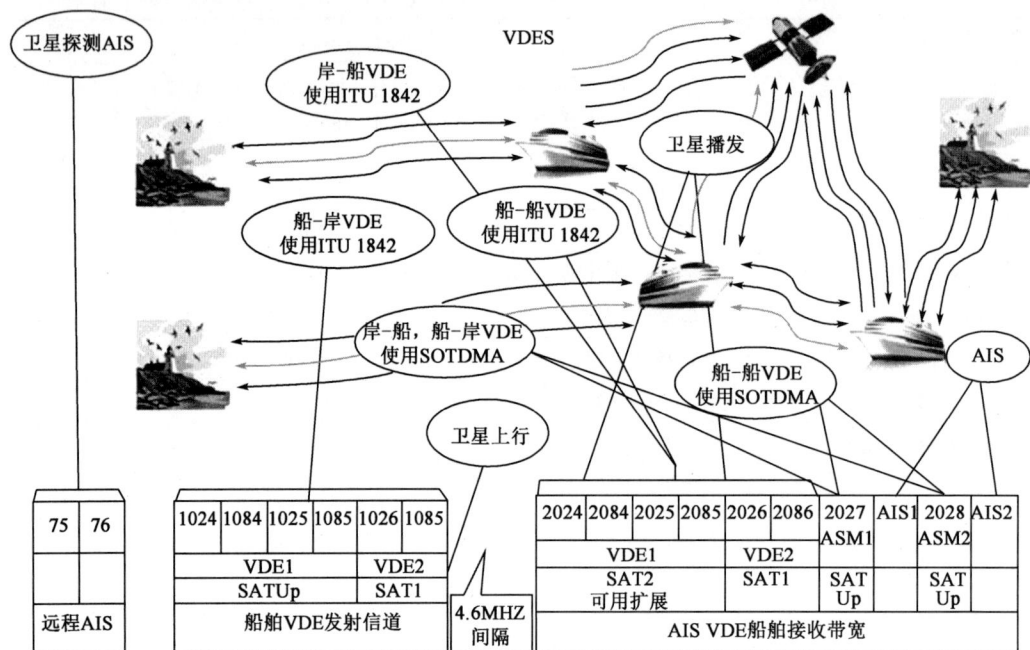

图 6-13　VDES 功能和频率使用示意图

6.4.6　VDES 系统内部结构

对于 VDES 系统的内部结构，目前还没有一个统一的解决方案，但仍可给出一个大致的结构示意图（支持表 6-12）的示例，如图 6-14 所示。注意在本示例中，VDES 系统通过一个 161.800 ~ 162.025MHz 的带通滤波器对 VDES 接收机进行保护。

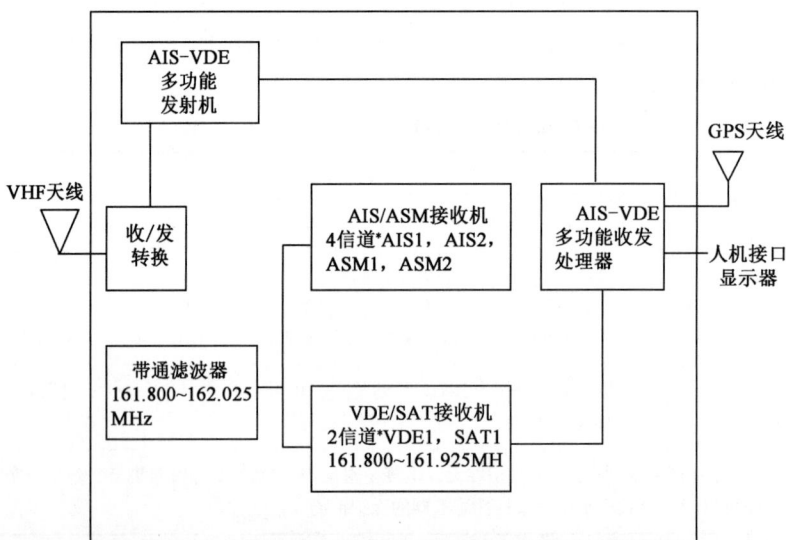

图 6-14　VDES 系统结构示例图

应注意的是，AIS-VDE 发射机应经过专门设计，以支持 ITU-R M. 1842-1 推荐使用的复杂波形。例如，QAM（正交幅度调制）波形具有超过 10 分贝的峰值平均功率比。为尽量减轻 VDES 发射机宽带本底噪声对 VHF 声频广播产生的接收机灵敏度降低的影响，VDES 发射机频率源（例如发射电压控制振荡器）共振电路的功率电平应尽可能高，建议功率电平应高 10 分贝以上。

6.4.7　VDES 的使用案例

1）目前及未来可能的 e-航海应用可以包括：提供船上人员信息

在一些地区 AIS 用来提供船舶的一些附加信息，例如船上人员信息。如果海上有事故发生，主管机构就可以配置可用的资源开展救助。该系统在波罗的海和荷兰就有应用，应用于快速渡船管理。

2）航行信息扩展

在波罗的海实施的 EfficienSea 项目中，主管机构和航海人员共同测试了共享航行辅助信息的功能。船舶可以将自己的计划航线提交给主管机构和其他船舶。岸上的主管机构可以提供航行基础设施、天气、水位、风、船舶入闸计划、入闸顺序、对船舶航线的建议等信息。

在有些地区 AIS 也用于内河水域。当然，内河水域对 AIS 信息的要求和海上相比有所不同，例如信息的精度要求不同。在北美的圣劳伦斯河水域和欧洲的内河水域都有这方面的应用。

3）规划航线

在一些地区实现了用 AIS 信息规划航线。把 AIS 信息和其他信息（例如船闸、水位信息等）结合，就能为鹿特丹和安特卫普之间的内河船舶提供指定船舶航线计划的必要信息。把 AIS 信息和船闸信息结合起来，船长就可以更好规划过船闸所需时间，从而使船舶油耗得到最佳效率，节约运输成本。这一功能也可以在海上船舶入港时应用。

4）船舶排队管理

在英吉利海峡、博斯普鲁斯海峡、船闸及运河（苏伊士运河等）等受限水域，船舶必须得到指令进入排队序列，这时可以应用 ASM 向船舶提交相关信息。

5）其他应用

对于支持更高数据处理能力的 VDES 系统，岸基主管机构可以实现更多的应用，例如可以发布最新的海图和冰海图信息、潮汐和潮流模型分析结果、船舶下沉量计算和基于燃油消耗计算的航线建议等。

6.4.8　AIS 专用电文（ASM）的应用

通过前面几节介绍我们知道，由于其灵活性，AIS 除了最初的海上避碰和自动识别功能，在其他领域也得到了广泛应用。这些应用大多是通过播发专用电文（ASM）实现的。为了支持未来 ASM 的广泛使用，保护 AIS 的基本功能（避碰、自动识别），IALA 提出了建设 VDES 的设想。未来 VDES 系统的建成和正式使用，将为 ASM 的大量和广泛使用创造条件。

可以设想，在未来的 e-航海环境中，各种基于 e-航海的岸基服务系统或者岸基海事服务集（MSP），利用 VDES 通信系统，通过向船舶播发各种不同的 ASM，为船舶提供各种应用服务。因此，ASM 是未来 e-航海服务的关键因素，未来 e-航海环境将汇集大量的 ASM，这些 ASM 中，将会有一些国际通用的、标准的 ASM，从而通过这些 ASM 的应用，在全球实现一些标准化的 e-航海服务。

目前，IALA 正在全球范围收集各种 ASM，对收集的各种 ASM 进行分析评估，力求编制一套全球通用、标准的 ASM，为未来 e-航海的实施奠定基础。

为规范 ASM 的使用，IMO 于 2010 年发布了《AIS 专用电文（ASM）应用指南》（见本书附录 1），为 ASM 的应用提供了一个总体的指导和标准。IMO 各成员国在开展本国 e-航海建设过程中，在开发和建立各类 ASM 时，应遵循该指南。

6.4.9 未来展望

虽然目前有很多种交换数据的方法，但这些服务大多只适合于离岸基系统较近的区域，并且用户需要事先订购这些信息服务，因此这些服务比较昂贵。此外，这些系统需要在船上或岸上有额外的设备。

当我们为所面临的问题研究解决方法时，AIS 将继续成为价格便宜，且广泛可用的系统。AIS 的未来发展就是 VDES 系统。

为保护 AIS 的首要功能，委员会的建议是目前暂时不在 AIS1 和 AIS2 信道使用 ASM，以及类似 AIS 的设备。将来 VDES 的实现将解决这一问题。

目前，IMO 已基本确认 VDES 将是未来 e-航海的主要通信技术，VDES 通信技术应用将前景广阔。

第7章 全球 e-航海测试系统建设情况及 e-航海未来规划

前面几个章节分别介绍了在 IMO 主导下，目前国际海事界在 e-航海研究方面的成果，包括用户需求和技术架构、数据标准、导航技术和通信技术等方面的内容。这些研究成果的完成，为 e-航海从抽象的概念到建成为具体的具备特定功能的 e-航海系统奠定了基础。目前，欧美地区航海发达国家已建立了多个运行成功的 e-航海测试系统（e-Navigation Test Bed），对 e-航海研究成果进行验证，对系统功能进行测试。这些测试系统的成功开发和运行，标志着全球 e-航海发展已逐步进入实施阶段。

本章首先详细介绍了目前国际上开发、运行成功的一些 e-航海测试系统，然后介绍了美国等航海发达国家在 e-航海方面的政策和战略，最后阐述了 IMO 关于 e-航海的发展规划和相关战略。

7.1 e-航海测试系统建设情况

在 IMO，根据 MSC 委员会第 81 次会议的决定，由航行安全分委会（NAV）和无线电及搜救分委会（COMSAR）共同完成 e-航海战略，并将其作为高优先级项目，目标完成日期为 2008 年。制定 e-航海战略愿景的目的，是将现有的和新的导航工具，尤其是电子工具整合到一个全兼容系统中，从而推动船舶的航行安全，同时减少船员负担。鉴于这种创新革命所需的基础技术都已具备，所面临的挑战就是确保该系统中包括电子航行图在内的所有组件的可用性，并从航海人员的角度，有效利用这些组件以简化本地航行环境的显示。e-航海将会以一种结构化的方式来融合新的技术，确保新技术的使用能够与已有的导航通信技术和服务相适应，从而提供一种全包容、精确、安全、成本有效且未来有可能覆盖全球所有船舶的系统。

在 IALA，随着 IMO 关于发展 e-航海战略的决定，IALA 随即在 2006 年 5 月的第 16 届大会上决定将原来的无线电导航委员会和 AIS 委员会合并，成立 e-航海（e-Navigation）委员会，以便加强与 IMO、IHO 以及其他国际组织的合作，推动 e-航海的研究与发展。自成立以来，e-航海委员会以 IMO 确定的 e-航海发展战略为指导，在 e-航海相关概念和定义、框架结构、需求分析和差距分析、数据模型、海上通信等方面积极开展研究工作，为 e-航海的发展做出了突出贡献。具体而言，IALA 制定了 e-航海的定义并获得了国际上的认可、明确了 e-航海的核心目标、范围、作用、功能等基本概念、完成了岸基用户需求分析、e-航海系统结构的相关文件和建议、全球无线电导航系统和海上无线电通信方案、提出了未来 e-Navigation 的通信技术方案，并得到世界无线电大会的认可等，为推动全球范围内 e-航海的发展奠定了基础。

在 IHO，2010 年 1 月 1 日起开始采用《通用海道测量数据模型》（S-100），为 ENCs 以外的多种海道测量数据提供支持。S-100 解释了 IHO 将如何利用、并进一步延伸 ISO 1900 系列关于海道测量、海事及相关事宜的地理标准，是对原有 S-57 海道测量交换标准的扩展。与 S-57 不同, S-100 灵活性更强, 对影像和网格数据类型的使用等事宜做出了规定, 加强了元数据和多重编码格式, 并且通过专门的在线注册, 提供了更为灵活的动态维护机制。尽管最初制定 S-100 并无意将该模型扩展到更广泛的航运领域, 但 2012 年的 IMO 航行安全分委会 (NAV) 第 58 次会议决定开发一个航运和海上领域方面的全面、一致的 e-航海数据模型。这个所谓的通用海事数据模型应该建立在 IHO S-100 框架基础之上。在 S-100 框架内数据建模的基础也就是 "IHO 地理空间信息注册"。

在 IMO 的推动下, 基于 IALA 和 IHO 在需求调研、差距分析、框架结构、数据模型等方面的研究成果, 为 e-航海系统的建立奠定了基础。许多国家和地区目前已建立了多个 e-航海测试平台, 一方面对这些研究成果进行了验证, 另一方面也从中积累了大量经验, 为未来 e-航海的广泛应用奠定基础。下面介绍几个 e-航海测试系统的典型案例。

7.1.1 EfficenSea 测试系统

EfficienSea 意为高效、安全、可持续的海上交通, 是欧洲波罗的海区域最重要的项目之一。该项目是欧盟 "波罗的海区域规划 2007~2013" 批准的一个战略性项目, 项目持续周期为 2008 年 10 月~2012 年 1 月, 预算为 7691870 欧元 (1 欧元约等于 7.1979 元), 其中欧盟 (欧洲区域发展银行, ERDF) 提供 5281990 欧元, 挪威政府提供 426676 欧元, 另外还有一些伙伴组织提供资金。

该项目由丹麦海事局牵头, 汇聚了来自波罗的海区域 6 个国家的主管当局、区域管理机构和研究院所在内的共 16 家机构, 如图 7-1 所示分别为丹麦海事局、瑞典海事局、瑞典交通局、瑞典 SSPA 公司、瑞典查尔莫斯理工大学、芬兰交通局、芬兰阿尔托大学科技学院、芬兰 Kymenlaakso 应用科学大学、挪威海岸局、挪威 Moere 及 Romsdal 郡议会、爱沙尼亚海事局、波兰什切青市海事大学、波兰国家电信研究所、波兰格丁尼亚海事处、波兰格丁尼亚海事大学、波兰格但斯克海事研究院。这些机构都具有丰富的专业知识和经验, 是项目内相关课题的业内权威, 代表着该区域致力于开发海上安全改善措施的驱动力量。

图 7-1　EfficienSea 参与机构分布图

1）项目概要

随着经济活动的增加，波罗的海区域（BSR）的海上交通密度也随之增大。由于波罗的海属于特别敏感海域，因此如何推动海上交通的高效、安全和可持续发展，更好地保护海洋环境成为欧盟各国迫切关心的一个问题。

根据欧洲议会通过的"欧盟波罗的海区域战略（EUSBSR）"，欧盟"波罗的海区域规划（2007—2013）"向一系列符合波罗的海区域战略的项目提供了资金支持。2008 年，EfficienSea 项目获得了该规划的批准。该规划共批准了 90 个项目，其中 9 个项目被作为战略性项目。战略性项目指的是那些对整个波罗的海区域具有重要战略意义的项目，并且得到了各国家当局的强力支持。EfficienSea 便是其中之一。

EfficienSea 项目包含多个课题，其中有的课题专注于战略方面，比如 e-航海，而有的则关注应用以及波罗的海区域相关政策。在 EfficienSea 项目中，还特别优先考虑了在波罗的海区域的可转换性的问题。在有些情况下，可转换性会受到规章制度和地理条件的制约，尤其在海上规划方面会有明显的体现。欧盟委员会和波罗的海理事会在未来几年对海上空间规划都会给予优先考虑，而该项目对于国家和欧洲当局必将极具价值。

EfficienSea 既是一个战略性项目，同时也是一个旗舰项目。作为一个战略性项目，EfficienSea 被认为对波罗的海的整个区域都具有特别重要的战略意义，得到了各个国家当局及国际组织，如赫尔辛基委员会（HELCOM）和欧洲海事安全局（EMSA）的全力支持；作为欧盟对波罗的海区域战略中的旗舰项目，EfficienSea 希望通过建立 e-航海测试平台，把波罗的海作为 e-航海的试点，为实现"海上安全及保安"的目标做出贡献。EfficienSea 在战略中的任务就是将波罗的海"变为 e-航海的试点区域"。

2）项目架构

EfficienSea 是一个综合性的项目，其内容涵盖了 e-航海、人力资源、风险管理工具等。e-航海是 EfficienSea 项目的一个中心课题，项目中的大部分工作都围绕这一主题展开，因此 e-航海课题的目标是制定未来在 IMO 和其他相关国际组织中的 e-航海全球标准。EfficienSea 也希望通过项目，帮助那些未来需要参与到波罗的海 e-航海实施过程的主要投资机构尽快成熟起来，做好全面准备。

具体而言，EfficienSea 项目采取的行动由 6 个工作包（Work Packages）构成，其中 2 个工作包是管理性工作，另外 4 个则都有各自不同的主题。每个工作包及牵头机构如下：

（1）WP1：项目管理（丹麦海事局）；

（2）WP2：沟通及督管（丹麦海事局）；

（3）WP3：人员适任及招募面临的挑战（瑞典海事局）；

（4）WP4：e-航海（丹麦海事局）；

（5）WP5：船舶交通数据及海上规划（挪威海岸局）；

（6）WP6：动态风险管理（芬兰交通局）。

其中，WP1 和 WP2 都是与项目管理相关的工作，由丹麦海事局牵头。

WP3 着眼于未来海事业可能面临的适任人员，尤其是具有航海背景的人员短缺的问题，这也将会是欧洲甚至全球都会面临的一个问题。EfficienSea 希望通过国际海事培训项目等方式，解决人力因素来达到保护海洋和海岸环境的目的。

WP4 的目标就是为波罗的海各国和欧盟提供一个 e-航海概念的综合性最佳做法的示范，以推进 e-航海概念的进一步发展和全方位实施。要实现这一目标，需要建立一个或多个 e-航海试点区，服务提供商可以在试点区内对其试验版的产品和服务进行配置和测试，并由真实用户进行评估。这样示范能够帮助尽可能多的利益相关人在未来 e-航海全面实施前做好准备，承担起自己的角色和任务。

WP5 的整体目标则是将所有的海上交通数据整合到一个海岸环境框架中去。基于波罗的海作为公共资源这一共识，WP5 的工作重点放在跨部门合作与交流（船舶交通及海洋环境管理当局）和跨国合作方面。在 WP5 项目下，对现有船舶交通数据的评估及改善此类信息的新工具都与相应的环境数据相链接，以此来推动对海岸地带的有效管理。这样，一方面能够改善基于海上交通（包括 AIS 管理、数字交通模拟和环境效应）的数据库和预测工具，另一方面还能够建立空间对应的地理、生物和海岸地带用户数据，为未来提高海上交通效率奠定基础。

WP6 的目标则是开发并示范各种不同的动态风险管理方法，以达到优化投资的目的。动态风险管理能够对船舶交通进行更有效的控制，降低事故频率及严重程度，从而减少对海洋环境的污染和人身的伤害。

3）e-航海测试

当前的船桥系统技术为航海者提供了大量的被认为是有助于航海判断的信息，但实际上一部分信息存在杂乱无序、无统一标准的问题，容易导致混乱。而船桥信息过载也容易导致事故发生。e-航海的发展则提供了一种对信息进行组织的新标准，将所有必要的信息整合到一个系统中，在适当的时间提供适当的信息，同时过滤掉所有无关信息，达到安全航行的目的。

在 EfficienSea 框架下，e-航海采取了在波罗的海区域建立一个或多个试点区的做法，服务提供商可以在试点区内对自己的产品及服务进行配置并测试，并且实际用户可以对此进行评价。这样的做法能够帮助众多相关方做好充分准备，迎接 e-航海的全面实施。

参与 e-航海课题的机构共 14 个，由丹麦海事局牵头，其他机构包括了爱沙尼亚、瑞典、芬兰、挪威、波兰的海事或交通管理当局、大学、研究机构及公司。

（1）测试台 1：计划航线及建议航线（图 7-2）。

图 7-2 船舶航线在船台的显示

对双方意图的理解错误是引发船舶事故最常见的原因之一。通过提前发送航路基准点，并在电子海图显示与信息系统（ECDIS）上显示，可以让其他船舶比较清楚地了解本船意图。这种显示船舶航行意图的做法是非常有益的，但也有可能引发许多预料之外的后果。这个测试台项目就是由丹麦海事局对技术方案进行研究，并报告他们的研究成果。这项研究是在瑞典查尔莫斯理工大学的全任务船桥模拟器（FMBS）上进行的，通过系统模拟对变更导致的不可预计后果进行研究。

在模拟中，研究发现了船员的一个行为，非常出人意料。船桥上的船员会试图点击并拖曳航路基准点以提前沟通会遇情境。这种行为与通过 VHF 达成一致具有异曲同工之处。不过，对这种新行为的评估以及其是否符合《国际海上避碰规则公约》（COLREGS）的规定还需要进一步的研究。

在瑞典与丹麦之间的厄勒海湾内，厄勒 VTS 需要不断呼叫那些驶向狭窄航线上的浅水区域的船舶，这种情况时有发生，而且通常在最后那几分钟才通过 VHF 进行喊话拦截。如果能够提前看到船舶的计划航线及航线基准点，那么就有可能及早进行干预。如果能够直接向船舶的 ECDIS 系统发送图形航线建议，则可以减少因语言问题或基准点命名差异导致的理解模糊甚至误解。

这套系统在瑞典查尔莫斯理工大学的全任务船桥模拟器上进行了测试，之后又在以搜救用户为目标的各种情境下进行了测试。

①测试的服务。

a. 通过船舶应答器对计划航线的传输；

b. 通过原型 ECDIS 显示器对其他船舶计划航线的显示；

c. 岸上机构（如 VTS）通过广播对特定船舶提出航线的建议；

d. 建议航线在船舶原型 ECDIS 上的显示；

e. 测试地点：模拟器试验，瑞典查尔莫斯理工大学全任务船桥模拟器；

f. 联系人。技术开发：丹麦海事局 Ole Bakman Borup；用户评估：查尔莫斯大学，海上人为因素部门 Thomas Porathe。

②测试台职责范围及背景。

a. 测试中的用户群类型：船上用户以及岸基用户。

b. 测试中所考虑的 e-航海差距的详细情况（如 NAV58/WP.6 所列）如下：

a）信息/数据管理；

b）健壮、有效的通信及数据传输；

c）系统及设备；

d）船舶报告；

e）交通监控。

c. 其他类似的或相关的测试台信息：

a）对集成系统的测试将在 ACCSEAS 项目（2012~2015）中继续；

b）MONALISA 项目；

c）NESTE 石油公司。

d. 在测试中所考虑的 e-航海差距的归类，有以下两个方面：技术方面、操作方面。

e. 在测试中所考虑的 e-航海解决方案的归类，有以下三个方面：程序方面、设计方面、通信方面。

f. 在测试中所考虑的 e-航海解决方案的详细情况如下。

方案 1：改善的、协调的、用户友好的船桥设计；

方案 2：标准化、自动化的报告方法；

方案 3：改善船桥设备及导航信息的可靠性、弹性及集成性；

方案 4：通过通信设备所接收到的可用信息在图形显示器上的整合及显示；

方案 5：信息管理；

方案 6：改善搜救相关信息的获取；

方案 7：改善针对岸基用户的船桥设备及导航信息的可靠性、弹性及集成性；

方案 8：岸基系统及服务的改善及协调。

③测试方法。

a. 数据收集方法。

方法：系统模拟、观测及访谈。

有效性：有效性高，高情境模拟器测试。

可靠性：来自真实用户的定性数据。

b. 测试中涉及的用户群：船上用户（船长和引航员）及岸基用户（VTS 操作员）。

c. 测试涉及的人员详细情况。

数量：7 艘船舶，每船 2 名船员（船长、实习生和引航员）；

背景：4 名专业船长，5 名四年级实习生和 2 名引航员；

人员统计等情况：不同的年龄层次及性别。

d. 测试所用的程序。

用户需求：在系统设计阶段，对船长、引航员和 VTS 操作员进行了 3 次集中访谈；

采用的技术方案：使用了丹麦海事局开发的一个原型 ECDIS 系统作为实验室平台；

标准：采用了一个扩展 AIS 协议；

SOPs 等：2010 年 5 月 9 日，首次完成基于厄勒海峡常规交通状况的基线模拟。

④测试台结果。

a. 调查结果详细情况如下。

a）从评估结果可以看出计划航线特点很好地实现了其意图；

b）它还可以作为一个较为清晰的航线协商基础，即使该行为并未列入最初的计划。针对这一工具评价大都是正面的，但也提出了一些问题，例如会导致在 VTS 显示器上的海图杂乱，或者在非常紧张、时间受限碰撞情况下，船舶没有时间将本船意图输入到 EC-DIS；

c）VTS 操作员提出的另一个顾虑是航线信息交换的责任问题。举例来说，一艘船舶与 VTS 操作员联系，要求他向另外一艘船舶发送一条建议航线以避开本船航线。就目前而言，VTS 仅授权提供信息服务，而航行相关的执行性决策仍然是船上船长和船员的责任。从岸上发送航线可能最终需要将一部分执行性决策权转移到岸上，这样才能避免在危急情况下的不必要洽商；

d）从模拟结果来看是很有前景的，对遇到的问题只有在航线交换服务的不断重复中来寻找解决方案。

b. 统计：未收集定量数据。

c. 用户经验等：

a）在演习中，管理人员非常乐于使用该原型系统，并将其首选的命令和控制界面从原来的纸海图转移到了 e-航海增强集成导航系统（ee-INS）来监控整个演习过程；

b）配备了测试原型系统的 3 个部门的船员整体上都持肯定态度；

c）在之后的任务报告中，演习中曾接触过系统的指挥及参与船员都对 ee-INS 系统及其发送和接收计划航线的能力做出了评价。

⑤结论及建议。

a. 测试系统非常成功，原型系统现已在丹麦国家海上警卫队使用；

b. 未来计划：该系统将开发为一个工具，可用于溢油以及其他海上操作。该工具命名为船舶操作协调工具（VOCT），将在 2012～2015 年的 ACCSEAS 项目中进行测试。

（2）测试台 2：搜救工具。

①测试的服务：

a. 向搜救部门（SRU）传输搜索区域；

b. 搜索区域在 SRU 显示器上的显示，如图 7-3 所示；

c. SRU 播发计划的搜索模式；

d. AIS 卫星可用性及其在 SRU 显示器上的显示。

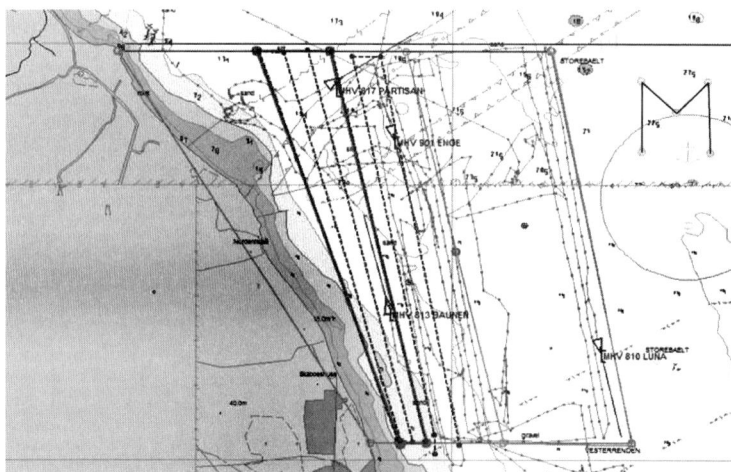

图 7-3　搜救显示

②测试台职责范围及背景。

a. 测试涉及的用户群类型：SAR 用户。

b. 测试中所考虑的 e-航海差距的详细情况（如 NAV58/WP.6 所列）如下：

a）信息/数据管理；

b）健壮、有效的语音通信及数据传输；

c）系统及设备；

d）船舶报告；

e）交通监控。

c. 其他类似的或相关的测试台信息：对集成系统的测试将在 ACCSEAS 项目（2012—2015）中继续。

d. 在测试中所考虑的 e-航海差距的归类，有以下两个方面：技术方面、操作方面。

e. 在测试中所考虑的 e-航海解决方案的归类，有以下三个方面：程序方面、设计方面、通信方面。

f. 在测试中所考虑的 e-航海解决方案的详细情况如下。

方案 1：改善的、协调的、用户友好的船桥设计；

方案 2：标准化、自动化的报告方法；

方案 3：改善船桥设备及导航信息的可靠性、弹性及集成性；

方案 4：通过通信设备所接收到的可用信息在图形显示器上的整合及显示；

方案 5：信息管理；

方案 6：改善搜救相关信息的获取；

方案 7：改善针对岸基用户的船桥设备及导航信息的可靠性、弹性及集成性；

方案 8：岸基系统及服务的改善及协调。

③测试方法。

a. 数据收集方法。

方法：观测及访谈；

有效性：有效性高，在演习环境中的船上测试；

可靠性：来自真实用户的定性数据。

b. 测试中涉及的用户群：SAR 用户。

c. 测试涉及的人员详细情况。

数量：3 艘船舶，每船 10 名船员左右；

背景：船员志愿者，以及专业的 MRCC 人员；

经验：船员经验各异，有些经验有限；

人员统计等情况：不同的年龄层次及性别。

d. 测试所用的程序。

用户需求：2011 年 5 月，在瑞典南部 Hörvik 海域的一次搜救演习中通过实地考察进行观察和访谈；

测试台准备：首先获得了许可，参与了 2011 年 5 月 28 日在丹麦大贝尔特海峡 Nyborg 海域的一次常规 SAR 演习"SAREX 2011"，丹麦国家警卫队的 9 艘船舶和一架搜救飞机参与了此次演习；

采用的技术方案：3 艘船舶配备了可用于交换航线的设备；一个丹麦海事局 AIS 基站用于发送及接收系统运行所必需的 AIS 二进制电文；

标准：采用了一个扩展 AIS 协议；

SOPs 等：由于项目组参与的是一次常规演习，而主要演习内容是对 SAR 人员进行常规 SAR 程序的培训，因此项目组只被允许在船桥上安装测试设备，并在演习任务以标准方式结束后对船员进行演示和访谈。

④测试台结果。

a. 调查结果详细情况如下。

数据显示：演习开始时，OSC 给每个部门指定了一片搜索区域。这一搜索区是通过 VHF 无线电语音播发，播发内容为 4 个经纬度坐标点（包括两个单词"北""东"，两次各 6 个数字）。

各部门船上人员收到坐标后，由无线电值班员将坐标记录到纸上，交给船桥前部的驾驶员，驾驶员开始对船舶 ECDIS 系统进行编程。通过点击不同的菜单并最终输入相同的 12 位数字，搜索区域最终就会在 ECDIS 上显示出来。从观测录像来看，其中一个部门从 VHF 传输开始到搜索区域出现在 ECDIS 屏幕上，这一过程耗时 14min。搜索区域的多边形在 ee-INS 屏幕上显示的整个时间就是 VHF 传输开始的时间。

对于曾接受过相关培训的专业船员而言，这一过程可能会快得多，但现实情况是，全球各地的海上搜救服务所用的都是船员志愿者，能够接受培训的时间极其有限，而且即使是训练有素的船员，也依然存在对语音传输数字的理解和手写错误的风险。而在 ee-INS 系统通过 AIS 二进制电文进行的传输，则是由 OSC 船舶上的图形界面生成，并且可以立即在接收部门的显示器上显示。

在三个测试部门都收到其搜索区域多边形，并在船上标准 ECDIS 系统的搜索模式中编写程序后，航海人员再次将搜索模式以类似的方式输入到 ee-INS 系统，然后立刻点击并选择菜单中的"主动航线"。当航线激活后，航线信息会立刻播发到附近所有配备了 ee-INS 系统的船舶，如果将"显示计划航线"配置激活，就可以看到航线信息。通过这种方式，OSC 可以立刻获得三个配有 ee-INS 系统的部门的意向反馈。

b. 统计：未收集定量数据。

c. 用户经验等：

a）在演习中，管理人员非常乐于使用该原型系统，并将其首选的命令和控制界面从原来的纸海图转移到了 e-航海增强集成导航系统（ee-INS）来监控整个演习过程；

b）配备了测试原型系统的 3 个部门的船员整体上都持肯定态度；

c）在之后的任务报告中，演习中曾接触过系统的指挥及参与船员都对 ee-INS 系统及其发送和接收计划航线的能力做出了评价。

⑤结论及建议。

a. 结论：测试系统非常成功，原型系统现已在丹麦国家海上警卫队使用；

b. 经验：测试台非常成功。

c. 未来计划：该系统将开发为一个工具，可用于溢油以及其他海上操作。该工具命名为船舶操作协调工具（VOCT），将在 2012 ~ 2015 年的 ACCSEAS 项目中进行测试。

4）项目成果

虽然根据 EfficienSea 项目规划，整个波罗的海区域都将作为 e-航海的试点区，但重点仍放在了瑞典和丹麦之间的海湾、格但斯克湾和芬兰湾。EfficienSea 已经开发出了 e-航海服务的原型系统，在此期间同时对所需的系统基础设施进行了评估。不仅如此，EfficienSea 还明确了参与各国在海事人员招募方面存在的共同顾虑，制订了一个沟通计划来解决这些问题。

EfficienSea 还曾努力制定一个通用的培训规划，召开了一系列的研讨会，制作了多部聚焦海事学生的视频剪辑，并探索通过社交媒体进行沟通。此外，EfficienSea 还曾对船舶自动识别系统（AIS）的相关问题进行研究，曾着手开发供 AIS 管理当局使用 AIS 规划工具，以改善对 AIS 资源的管理，优化 AIS 系统容量。为了解决无效传输的 AIS 数据的问题，EfficienSea 还开发了一个工具来确保 AIS 数据质量以达到统计和风险分析的目的。

此外，EfficienSea 还开发了一个工具箱，可以模拟海上交通流量增加所带来的影响和风险，目的是提高风险管理的能力。EfficienSea 研发了风险识别运算法则，作为决策支持系统工具，希望借此改善 VTS 操作员的持续交通安全评估，让操作员能够在特别的信息需求或支持方面加强与船舶的沟通。这些动态风险工具都是与 e-航海服务和软件的发展相协调的。

7.1.2　MONALISA 测试系统

为了加强波罗的海区域的合作，共同面对未来的调整，同时推动区域的平衡发展，欧洲理事会在 2009 年通过了"欧盟波罗的海区域战略"（EUSBSR），这是欧洲的首个宏观区域性战略。波罗的海区域包括 8 个国家（瑞典、丹麦、爱沙尼亚、芬兰、德国、拉脱维亚、立陶宛和波兰），共 8500 万人口，占欧盟总人口的 17%，对于加强区域合作解决共同面临的各种问题都有明确的需求。EUSBSR 战略的目的，就是提供一个综合性框架，改善波罗的海区域的环境状态、交通瓶颈、能源互通等问题。海上运输正是该战略中的一个中心环节。"海上高速公路"这一概念可以看作是欧洲跨境交通网络项目 TEN-T（Trans-European Transport Network）在海上空间的部分，为各国政府、工业界及学术界加强合作提供了一个平台。

MONALISA 作为波罗的海的海上智能高速公路和电子导航项目，旨在通过开发、示范并向航运业提供创新的 e-航海服务，致力于为波罗的海区域提供高效、安全、环保的海上交通服务，从而为未来的全球应用打下基础。对波罗的海区域的瑞典及丹麦水域内重要可航水域的海道测量数据的质量保证对于提升航行安全、优化船舶航线具有重要的意义。

MONALISA 项目与欧盟"绿色交通走廊"的概念是一致的，这一概念强调了在交通系统发展中的环境因素。

1）项目概要

MONALISA（1）项目由瑞典海事局牵头，合作伙伴有丹麦海事局、芬兰交通局、瑞典查尔莫斯理工大学（Chalmers）、瑞典 SAAB 公司、瑞典 SSPA AB 公司以及丹麦 GateHouse 公司。

项目采用共同出资的方式，即 50% 的资金来源于欧盟对于 TEN-T 和海上高速公路项目的预算。项目总预算为 2240 万欧元，其中 1120 万欧元将来自于欧盟拨款，项目执行期为 2010 年 9 月~2013 年 12 月。

2）采取措施

MONALISA 项目从四个方面采取措施，推动项目目标的实现。

（1）动态前瞻性航线规划——绿色航线。

所谓绿色航线的概念，就是帮助船长制定出最环保、最经济的航线。随着 AIS 系统在全球的应用及发展，衍生出了诸多的应用，而 MONALISA 项目中航线规划举措，正是基于当前的电子海图和自动识别系统（AIS），开发一种新的航线规划模型。

为了实现动态航线规划的目标，引入了海上交通管理（STM）这一概念，即建立海上交通协调中心（STCC），该机构类似于空中交通管制中心（ATCC），可以为船岸、船船之间的数据交换提供支持。

STM 通过计算实时数据，包括水流、风、浪、水深和海冰等会影响航行时间和燃油消耗的因素，以及下一个靠泊港的交通拥堵状况、泊位可用率、货物装卸日程安排等因素，为船长提供多种可选的最佳航线方案。每艘船舶的预规划航线对于其他船舶和岸基交通管理中心而言都是可见的。确定航线之后，岸基交管中心会自动（或手动）监控航程并提供必要协助。

这种动态的、前瞻性的航线规划有助于提高运输效率，节省燃油消耗，从而降低排放。理论上，该系统应设置预警功能，在船舶偏离预设航线时发出警报，这将会极大提高航行安全性。

该行动由瑞典海事局牵头，SAAB 公司、查尔姆斯理工大学、SSPA 公司及丹麦海事局共同实施。该行动的项目预算为 170 万欧元。

（2）船员证书核查系统。

该措施的内容之一，就是设计一个自动核查系统的概念模型，对船员证书和值班时间进行监控。项目中将会设计一个带有安全代码的海事 ID 卡并进行测试。

船员证书会根据岸基数据库（通过 AIS 传输）中的资料自动进行核实，以确保证书的有效性。该举措将会确保船员具备适任能力、防止疲劳，这是导致海上事故的常见原因。

该行动同样由瑞典海事局牵头，SAAB 公司和查尔姆斯理工大学共同实施。项目预算为 50 万欧元。

（3）海道测量数据的质量保证。

随着深吃水大型船舶数量的增加，海道测量的质量保证成为亟待解决的问题。为了确保在以前的测深线之间不存在未知浅滩，必须尽快对重要航线进行重新测量。

该行动将会采用有质量保证的现代技术方法，对波罗的海海洋环境保护委员会（HELCOM）所属航道及波罗的海港口地区进行重新测量，确保在现有海图及其他航海出版物上的海道测量数据的准确性。精确测量的结果又为航线规划奠定了基础，帮助航海人员做出推荐航路及疏浚作业等决定。

目前，水深数据模型、垂直基准面以及水深在海图出版物上的显示都是根据各国的国家标准制定，这种情况阻碍了在水深信息方面的合作与交流。因此，项目将制定通用的技术标准，作为决策的基础。

该行动由芬兰交通局牵头，瑞典海事局共同实施。项目预算为 1890 万欧元。

（4）海事数据全球共享。

该行动将开发一个功能演示系统，最终目标是将海事数据的区域共享推广到全球范围。项目的合作伙伴会努力寻求一种解决方案，将海事数据在海事当局间共享的范围进一步扩大。

这种方案会采用最前沿的技术，并借鉴 HELCOM AIS、IALA-NET 等项目的经验。该行动将由丹麦海事局牵头，GateHouse 公司、SAAB 公司和瑞典海事局共同完成。预算为

50 万欧元。

3）测试台：动态前瞻性航线规划

2012 年，大约有 8 万艘船舶在波罗的海水域航行，其中很多都是装载危险货物的油轮。为了提升这一水域的航行安全，在 MONALISA（1）项目中进行了关于动态前瞻性航线规划的测试。该测试将在 MONALISA（2）项目（至 2015 年）中继续进行，并将结果公布出来。

测试台包括一个岸基船舶交通协调中心（STCC），船舶能够与测试台的 ECDIS 平台（SAAB，以及丹麦海事局的 e-航海原型显示器，在 MONALISA 2 中 Transas 公司也会参与进来）交换航线计划。

该系统的目的仅是提供参考，系统程序如下：一艘接近 MONALISA 水域的船舶将向 STCC 发送其航线计划。STCC 收到航线计划后会再次核查富裕水深及禁行水域等信息 [在 MONALISA（2）中还会核查其与其他船舶的间隔]。对航线达成"一致"后，通常状况下，船舶将会遵循其绿色走廊航行，除非由于交通状况出现明显偏离。岸上会监控航行进程，并与船舶交流航线建议。如果发生任何变动，船舶或岸上都可以提出新的航线要求。

该测试的意图就是应该基于一种新的标准，利用系统原有的功能，将 MONALISA 功能整合到普通的 ECDIS 系统中去。只有这样才有可能将原型实验室平台用于测试。

（1）测试台职责范围及背景。

①测试中的用户群类型：船舶用户以及岸基用户。

②测试中所考虑的 e-航海差距的详细情况：

a. 信息/数据管理；

b. 健壮、有效的数据传输；

c. 系统及设备；

d. 船舶报告；

e. 交通监控。

③其他类似的或相关的测试台信息：

a. ACCSEAS 项目；

b. NESTE 石油公司。

④在测试中所考虑的 e-航海差距的归类，有以下三个方面：技术方面、规则方面、操作方面。

⑤在测试中所考虑的 e-航海解决方案的归类，有以下三个方面：程序方面、设计方面、通信方面。

⑥在测试中所考虑的 e-航海解决方案的详细情况如下。

方案 1：改善的、协调的、用户友好的船桥设计；

方案 2：标准化、自动化的报告方法；

方案 3：改善船桥设备及导航信息的可靠性、弹性及集成性；

方案 4：通过通信设备所接收到的可用信息在图形显示器上的整合及显示；

方案 5：信息管理；

方案 6：改善搜救相关信息的获取；

方案 7：改善针对岸基用户的船桥设备及导航信息的可靠性、弹性及集成性；

方案 8：岸基系统及服务的改善及协调；

方案 9：改善 VTS 各种服务的通信。

（2）测试方法。

①数据收集方法。

a. 方法：在瑞典查尔莫斯理工大学进行模拟器研究；

b. 有效性：中到低（使用了全任务船桥模拟器和 VTS 模拟器，但参与人员都是瑞典人）；

c. 可靠性：中到低（定性数据给予了个人偏好）。

②测试中涉及的用户群。

a. 船舶用户：船长和实习生；

b. 岸基人员：VTS 操作员。

③测试涉及的人员详细情况。

a. 数量：12 名船桥人员和 3 名 VTS 操作员；

b. 背景：专业人员和海事学院 4 年级实习生；

c. 经验：经验各异；

d. 人员统计等情况：无。

④测试所用的程序。

a. 测试台设置；

b. 使用的技术方案；

c. 标准；

d. 指导性文件；

e. SOPs 等：由于项目组参与的是一次常规演习，而主要演习内容是对 SAR 人员进行常规 SAR 程序的培训，因此项目组只被允许在船桥上安装测试设备，并在演习任务以标准方式结束后对船员进行演示和访谈。

（3）测试台初步结果。

①概念层面。

a. 获得了大多数参与者的认可（实习生比船长的认可度更高）；

b. 正面评价：由于航线经过了再次确认，提高了安全水平；

c. 负面评价：有可能会降低技能。

②程序层面。

a. 与目前相比，在程序上的改动极小；

b. 正面评价：稍微减少了工作量；

c. 负面评价：如果仅依赖于 STCC 核查，船上的风险核查将会被略过。

③功能层面。

a. 原型规划工具中提供了在穿越距离方面的更多帮助；

b. 在等候时间内需要提供"发生了什么事"等相关信息；

c. 在原型显示器上需要有航线核查工具。

④人机交互（HMI）层面。

a. 在可用性方面得到了正面的评价（Windows/Google 地图标准）；

b. 负面评价：航路点列表需要显示出建议的变更、船舶当前位置、已经过的航路点并允许区域锁定等。

⑤调查结果详细情况。

a. 数据显示：获得了正面的反馈意见；

b. 统计数据：未收集定量数据；

c. 用户经验：原型显示器的可用性获得了正面评价。

（4）结论及建议。

①结论：MONALISA 项目中的航线计划交换方法在测试人员中得到了较好的认可度。即使是年龄较大的船长，在基于这仅是提供建议、船舶仍拥有最终决策权的前提下，也理解了"这将是未来发展的方向"。

②未来计划。

a. 本身计划：在 MONALISA 2 中将会继续进行测试，包括船舶的动态分离等。测试还将包含多艘船舶航行的复杂交通环境以便测试系统的集成性。

b. 下一步的研究建议：ACCSEAS 项目将会对航线意图、"战术性"短期航线交换进行并行测试。

7.1.3 ACCSEA 测试系统

ACCSEAS（Accessibility for Shipping, Efficiency Advantages and Sustainability）是欧洲北海区域（NSR）的一个项目，意为"畅通航运、效率优势和可持续发展"。随着欧洲运输政策向海上运输的转变，利用短途海上运输来避免陆路运输的瓶颈，使得海上导航服务的高效率、有效性变得空前重要。

ACCSEAS 是欧盟"北海区域规划 2007—2013"批准并提供部分资金支持的一个项目。该规划通过一些跨国项目来解决区域发展中的前沿政策方面的问题。因此规划的首要目标就是拓展边境合作的范围，并重点推动在创新、环境、畅通、区域的可持续发展和竞争力提高方面的高品质项目。2007—2013 年规划将北海区域的 7 个国家联系在一起，包含了政策层面的规划以及项目的长期、明显效果，为未来的多边合作项目奠定了基础。

而 ACCSEAS 项目的目标就是在跨国框架下开发并实施一个 e-航海测试台，提升北海地区的航行安全、保安和环境保护，降低航行风险，实现北海区域的海上航路畅通。

1）项目概要

ACCSEAS 项目周期为三年，旨在通过降低航行风险来改善北海地区的通航状态。通过对海事信息及其交换进行协调，并提供培训推动实际的实施过程，ACCSEAS 项目将确保北海地区提供的 e-航海服务对该区域在安全、保安、经济增长和环境保护方面的关键基础设施的弹性产生长远的有利影响。项目将会在前期以及现有的相关区域项目研究成果的基础上，专注于那些为海上航行和安全提供支撑的关键的技术和基础设施领域的合作。因此，该项目将：

（1）确定航运拥堵以及入港通行受限的主要区域。

（2）通过北海 e-航海区域测试平台的原型开发和成功示范对解决方案做出定义。

项目将会遵循欧盟、IMO 及 IALA 的指南和规则框架，通过四个方面的成果来证实新的 e-航海概念的成功。这四个方面的成果分别是：

（1）实际测试台：以 e-航海原型和补充性模拟的形式，采用真实设备和基础设施进行测试；

（2）信息数据库：主要以基线信息的形式，演示原型系统的有效性，主要体现在北海区域的船舶航线以及用于原型系统的 e-航海服务的地理范围覆盖图方面〔这些信息主要存储在 ACCSEAS GIS（地理信息系统）中〕。

（3）系统工程文件编制：主要涵盖北海地区海上通航所遇到的问题及可能的解决方案，如何开发 e-航海原型系统和模拟系统来解决这些问题，以及在建设 e-航海区域性解决方案的过程中对最佳做法的评估。

（4）经验分析以及对实际 e-航海方案培训模块的建议：这些输出文件将会在政策制定过程中予以考虑，并将对未来提供 e-航海航标服务所需的体制结构及规章制度的制定产生影响。

该项目的周期为 2012 年 3 月 1 日~2015 年 2 月 27 日，项目预算为 5553650 欧元，其中由欧洲区域发展银行（ERDF）提供 2776825 欧元的财政拨款，该项目的目的是在北海地区建立并示范一个 e-航海测试台，实现区域的海上畅通。该项目是波罗的海区域 EfficienSea 和 MONALISA 项目的延伸。

项目的合作伙伴包括来自英国、瑞典、丹麦、德国、荷兰、挪威的 11 家机构，具体为英国和爱尔兰灯塔总局（GLAs）、瑞典查尔莫斯理工大学、丹麦海事局、德国联邦航道航运局、荷兰基础设施和环境部下属的交通航运中心、瑞典海事局、挪威海岸管理局、瑞典 SSPA AB 公司、德国弗伦斯堡应用科技大学、荷兰莱瓦顿北方应用科学大学威廉巴伦支海事学院以及世界海事大学。

ACCSEAS 项目为服务提供商、研究人员和供应商提供了一个平台，共同开发 e-航海区域服务，并开发新型海上导航和通信概念的原型系统。ACCSEAS 项目将通过可持续的合作和行动，为减轻北海区域的交通拥堵、瓶颈和事故风险、改善交通畅通奠定基础。

2）项目架构

ACCSEAS 采用了系统工程方法，是一个分阶段项目，先认清问题领域，然后再根据 IMO 的 e-航海概念和欧洲 e-Maritime 等项目来确定解决方案。

ACCSEAS 项目共由 8 个相互关联的工作包（WP）构成，其中 WP1（项目管理）和 WP2（宣传及沟通）是为了确保项目的顺利进行和外部利益相关人的约定，这对项目的成功极为重要。8 个工作包之间的相互关系如图 7-4 所示。

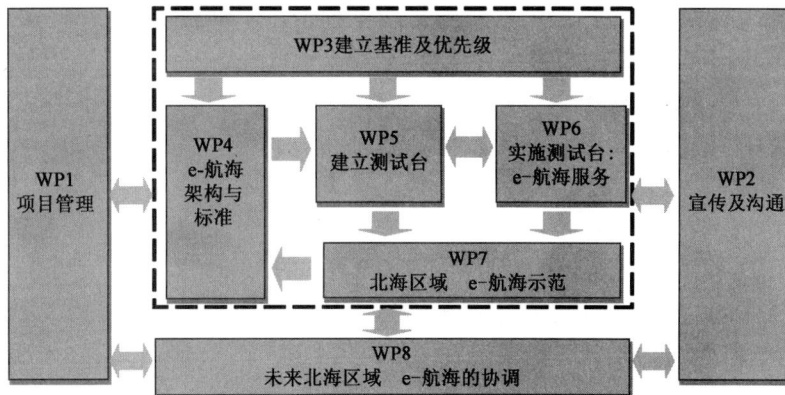

图 7-4　ACCSEAS 项目纵览

每个工作包的具体工作任务如下。

WP3（建立基准及优先级）：明确与北海区域海上运输航线、入港通道及依赖于这些航线的周边海域相关的问题及趋向，明确当前助航服务的提供情况及未来发展计划，ACCSEAS 项目将会对这些问题的潜在 e-航海解决方案进行评估和优先度分级；

WP4（e-航海架构与标准）：基于前一阶段的成果，以 IMO 的 e-航海架构为基础，融入创新的概念，实现对已明确问题的解决方案；

WP5（建立一个新的测试台：船舶定位）：ACCSEAS 将会在前一阶段开发的 e-航海架构的基础上建立一个新的测试台，对可靠船舶定位及相关的岸基基础设施和船舶集成导航系统进行测试。测试台的设计服务之一就是弹性 PNT；

WP6（实施一个新的测试台：e-航海服务）：继 EfficienSea 项目成功之后，根据确立的优先级，决定将要实施的新型船—船、船—岸 e-航海服务；

WP7（北海区域 e-航海示范）：ACCSEAS 项目将会利用已有成果，对已知问题领域的 e-航海原型系统进行正式测试，对具有弹性船舶定位的相干 e-航海服务的优势进行示范，改善该区域的通航状况；

WP8（未来北海区域 e-航海的协调）：ACCSEAS 项目从始至终，将会建立一个框架，持续推动北海区域的 e-航海服务的进展。这样将会确保所有的区域性或国际性政策的决策都可以基于已经证实的概念及构想。

3）测试台实施计划（2014~2015）

（1）多源定位（弹性 PNT）。

GNSS 极易受到蓄意干扰或自然干扰。当 GNSS 中断时，PNT 信息就会受到严重影响，增加航行安全的风险。PNT 数据在一段时期内可能不可用，导致许多船桥系统发出警报。在有些情况下，如果位置误差的大小不足以引发警报但又足以对航行安全造成影响的情况下，可能会出现危险性误导信息（HMI）。这些错误的位置信息很可能被航海人员忽略，大大增加了船舶的触礁或碰撞风险。

该测试由英国和爱尔兰灯塔总局（GLAs）牵头。

（2）战术性航线交换服务。

沟通问题，最常见的是缺乏沟通和信息误译，尤其是对于船舶意图的误解是引发海上碰撞事故的最主要原因之一。交通密度越大，潜在的碰撞风险就越大。未来，随着北海的海上空间的减少，交通管理会成为一个严重的问题（MONALISA 项目正在对交通管理的方法进行研究）。但即使有了交通管理，出现紧迫局面的情况也必定会比当前更为常见，因此对船舶意图的沟通尤为重要。但关于船舶意图的沟通同样也会引发风险：如果一艘船舶并未遵循其意图航行怎么办？这样的话，有关船舶意图的沟通本身又会成为一个风险因素。在之前的一个项目（EfficienSea 2009~2012）中，对"战术性航线交换服务"进行了初始测试。在这些测试中，船舶将己船当前位置前方的 8 个航线基准点发给其他船舶，其他船舶可以在本船的电子海图系统中要求"显示计划航线"看到这些点。ACCSEAS 将会在工作包 WP6 和 WP7 中对这种战术性航线交换服务进行进一步研究，尤其是其中的人力因素以及提供此项服务后可能出现的预料之外的场景。

此项测试由丹麦海事局和查尔莫斯理工大学牵头进行。

（3）海员通知服务。

对船舶而言，最重要的信息就是安全相关信息，包括海上安全信息（MSI）、航海通告（NM）和海图改正。这三类信息，再加上海图和位置更新共同构成了船舶安全航行的基础。

①海上安全信息（MSI）是航行和气象警告、气象预报及其他紧急的安全相关的电文；

②航海通告（NM）的目的是尽量保证海图及航海出版物的更新。NM 会告知航海人员影响航行安全的重要事项，包括最新的海道测量信息、航道和航标的变更及其他一些重要数据；

③海图改正则是对海图的改正信息，使航海人员有可能将船舶海图更新至最新状态。

ACCSEAS 推行一种协调通知服务，将 MSI 和 NM 信息整合在一起，并根据船舶的位置、航线以及与船舶航程的相关度提供恰当的描绘选项。

此项测试由丹麦海事局牵头进行。

（4）单独富裕水深建议服务。

针对指定吃水和指定时间（潮汐状态）富裕水深（UKC）的禁行区域可以向高分辨率水深数据库获取数据，并在电子海图上显示出来。

此项测试由丹麦海事局和查尔莫斯理工大学牵头进行。

（5）增强现实平视显示器（HUD）。

该应用有两项功能，其一是通过音响信号配合可视信号向航海人员报警，指出前方的危险目标，其二是操作信息的平视显示（HUD）。此处，操作信息从最广义的角度考虑。

此项测试由荷兰莱瓦顿北方应用科学大学威廉巴伦支海事学院牵头进行。

（6）自动 FAL 报告。

挪威海岸管理局（NCA）是欧洲 SafeSeaNet 在挪威的国家管理当局，负责维护船舶和航程报告系统，这一系统主要是进出挪威港口的商业性海上运输使用。NCA 开通了一项网上服务（WS），用于处理到港通知（NOAs）和引航要求。

这项示范将会利用 e-航海和 S-100 框架，重点在非地理性海事信息领域进一步扩充、研究和建模，尤其是"到港通知和引航要求（NOA&PR）"以及北海区域其他可行的 FAL 报告。如若可能，在示范中船上系统将会自动连接到 WS 并提交港口停靠或报告航线等所必需的信息。WS 确认有效后，岸基系统将会把这些提交的信息分发到其他管理当局。

此项测试由挪威海岸管理局牵头进行。

（7）船舶操作协调工具（VOCT）。

在搜救行动中，各方之间及时而准确的沟通是至关重要的。当前，信息的交换主要是通过各种语音沟通的方式，既耗时又存在了很大的误解风险。

VOCT 是一种在搜救、清污和类型行动中改善通信、提高环境认知的工具。搜索区域、搜索模式、基准、漂移计算、已搜索区域和其他重要信息都通过电子方式在参与各方之间交换，并在船舶和协调员（SAR 任务协调员 SMC 以及现场协调员 OSC）的显示器上以图形方式显示。目前还在研究将计算搜救区域和搜救模式的模块加入到船舶-EPD 和岸上-EPD 中去。

该测试由丹麦海事局和查尔莫斯理工大学牵头进行。

（8）动态预测。

对船舶未来位置的预测有多重方式，其中最简单的一种就是航迹推算，根据船舶当前的速度和转弯角速率计算未来的位置。更复杂的预测还会把加速度也计算在内。最精确的预测法是使用船舶的数学模型，在计算中将众多因素都考虑在内。这一类的动态预测会把推力、方向舵或风的任何变化都立即反映出来。

SSPA 动态预测器已经成功地用于船舶在靠泊作业的自行预测，协助船长预测船舶的行动，降低了船舶硬着陆或与锚位、坡道或海豚发生碰撞的风险。动态预测将外部的风和潮流因素考虑在内，但没有考虑其他的外力。预测中还假设了拖船提供的外力，这样在船舶需要拖船协助时也可以使用该动态预测器。并且预测中还假设拖船和船舶之间对于预测位置的信息交换对于船舶操控非常有用。

SSPA 动态预测器可以用来预测未来几分钟内船舶的位置。在 EfficienSea 项目中，对预测器交换在避碰应用中进行了测试，但测试发现这种交换没有什么用处。不管怎样，这种预测器交换对于拖船协助等这类船对船操作是否有用还有待确认。

此项测试的目的是开放交换界面，让所有流体动力预测器的供应商都可以看到。在 ACCSEAS 项目中，预测器的供应商是 SSPA 公司。

该测试由瑞典 SSPA AB 公司牵头进行。

（9）协调数据交换服务。

无论是在正常操作还是灾难情况下，所有船舶和岸基参与方，尤其是邻近 VTS 拥有相同的协调信息进行对应是至关重要的。目前有多种不同的交换格式来交换此类信息，当然也可以用不同的方式来解读。正因为如此，相邻的航道管理当局就有可能拥有同一条航道的不同"照片"，从而导致对信息的误译，无法采取有效行动。

IALA 的 VTS 委员会已经意识到了这一问题，并开发了一种格式用于交换此类信息，名为 VTS 间交换格式（IVEF）。这种简单易读并且可扩展的格式为 VTS 中心之间、船舶和 VTS 之间以及 VTS 和其他应用之间交换信息提供了机会。

该测试是由荷兰基础设施和环境部牵头进行。

7.1.4 爱沙尼亚测试系统

爱沙尼亚于 1991 年独立，新成立的爱沙尼亚海事局（EMA）于 1993 年从俄罗斯海军接收了爱沙尼亚海上助航系统。爱沙尼亚地处波罗的海和芬兰湾浅水区域，由于海上运输携带大量旅客和（危险）货物，导致该区域对海上交通事故引起的污染很敏感，因此建立完善的海上目视航标系统和无线电通信系统以代替传统落后的助航设施就成为当务之急。EMA 对航标系统进行了现代化改造，1994 年首座遥测航标就投入使用，并通过对关键位置航标灯的 LED 改造，以及在全国范围内建设基于公共手机网络通信链的遥控遥测系统（RCMS）继续实施航标系统的现代化改造。2001 年，开始建设岸基自动识别系统（AIS），到 2004 年，覆盖所有重要水域的 AIS/VHF 网络系统投入使用。到 2010 年，爱沙尼亚航标表中所列发光航标为 420 个，其中 258 个为可遥测航标。爱沙尼亚发光航标中的 62% 由 EMA 维护，其中 95% 为可遥测航标，有 90 座浮标在寒冷的冬季遭遇严重冰情和浸淹的情况下，可以运行大约 1 年的时间。上述助航系统成为目前和今后 e-航海实施的基础。

1）爱沙尼亚 e-航海服务的支持系统

由于支持 e-航海的一些基础系统已经建成，因此在爱沙尼亚发展并实施 e-航海服务已经成为可能，这些已建成的基础系统包括：

（1）大多数关键的助航标志（固定和浮动航标）已经安装有成熟的远程信息处理设备 TelFiCon（远程信息处理域控制器），通过网络连接到遥测遥控中心，该网络采用 GSM/GPRS 移动电话通信方式，能提供足够的信号覆盖、信号可用性和带宽。

（2）目前正在开发新一代航标遥测遥控系统软件 TeViNSA（可视化通航环境感知信息远程处理系统）。

（3）已经建成岸基 AIS 和 VHF 无线电通信系统，该系统使用可靠性较高的 TCP/IP 网络使 AIS 基站互连，并具有一个运行中心（VTS），该系统也被称为"用于 VTS 的 VHF"系统。该系统能够利用 AIS 的信息广播和接收功能，在芬兰湾和北部水域增加新的助航服务功能，这些区域是海上交通安全敏感区域。

EMA 广泛使用基于 GSM/GPRS 的航标遥测遥控系统，鉴于浮标上使用"真实"AIS 航标设备的方式成本高而功能有限，EMA 采用合成 AIS 航标的方式，通过遥测通信链接收状态数据并进行播发，从而形成了第一种 e-航海服务。

岸基 AIS 系统主要使用"用于 VTS 的 VHF"软件/硬件数据通信方案，由 Cybernetica AS 公司于 2004 年开发。该 AIS 系统主要为芬兰湾船舶报告强制执行区域（GOFREP）提供服务（图 7-5 中显示具有无线电信号覆盖的 AIS 基站）。GOFREP 及其区域内的在爱沙尼亚、芬兰和俄罗斯之间的自动 AIS 报告交换，可以认为是该区域内首个国际合作的 e-航海实施项目。图 7-5 中没有无线电信号覆盖显示的 AIS 基站将于 2011 年并入合成 AIS 岸基网络系统。图中用蓝色星形标记的浮标今后还将作为海浪高度测量浮标。

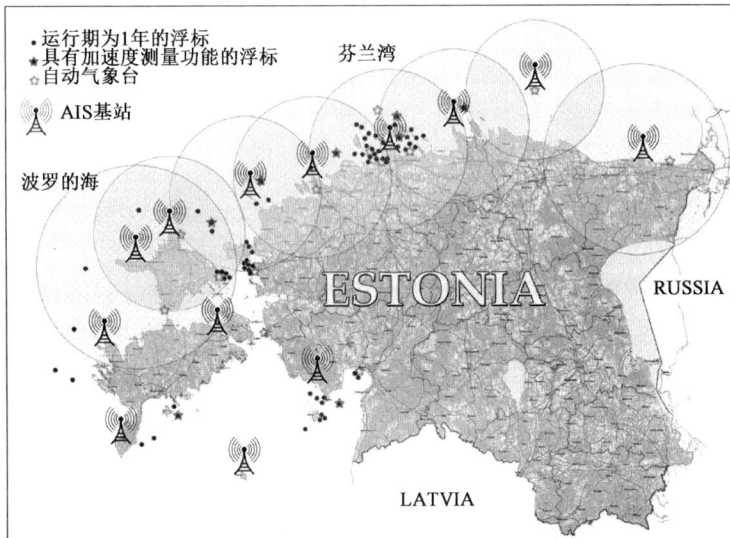

图 7-5 爱沙尼亚岸基 AIS 系统和航标数据通信系统示意图

2）e-航海测试系统的目标

e-航海测试系统服务的基本目标是在爱沙尼亚海事局责任区域内，通过提高航海人员和航标主管机关对环境的认知能力，从而提高海上航行安全。e-航海测试系统最初的任务如下：

（1）设计、建立一个航标遥测中心，该中心使用 GSM/GPRS 方式与浮标进行通信，从而能够提供包括航标运行状态信息的合成航标 AIS 电文。

（2）建立相关的信息系统，能够自动配置、传输和广播合成航标 AIS 电文作为一种 e-航海服务。

（3）基于助航浮标上的 3D 加速度测量，开发海况记录和分析技术。

（4）开发获取区域水文气象信息的技术，并研究水文气象预报模型。

（5）开发水文气象二进制电文生成软件并用 AIS 播发。

由于 e-航海目前尚处于开发阶段，还没有实现标准化，因此在提供 e-航海服务过程中会出现很多新的工作任务。并且由于通用海上数据模型（UMDM）尚处于开发阶段，因此目前可以使用已有的标准技术来向有关方面表示海上信息，例如 AIS 电文广播技术、国际互联网技术。

e-航海测试系统成功实施的成果可以概括如下：

（1）航海人员可以接收到有关浮标的合成 AIS 航标电文 21，这些浮标由 EMA 选择。合成 AIS 航标电文 21 既可以按照遥测遥控系统中心设置的时间间隔定时接收，也可以仅在浮标发生故障时（例如设备故障或移位）接收。

（2）航海人员可以接收到包含水文气象信息的电文 8，该电文由自动海上气象台岸基网络系统编辑。

（3）航海人员可以接收到包含估测浪高信息的电文 8，该数据由岸基服务器根据若干浮标上的加速度测量数据计算而成。

（4）提供航标服务的主管机关能够接收到浮标的动态数据（三维重力传感器数值、倾斜角度统计值、倾斜角度超临界报警、碰撞报警等），从而可以评估航标灯光助航效能、浮标平台的稳定性，并对风、海浪和海浪状况做出反应。

（5）航标主管机关可以接收低延时在线航标位置信息，利用这些信息可以指导航标相关工作，例如浮标的配布、扇形灯信号设置的评估等。

（6）对浮标平台稳定性研究感兴趣的各方，可以按照其存取权限通过基于互联网的用户接口获取浮标的加速度测量数据，完成相关研究。

（7）对海洋研究感兴趣的各方，可以通过互联网公共网址，获得海上有效波高度的信息，该信息由一台服务器根据各区域所选浮标上的加速度测量数据计算而成。

（8）社会公众可以通过链接到实时水文气象数据源的公共网址获取相关信息，这些水文气象数据来自于爱沙尼亚塔林理工大学海洋系统研究所的自动气象站。

（9）航标主管机关可以根据实时获得的航标可用性计算结果，进行航标维护、提供相关 AIS 服务。

根据各项工作的内容和工作量，e-航海测试系统项目被分成了多个阶段，对每一阶段结束后都有一个对其结果进行评估的过程，并作为影响后续工作的依据。由于各阶段评估结果的成功率非常高，因此本测试系统的大多数测试阶段的工作项目都将永久运行。

3）航标遥测系统和数据的获取

Cybernetica AS 公司开发了新一代遥控遥测中心（RCMC）软件，该软件于 2009 年在爱沙尼亚海事局投入使用，该工作项目被称为"GPRS Keskus"（即 GPRS RCMC 系统）。项目的主要特征是，通过 GSM/GPRS 移动通信数据链，采用无连接分组交换和 TCP/IP 通信协议，与远端的航标上设备进行数据通信。这种连接方式取代了之前的专用 GSM 数据链路方式，从而可以利用有效的所需长度的通信回路。同时，RCMC 软件并不是专用GSM/GPRS 链路，这样就保证系统在将来能够通过任何支持 TCP/IP 协议的通信链与航标遥测设备进行通信。在将来需要进行这种通信时，只需要替换 GSM/GPRS 调制解调器，升级为具有新的无线电通信模块的调制解调器即可。该软件系统方案有一个新的名称：TeViNSA，可视化通航环境感知信息远程处理系统。

系统采用传统方法对航标状态进行监测，预先设置航标状态报告时间间隔，定义触发报警的条件。系统根据预设的时间间隔不断地从航标传感器获取数据（电压、温度、加速度等），除了典型的航标监测工作，所获取的数据一般用于一些内部用途，例如临界值监测、计算统计参数等。

安装在浮标上的每一个远程信息处理模块本身也在不断执行一些计算，这些计算除了基于 GPS 卫星信号的位置监测计算外，还包括碰撞监测、倾斜度计算、临界值监测、加速度或倾斜度超过临界值时向 RCMC 的报警等。

4）合成 AIS 航标的播发

在 TeViNSA 环境下，由一个称为"AIS 路由"的软件负责配置由遥测遥控系统服务器接收到的专用的 $ PCYBA 语句内容，形成正式的合成 AIS 航标电文，并通过网络路由把这些电文发送给岸基 AIS 系统中相应的 AIS 基站进行发射。除了电文 21，该路由软件在专用的 $ PCYBA 语句中如果检测到航标故障指示信息，还能够产生安全相关 AIS 电文 12和 14。

截止到目前，爱沙尼亚共有 26 个浮标成为合成 AIS 航标，于 2009 年 12 月开始成功发布这些航标的 AIS 报告。下一阶段，系统将具备配置虚拟 AIS 航标的功能，并对此进行测试。

5）水文气象二进制信息播发服务

爱沙尼亚海上气象信息目前由包括 40 个分布式自动气象站的系统采集，该系统属于塔林理工大学海洋系统研究所（MSI）和气象水文研究所（EMHI），部分气象台位于岸上。在目前项目阶段的最后，一个水文气象模块软件扫描所有 12 个 MIS 的气象台，获取气象数据并进行格式化，然后利用 AIS 二进制电文 8，由一个离气象站最近（距离小于 50海里）的基站播发出去。

在 2010 年 11 月开始该项服务时，有 12 个气象数据源，来自 EMHI 气象站的数据将于2011 年加入系统。EMA 网站将建立存取在线 e-航海信息服务的网页。

6）海浪高度估测

利用专用设备进行现场海浪高度测量所需成本较大，特别是连续进行数据采集和显示。而利用卫星测量可以获取大面积海浪高度数据，但由于卫星的螺旋运动，测量同一区域（卫星行迹）的重复率可能需要几天。精确测量海浪高度的一个可选方案是使用航标远程信息处理设备，这种方法成本适中。采用航标测浪高，其精度虽然不会很高，但与不能获得任何浪高信息相比，在感知环境方面还是有很大提高。

从安装了远程信息处理设备并设置了加速度测量任务的浮标获得三维加速度数据，由岸上专用服务器计算有效波高。这方面的软件目前正在开发，将于2011年1月进行测试。计算浪高的服务器将把信息发送给气象水文信息模块软件，该软件将对浪高数据进行格式化，加入AIS电文8，与浮标坐标一起播发，这时该浮标就显示成一个气象站。

在AIS实际播发计算的浪高信息之前，在2011年的一季度将有一个观察期，对浪高数据进行监测。

7）结论

爱沙尼亚e-航海服务项目的实施在如下方面增加了航海安全：

（1）航海人员通过AIS电文和船桥系统显示器，可以直观地、较为容易地获得航标状态数据和气象报告，从而增加了航海人员对环境的感知能力。

（2）EMA网站建立的综合e-航海服务网页有利于爱沙尼亚水域建立航行规划，同时用户可以获取历史水文气象数据进行海洋研究。

（3）航标主管部门对航标信号的感知能力得到加强，特别是能够获得浮标倾斜角度异常和超过临界值情况的发生及频率，并且及时获知冰标浸没的事件。

（4）航标主管部门能够获知浮标平台稳定性的评估信息、该浮标灯光信号的有效性信息以及航行风险评估信息。

7.2 部分国家（地区）e-航海研究和建设情况

7.2.1 美国

美国是e-航海主要倡导国家之一，在国际航海界发挥着重要作用。但美国并没有按部就班地在美国进行e-航海测试系统开发研究，而是把e-航海的理念应用在各相关助航系统建设上，并作为未来发展的指导。

1）概述

由美国海岸警卫队（USCG）及其他有关部门成员组成的美国海上运输系统委员会（CMTS）负责美国的e-航海事务。CMTS是根据美国总统的指令成立的联邦协调机构。2011年，CMTS制订了《美国e-航海战略行动计划》，在美国统一、协调e-航海相关研究和发展。

该战略行动计划中的各项工作任务，将由CMTS的各个独立的成员机构作为其法定的工作任务完成，并使用各自的预算授权解决经费问题。由于e-航海的目的是为海上运输提供一个集成的信息环境，因此这些CMTS成员机构、其他利益相关方以及e-航海受益者将互相合作来实现e-航海的功能。

CMTS的e-航海工作组认可IMO关于e-航海的定义，认为e-航海不是设备，而是信息的集成。现在和将来都不会有"e-航海系统"，也可能不会有"e-航海综合设备"配载要求。但未来对岸基、船舶设备和系统的要求应该"符合e-航海概念"，但这些要求的具体内容（标准）尚未制定出来。

IMO 和相关国际组织目前正在研究制定 e-航海用户需求、框架结构、差距分析、成本/效益分析和风险研究。基于这些研究结果，将制订 e-航海实施计划。CMTS 认为，IMO 的 e-航海最终将很可能不是一个系统，而是一些标准、规章、指南、培训要求和数据格式，IMO 成员使用这些成果，建成一个集成化的海上助航信息环境。

IMO 主导的 e-航海的发展促使美国制订了全国范围的 e-航海战略行动计划。当然，某些领域是该计划的重点，美国会优先开展相关研究工作，而其他一些领域则由其他国家或国际组织研究开发。虽然海上运输系统委员会的 e-航海工作组不期望将有一个 e-航海设备的中心物理系统，但美国 e-航海战略行动计划并不反对研究有关硬件设备的问题，并将包括内陆可航行水域的范围，而 IMO 的 e-航海工作计划是不包括内陆的。

2）愿景及目标

美国对 e-航海的愿景是：建立一个框架体系，实现数据在船舶和岸上设施之间交换，并整合、转换这些数据成为支持决策和行动的信息。

美国 e-航海的终极目标是：利用及时可靠的信息使美国的海上运输系统的运转更加完善。

"运转更加完善"的美国海上运输系统，具体表现为航路更安全、领海更安全、信息更可靠、运输更有效、更集成化的系统。

3）e-航海重点领域

国际 e-航海发展成果和相关领域将在美国逐步得到应用，另外，美国一些目前正在实施的、具备领先地位的一些特有的重点领域，也将根据 e-航海的理念得到进一步发展，这将是美国 e-航海国家战略发展的另一方面，从而最终建成综合完善的信息环境。这些重点领域包括：

（1）集成化系统；

（2）无缝数据交换；

（3）以人为本的人机接口；

（4）信息为决策服务；

（5）提高各种系统之间的可连通性；

（6）部门间加强信息协作。

4）e-航海框架体系

美国 e-航海战略的核心是建立由不同部分组成的一个框架体系，这些不同的组成部分并入助航系统，从而形成一个更加完善的海上助航信息环境。建立这样的框架体系，而不是直接要求强制安装有关设备和采用某项技术，是最佳的 e-航海实施战略。采用这样的战略，可以通过仅仅控制有限的几个关键组成部分来获得 e-航海整体发展效果。

美国国家 e-航海研究成果确定 e-航海框架体系的组成部分，这些组成部分将是各类标准、规章制度、指南、培训要求、数据和数据格式、算法、程序、认证、部门间协议等。选择研究开发哪些具体的 e-航海框架体系组成部分，也将是美国 e-航海研究的内容。这些框架体系各个组成部分将不会有一个"中央结算中心"，而是采用分布式结构，制造商、数据提供方、政府部门、海事业界都可以使用这些组成部分构建相关系统或提供有关服务。在某种意义上，这些组成部分对运输系统是透明的。

5）e-航海战略的执行

美国e-航海战略将由美国海上运输系统委员会（CMTS）或者CMTS指定的机构负责协调实施，领导机构也由CMTS指定。美国e-航海战略实施的参与机构将配合e-航海战略的实施，遵守若干原则。

美国e-航海战略所确定的各项工作将根据美国相关政府机构的法定职责，由这些机构完成，并使用这些机构已有的预算授权。

e-航海成功实施的一个关键因素是所有利益相关方之间的通力合作。

6）总结

美国e-航海战略是：

（1）建立一个e-航海的框架体系，该体系并入相关设备和系统后，将提高海上助航信息的集成；

（2）充分参与国际e-航海的发展，并在美国实施国际e-航海的发展成果。

美国e-航海的战略将由美国海上运输系统委员会（CMTS）统一协调，根据CMTS成员机构目前的职责，由相关成员机构实施。如果战略成功实施，其成果将是一个进一步集成化的海上助航信息系统。通过"使各组成部分统一协调工作"的原则，进一步提高航行安全、加强海上保安能力及环境保护水平，并提升海上运输系统的可靠性和运行效率。

7.2.2 欧盟

受IMO e-航海概念的影响，自2006年开始，欧盟着手研发e-航海相关试验及实践系统。在欧盟第六框架的资助及支持下，欧洲共有55个成员参与研发泛欧洲的MarNIS（海上航行信息服务）系统，该系统参照e-航海的概念，主要保障海上航行安全和保护海上环境，提高海上运输效率及海上运输经济效益。欧盟分别于2008年9月和10月在意大利和葡萄牙建设了两个MarNIS示范中心。该系统完全参照e-航海构架进行系统部分功能的整合。

根据欧盟海上交通战略2018规划要求（欧盟2009第8项执行令）和欧盟无障碍交通规划（欧盟2009年第11项执行令）要求，受欧盟第七框架计划的资助，从2009年1月开始欧盟多个国家成员共同参与研究e-Maritime系统，该项目后来被称为EfficienSea项目。该系统参照e-航海构想，并将其研究成果直接支持IMO e-航海战略的发展。其主要目的是将不同的海上相关利益团体共同纳入统一的海上电子导航和商业活动之中，以提高和支持海上运输交通效率，打造高效海上航行水道。该系统最明显的特点是将海上各种信息纳入一个综合的信息服务平台之中，按需进行数据交换和分配，并纳入了整个货物物流链的管理。该系统在2012年验收。

受欧盟北海开发项目资助，由丹麦、瑞典、英国、德国、荷兰等国家共同承担的ACCSEAS测试系统平台目前已经启动，是典型的"学—研—企—用"合作项目。该测试系统明确规定了其建设目的和宗旨是按照e-航海技术架构进行设计、开发和应用，以用户需求为指导，构建e-航海测试和北海区域海上业务功能平台。该项目执行周期是2012年初至2014年底，共3年时间。主要研究内容包括：

（1）调研和分析北海区域船舶交通需求，分析船舶密度和交通拥塞程度；

（2）设计实现基于IMO/IALA提出的e-航海技术架构；

（3）开发系列 e-航海原型系统和服务，有选择性地开发系列海上服务、船舶基本 PNT 服务和岸基通信服务；

（4）搭建 e-航海示范演示系统。

可以看出，欧盟 e-航海系统的发展历史，一直走在世界的前沿，这和其长期合理的规划，全面、系统的研发支持是分不开的。欧盟在开发建设 e-航海系统工程之前，将大量的资金和精力放在一个高层次的物理模型和业务模型的整体规划和研究之中，从更高的层次规划 e-航海系统建设，并以此为基础由欧盟逐步投入资金进行推广建设。

7.2.3　日本

日本是亚洲在 e-航海发展方面工作最为积极的一个国家。以日本海岸警卫队为代表，包括多所大学和海上电子设备制造商的航海界，不仅积极从事海上 e-航海技术研究，还积极从事相关实际应用服务以及船上相关设备与系统的研究工作。

在 IALA e-航海委员会第 3 次会议上，日本首先提出了一项制定"海上电子导航支持系统标准（ENSS）"的建议案，并在 IALA 大会上进行了详细地讲解。日本在 e-航海相关软课题研究的同时，还积极从事相关实际应用服务的研究工作。首先，日本早在 2007 年就开始积极从事利用 AIS 系统二进制电文播发海上安全信息的研究工作，以及利用 AIS 进行 DGPS 差分修正量的播发工作，并依靠国家投资，完成了包括东京湾在内的 AIS 基站改造，所有区域基站都支持相关安全信息的播发和 DGPS 差分修正量的播发业务，并在日本沿海进行逐步推广。

2007 年底，日本海岸警卫队还专门组织国内和国际专家召开 e-航海工作研讨会，会议在介绍上述日本已经取得的各种 e-航海研究成果的基础上，确定了未来日本所从事的各种 e-航海相关研究课题，包括 ENSS 的深入研究、AIS 航标及虚拟航标的深入研究和应用、AIS 二进制电文的进一步应用、e-航海用户需求的调研与分析、无线电导航和通信等领域的研究课题等内容，为日本官方制订了 e-航海发展规划和研究内容以及发展方向。

2008 年起，日本还组织专门研究课题从事 AIS 航标研究，包括虚拟航标的设置、虚拟航标在电子海图上的表示方式和规范，航标数据信息播发方式和电文格式等。全面定义了利用 AIS 虚拟航标的相关应用规范，不仅向 IALA 提交了一份关于这一议题的提案，还向 IMO MSC 委员会第 86 会议（2008 年）提交了一份相关提案。

除上述岸基相关系统的研究工作之外，日本还积极从事船上 e-航海相关设备与系统的研究工作，以日本古野公司和日本海上研究所为代表。日本古野公司在全面生产船上各种导航设备的同时，研制了一种三维电子海图，目前已经投入相关应用之中。日本海上研究所研制了一项"海面图像综合导航信息系统"，该系统将雷达图像、CCTV 图像和 ARPA 信息、AIS 信息、测向系统等集成在一个人机界面中，全面反映船舶前方航行的所有实时信息，可有效地提高船舶航行安全。

7.2.4　韩国

自 e-航海概念提出以来，韩国政府也在积极研究和参与 e-航海的发展，并从以下几个方面进行相关技术研究与开发：

（1）利用 AIS 基站（17 号电文）播发 DGPS 差分修正信号，扩展了沿海 RBN/DGPS

系统的应用范围和应用领域。从 2009 年 8 月开始，正式在 8 个区域基站中增加这一功能。目前韩国政府机构正在进一步建设 DGNSS 应用系统，以支持其他的 GNSS 系统的差分修正。同时，相关机构研制了集成 AIS 系统的船舶 ECDIS 系统，使该系统在海上辅助导航和保障船舶航行安全方面发挥了显著的作用。

（2）使用 AIS 二进制电文进行应用数据播发。从 2007 年开始，韩国政府建立了垃圾船舶监控系统，使用 AIS 二进制数据广播进行应用数据通信。2008 年这一系统也应用于挖泥船上。该系统通过电文 6 实时与垃圾船舶进行通信，监督船舶运行。

（3）自 2009 年初，韩国政府建设了海事安全与保安综合信息中心（General Information Center on Maritime Safety and Security，GICOMS）系统，并于 2009 年 8 月投入使用。该系统利用 AIS 和公网通信系统提供安全数据信息广播，播发内容包括航行警告、事故信息和主要新闻。

（4）积极研究开发船舶交通堵塞导航数据和事故船舶信息数据传输系统。该系统利用 AIS 链路采集离岸 50 英里的船舶航行数据信息，并提交给数据中心进行分析，做出预报。该系统在 2009 年五月完成系统分析和设计，并于 2009 年 8 月进行需求分析和架构设计，2009 年 9 月进行全面开发之中，计划于 2009 年底完成这一系统并投入使用。

（5）鉴于 GNSS 的脆弱性，韩国已于 2012 年开始大力发展增强劳兰系统，即 eLoran。该系统是对陆基劳兰 C 系统的增强，能够提供独立于 GNSS 的 PNT 服务，可作为 GNSS 的陆基备份。目前的研究方向是将 eLoran 与 GNSS 在 e-航海框架下进行整合，实现在 GNSS 故障时 eLoran 系统的无缝衔接。

关于 e-航海概念的发展，韩国政府还计划在未来重点实施如下内容：

（1）全面建设和完成 GICOMS 系统。该系统不仅仅应用于政府相关机构，还计划向公众和海上领域相关公司提供服务。

（2）针对 GICOMS 系统，韩国政府在 5 年内（2010 ~ 2014）投入 145 亿韩元对该系统进行全面改造和实施。提高 GICOMS 系统在海上安全航行方面的信息发布效率，增强 GICOMS 系统对海上安全航行领域的信息提供方式，通过建设全球化 GICOMS 系统服务网络提供全球性船舶航行服务，以达到预防海上事故发生、保护海上环境的目的。

（3）针对 eLoran 的发展，韩国已宣布将在 2013 年 6 ~ 12 月期间进行 eLoran 系统采购合同的国际招标。根据计划，韩国将在 2014 年确定新台站的选择并开始建设施工，在 2016 年达到 eLoran 系统的初始运行能力（IOC），并在经过两年试运行后，最终在 2018 年达到完全运行能力（FOC）。

7.2.5 加拿大

早在 2000 年上半年，加拿大海岸警卫（CCG）就开始寻求一种更好的方式进行航海信息的通信与整合，并在全国范围内设立了多个测试平台项目，来确认并解决一系列重要的相关问题，例如信息的收集、交换、传输及显示方式。这些项目在各方的通力配合下都取得了极大的成功。

2012 年 8 月，加拿大的所有相关政府组织正式批准了一项全国 e-航海实施构想。该文件描绘了加拿大对 e-航海实施的构想、指导原则和目标，以及加拿大一直遵循的、并将在未来继续遵循的实施战略。具体地说，这一构想就是引导利益相关方利用一个国家门户网站以及其他 AIS 基站等通信方式来共享和交流所需的数据信息服务。

基于这一构想，加拿大提出了 e-航海的运作概念（OPS）。目前，这一概念仍处于制定发展阶段，未来还会根据利益相关方的意见进一步完善。

加拿大的 e-航海运作概念，总的来说，就是岸基当局通过一个唯一的、加拿大国家 e-航海网站门户，称之为海事信息门户，使数据对用户可用。而 CCG 的作用，则是与其他负责数据的政府部门一起合作，对通用海事信息基础设施提供支持与维护。CCG 需要确保信息以正确的格式提供，并且尽可能地防止信息重复。因此整体概念就是让用户能够获取到必要的数据和信息。不过，根据国际规则，开发相应的技术和工具，推动数据的获取和整合则是行业的责任。一些数据的更新或新数据的通知同时也会通过 AIS 网络或其他电子手段来提供，例如甚高频数据交换（VDE）。

同时，加拿大也根据 e-航海概念，开发了一些实际项目，例如圣劳伦斯河 e-航海项目。下面简单介绍该项目情况。

圣劳伦斯（St. Lawrence）河上的 e-航海工程项目是加拿大最早开展的 e-航海研究工程项目。该项目由加拿大海岸警卫队投资建设。圣劳伦斯河全长 1600km，加拿大 40% 的货物运输通过该航道。为了提高船舶航行安全、优化船舶交通、提高水域通航效率，从 2005 年开始，其就开始针对圣劳伦斯河水域交通的特殊条件，研发 e-航海系统。

圣劳伦斯河 e-航海在内容上主要包括船舶航行计划的联网服务、船舶各种通导设备的综合应用以及相互之间信息传输的过程中信息结构标准的研究与开发。因此，该系统支持航行计划过程中综合考虑电子海图、潮汐/水位等级信息、非船舶相关信息、航道信息、船舶交通管理信息等，并借助 VTS 系统、AIS 系统、电子海图等进行信息交换和信息展示；最终应用于信息结构优化、风险分析、通信信道优化和操作模型信息等优化工作。

在提高船舶航行安全方面，该系统借助各种通信手段和船舶设备，实时播发和获取电子海图修正、航行通告信息、高精度船舶位置、水面等级信息以及其他的船舶位置信息等。为保证船舶能够 24h 不间断地通过该航道水域，包括冬天船舶航行，该系统利用现有的各种信息系统和潮汐实时发布和预测系统优化船舶交通和提高水域通航效率。该系统还集成了自动引航功能，对船舶操纵人员实时确认和显示各种浅滩、实时显示在航船舶通告、提供不同区域内实时的水面登记报告，并将潮汐和水面等级信息实时进行更新。

7.3　e-航海发展规划

7.3.1　IMO 关于 e-航海的规划

IMO 航行安全分委会（NAV）在第 55、56、57 和 58 次会议上都分别成立了专门工作组，包括与其他相关国际组织开展合作的 e-航海联络工作组，在会议期间推动 e-航海战略实施计划的制订。IMO 海上安全委员会（MSC）第 91 次会议也关注了 e-航海战略实施计划的进展情况，并再次成立了 e-航海联络工作组在会议间推动该项工作的进展。IMO 无线电通信与搜救分委会（COMSAR）第 17 次会议也对 e-航海通信联络工作组的工作表示了肯定，特别是编写 e-航海解决方案列表的终稿、确定风险控制选项以及包括成本效益分析在内的可行性评估过程。IMO 培训和值班分委会（STW）第 44 次会议对正在进行的 e-航海的风险和成本效益分析过程表示了关注，并认可人为因素分析过程（HEAP）从整体而言将有助于确保其适于广泛应用。

在 2013 年 9 月 2~6 日召开的 NAV 第 59 次会议上，分委会考虑了 e-航海联络工作组的报告。该报告基于初稿中的九项 e-航海潜在解决方案，选取了五项优先的 e-航海潜在解决方案，并提供了对五项优先解决方案和七项相应的风险控制选项（RCOs）的最终风险和成本效益分析结果，进一步明确了海事服务组合（MSPs）的概念，阐释了 e-航海的实施对于弹性集成 PNT 系统的需求，并提到了软件质量保证（SQA）的问题，即在整体的以人为中心的设计（HCD）框架中包含一个软件升级机制。此外，报告中还汇报了 e-航海实施计划（SIP）草案的制订进度。分委会对通信联络组的报告表示普遍的支持，并同意将该报告作为下一步工作的基础性文件。根据通信工作组的报告，分委会批准了以下五项优先的 e-航海潜在解决方案，即：

（1）S1：改善的、协调的、用户友好的船桥设计；

（2）S2：标准化、自动化的报告方法；

（3）S3：改善船桥设备及导航信息的可靠性、弹性及集成性；

（4）S4：通过通信设备所接收到的可用信息在图形显示器上的整合及显示；

（5）S5：改善 VTS 服务组合❶的通信。

在上述五项潜在 e-航海解决方案的优先度分级中采用了如下标准：

（1）船上各种设备之间数据的无缝传输；

（2）船—船、船—岸、岸—船及岸—岸之间电子信息和（或）数据的无缝传输。

NAV59 还关注了综合安全评估（FSA）的结果，包括最终的风险及成本效益分析和确定的风险控制选项（RCOs），签署了一系列指南性文件，包括：

（1）关于导航设备及系统以人为中心的设计（HCD）指南草案；

（2）关于导航设备的可用性评估的指南草案；

（3）关于 e-航海软件质量保证（SQA）的指南草案；

（4）关于测试台报告的协调化的指南草案。

NAV59 批准了 e-航海战略实施计划（SIP）的初步草案，但是这只是一个最初草案，要形成最终文件还有大量工作要做。分委会再次成立了 e-航海联络工作组，在该草案的基础上进一步完善，完成 SIP 的制定，并向人为因素、培训及值班（HTW）分委会以及航行、通信和安全分委会汇报工作。

虽然 e-航海战略实施计划目前只是一个初步的草案，但是分委会对于通信工作组报告中提到的相关事项，包括优先 e-航海解决方案、风险控制选项等，表示了认可，并同意将其作为下一步工作的基础性文件，为 e-航海未来的发展进一步指明了方向。

7.3.2　IMO 的 e-航海战略实施计划（SIP）框架草案

上节提到，IMO 的 NAV59 会议批准了 e-航海战略实施计划（SIP）的初步草案。下面就简单介绍一下该 SIP 的内容：

（1）该实施计划应明确相关方的责任，包括 IMO、其他国际组织、国家、用户及工业界，并确定实施行动和审查的时间表。

---

❶　不仅限于 VTS 台站。

（2）一个战略上稳定且实际的实施计划将会在整个海事界形成向 e-航海前进的热情和动力。实施计划应该明确相关责任以及提供的方法。战略的实施也需要考虑向关键的利益相关方和用户群体推广 e-航海概念。

（3）应采用一种结构化的方式来满足不断发展的用户需求，利用当前认可的方法，将随后的变化合并到战略及实施计划之中。

（4）战略实施计划应当包括各个交付项的优先度分级、明确未来的资金源、实施日程以及对用户需求的持续评估。任何新技术的采用都应该基于一种系统性评估，即这种技术如何能够成本有效地满足确定的及不断发展的用户需求，同时将现有技术考虑在内。在整个实施过程中，应该保持与相关的海事测试系统及其他项目的合作，从多方合作中获益。

（5）SIP 应该包含相关章节，详细介绍实现各项既定的 e-航海解决方案所需的工作以及各自相应的风险控制选项（RCOs）。这些工作还会涉及管理和技术需求的确定。对培训机制的所有重大改变的监控也是需要涵盖的课题。

（6）应当考虑更多的研究工具，用于对特定 e-航海解决方案的更进一步、更详细地分析。

（7）SIP 还需要包含过渡期规划，应考虑提供早期收益所需的阶段，并且在短期内最大化利用现有的系统和服务。该规划应该是分阶段的，这样第一阶段就可以采用降低的操作概念、通过利用对现有技术和系统的完全整合及标准化来实现。

（8）SIP 还需要包含对获得经验的回顾和学习。e 航海并不是一个静止的概念，逻辑实现阶段的发展会随着用户需求的变化和技术的进步继续向前推进，产生更有效、高效的系统。但是，这种发展应该围绕着一套稳定的核心系统，而其功能的配置则可以随时间发展而扩展，这一点至关重要。

e-航海关键促成要素见表 7-1。

e-航海关键促成要素示例

表 7-1

目　标	初　期　行　动
全球标准化数据交换	IHO S-100 标准已具备，其他数据提供商应采用该标准
协调的数据通信标准	国际组织和工业界；IALA 目前正与 ITU 合作，共同开发 VDE
海事服务组合（定义及管理）	定义：IMO；管理：待定
提供商及船上弹性 PNT 系统	船上：已具备相关条件，IMO 将开发集成接收机
连接所有相关的设备及功能	在工业界的支持下，IEC 正在开发一套包括防火墙在内的标准
软件质量保证	IMO 通信工作组已经开展工作
确保所有符合相关 IMO 船载导航和通信设备性能标准的 e-航海相关功能都被接受	如有需求，NSCR 分委会将接手该工作
连接所有相关的 VTS 设备及功能	成员国独立解决 IALA 协助标准的制定
沿岸国提供所需的基础设施	向 IALA 和 CIRM 寻求所需的基础设施（包括相关标准）方面的协助
确定以人为中心的设计原则	继续完善 INS 和 IBS 性能标准及相关指南

（9）IMO 在概念的所有权和管理方面的责任包括：

①对愿景及概念的发展和维护方面起领导作用。

②对服务进行定义，包括服务的用户范畴和地理范围以及操作的概念。

③明确 e-航海在设计、实施和运行方面的责任，认可船旗国、沿岸国、港口国及这些国家的各类管理当局的权利、义务及限制。

④用阶段式的方法定义向 e-航海的过渡，以实现早期收益以及对现有的和新的设备、系统和服务的再利用。

⑤牵头制定适用于 e-航海的国际要求，涵盖系统的所有方面，包括船载、岸上及通信。这些要求应该基于用户需求，并且鼓励技术中立及系统组件之间的互操作性。

⑥确保概念是基于现有的海事系统和资金项目，且与之相适应。

⑦推动从国际机构获取资金，如世界银行、区域发展银行以及国际发展基金等。

⑧对 e-航海相关的培训需求进行评估及定义，支持相关机构发展、提供必要的培训项目。

⑨领导并监督概念的实施。

⑩领导并协调支持 e-航海所必需的在外部通信方面的努力。

（10）总之，SIP 将会是一个分阶段的实施过程，包括针对实施过程涉及的共识进行说明的蓝图。

对 e-航海优先解决方案及风险控制选项（RCOs）的说明如下。

S1：改善的、协调的、用户友好的船桥设计【待定】；

S2：标准化、自动化报告的方法【待定】；

S3：改善船桥设备和导航信息的稳定性、弹性及集成性【待定】；

S4：通过通信设备接收到的可用信息在图形显示器上的整合及显示【待定】；

S9：改善 VTS 服务组合❶的通信【待定】。

为了落实提议的主要解决方案，确定了以下风险控制选项（RCOs）：

RCO1：对导航信息和设备进行整合，包括改善软件质量保证【待定】；

RCO2：船桥警报管理【待定】；

RCO3：导航设备的标准化模式【待定】；

RCO4：自动化、标准化的船—岸报告【待定】；

RCO5：改善船上 PNT 系统的稳定性和弹性【待定】；

RCO6：改善岸基服务【待定】；

RCO7：船桥和工作站布局的标准化【待定】。

7.3.3　IALA 关于 e-航海的未来工作计划

IALA 负责 e-航海相关事务的委员会是 e-航海委员会。该委员会在 2013 年 3 月份制定了一份 e-航海的发展蓝图，如图 7-6 所示，其中明确了 e-航海发展过程中的关键日期、关键工作、决策点及相互关系。

---

❶　不只限于 VTS 站。

制定这一蓝图最初的目的是用于指导 IALA e-航海战略的制定，不过也可以适用于或者扩展后用于其他目的。

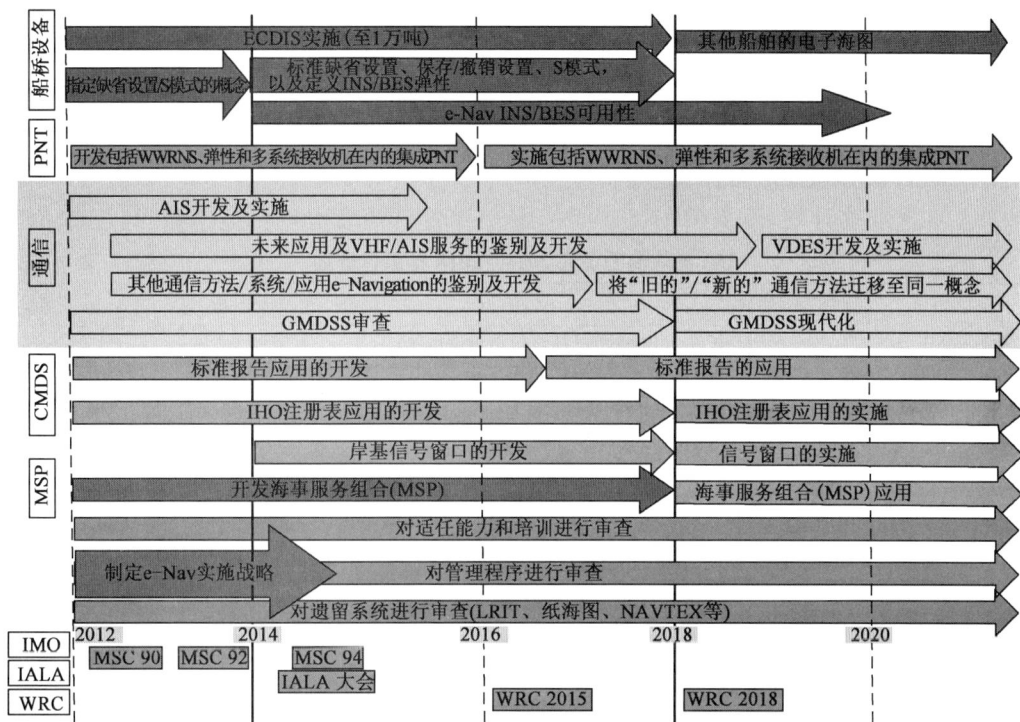

图 7-6　e-航海发展蓝图

根据上述蓝图，e-航海委员会制定了 2014～2018 工作计划，见表 7-2。该工作计划指出，e-航海是一个通过电子系统提高航行效能的整体概念，以用户需求为基础，并由用户需求导出具体用户要求。而且，e-航海概念同时具有以下目标：

（1）协调船载和岸基系统功能；

（2）对于不同的岸基利益相关方，协调其岸基系统运行和技术功能以及各种服务；

（3）对岸基系统和技术服务进行全方位质量改进；

（4）利用适当的管理和技术方法，演示达到的服务水平。

在 2014～2018 年期间，e-航海委员会的职责是：

（1）促成 IMO 和其他相关国际组织支持 IMO 提出的 e-航海概念的"核心目标"和"关键战略元素"，并获得 e-航海概念宣称的"利益"；

（2）与 IALA 其他委员会合作，研究岸基系统和技术服务情况，根据目前和最新的用户要求，分析用户需求；

（3）使用信息描述的方法，正确地为岸基用户描述系统运行显示界面；

（4）研究无线电导航和通信服务和系统，以提供集成的电子助航信息（包括 AIS、GNSS 等）；

（5）根据 IMO 的 e-航海概念研究 e-航海的框架结构，并对一些需要统一的概念进行研究，例如 IALA 通用海上数据模型（UMDM）、IALA 海上数据交换格式（MDEF）、通用岸基系统结构（CSSA）等；

（6）研究 IMO 的 e-航海概念对 IALA 工作计划的影响。

此外，e-航海委员会的工作应考虑如下几个方面的问题：

（1）IALA 的战略重点；

（2）统一各种定义和术语；

（3）风险评估/管理相关概念；

（4）IMO 的 e-航海战略；

（5）未来工作计划。

IALA 航海委员会 2014～2018 年工作计划　　　表 7-2

任　务	工 作 成 果
战略和运行（用户需求描述）	
1. 审核和协调提交给 IMO 的战略和运行方面的文件	向 IMO 的 NAV、COMSAR、STW 和 e-航海工作组提交文件
2. 审核和修正 IALA 关于 e-航海的战略	向 IALA 的 PAP 提交文件
3. 维护和更新用户需求（与 VTS 和 ANM 委员会合作）	向 NAV 和 IMO 提交文件
4. 研究极地区域导航的发展	提出极地区域 e-航海的建议
定位、导航和授时（传感器）	
5. 审核和更新世界无线电导航规划	向 IMO 的 NAV 分委会和 e-航海工作组提交文件
6. 制定 PNT 系统和雷达航标方面的建议和指南	修订雷达应答器和 DGNSS 系统的建议
7. 协调提交给 IMO、ITU 和 IEC 的关于 PNT 系统的文件	向 IMO 的 NAV 分委会和 e-航海工作组提交文件
8. 制定在极地区域建立和运行导航系统的指南	完成 IALA 关于极地区域 e-航海的建议
9. 跟踪研究卫星和陆基电子定位系统以及非无线电导航系统的发展	定期向委员会提交更新文件
10. 研究系统故障恢复方法	制定 IALA 相关指南
11. 跟踪研究雷达技术的发展及对雷达应答器的影响	修订雷达应答器战略
AIS	
12. 审核和更新 AIS 相关文件（M.1371；A-124、A-126）	修订相关文件
13. 协调提交给 IMO、ITU 和 IEC 的关于 AIS 方面的文件	完成有关联络函，向 IMO NAV 和 e-航海工作组提交输入文件
14. 跟踪研究有效使用 AIS 的方法，制定未来 VHF 数据交换（VDE）和数据标准	定期更新文件
15. 跟踪研究 IEC 关于 AIS 台站的技术定义、卫星侦测 AIS、陆基远程 AIS 技术	提交给 IEC 输入文件
16. 跟踪研究极地区域 AIS 应用的发展（例如 AIS 航标）	完成 IALA 关于极地区域 e-航海的建议
32. 提供法律应用方面 AIS 数据可靠性的指导	向 LAP 提交工作文件
通信	
17. 研究并更新 IALA 海上无线电通信规划	向 IMO COMSAR 和 e-航海工作组提交文件

任　　务	工　作　成　果
18. 研究关于通信方面的建议和指南	制定 IALA 相关建议指南
19. 协调向 ITU、IEC 和 IMO 提交的关于通信方面的文件	向 IMO COMSAR 和 e-航海工作组提交文件
20. 制定在极地区域建立和运行通信系统的指南	IALA 关于在极地区域 e-航海的建议
21. 跟踪研究 GMDSS 和 LRIT 的发展	定期更新相关文件
系统结构	
22. 制定并维护岸基 AIS 系统结构	定期向委员会提交更新文件
23. 制定关于 e-航海结构的建议和指南	IALA 相关建议和指南
24. 协调提交给 IMO、ISO 和 IEC 关于系统结构的文件	向 IMO NAV 分委会和 e-航海工作组提交文件
信息描述	
25. 制定关于海上信息系统的建议和指南（与 VTS 委员会合作）	IALA 相关建议和提交给 IMO 的文件；提交给 IHO 的联络函
26. 制定有过信息描述的建议和指南	IALA 相关建议和提交给 IMO 的文件；提交给 IHO 的联络函
27. 跟踪研究 ECDIS、VDR 和 ENC 的发展	向委员会定期提交更新文件
数据模型	
33. 根据 IHO S-100 和 S-99 标准，提出管理 IALA 域的相关建议	
34. 起草关于数据模型的建议和指南	
测试系统	
35. 对 e-航海测试系统的建立和要求提出建议	关于测试系统要求的指南
36. 协调利用门户网站提交测试系统结果事宜	
37. 为 IALA 成员提供在线论坛，讨论测试系统相关问题	
综合	
28. 跟踪研究相关系统的发展	定期更新文件
29. 与 IALA 其他委员会以及其他国际组织协调	向 PAP 提交联络函
30. 制定综合的 IALA 关于 e-航海的规划	PAP 文件
31. 研究 e-航海的管理方案，提出关于最佳方案的建议	向理事会提交政策文件

第8章　中国海区 e-航海测试系统研究

8.1　前言

e-航海发展到今天，已经从抽象的概念与用户需求，经过差距分析、框架结构研究、信息模型研究等过程，逐步变成具有实实在在的功能，包括多个潜在解决方案的海上综合信息服务系统的具体描述。为了促进 e-航海技术的发展，验证未来 e-航海各项研究成果的科学性、可行性、安全性等各项性能，制订科学合理的 e-航海实施计划，IMO 和 IALA 均积极鼓励世界各国开展 e-航海测试系统关键技术研究，并建设、运行 e-航海测试系统，以促进 e-航海的进一步发展。自 2010 年开始，世界各地陆续建成了多个 e-航海测试系统，例如 EfficenSea 测试系统、Monalisa 测试系统、ACCSEA 测试系统等（详见第 7 章介绍）。这些测试系统目前大多已经完成测试，为 e-航海的下一步实施奠定了基础。

在当前 e-航海战略发展的关键时期，研究建设 e-航海测试系统，并以此为基础发展 e-航海实施的各种关键技术，已成为各发达国家主导未来海上技术发展的共识。对我国而言，要实现海上自主知识产权的 e-航海关键技术和从"航海大国"向"航海强国"的转变，保障海上通信导航技术的信息主导权，保障我国海域船舶航行安全，保护海上环境，研究和建设 e-航海测试系统是当务之急，是奠定未来我国航海安全保障技术主导权的基础之一，其意义十分重大。

本章以目前国际 e-航海研究成果为基础，根据中国海区具体实际，探讨了中国海区建立 e-航海测试系统的必要性、可行性，提出了中国海区 e-航海系统的技术架构，根据 e-航海相关技术标准，研究分析了中国海区可以建设开发的海事服务集（MSP）以及基于 S-100 的相关海上通用数据模型的。本章对建设开发 e-航海测试系统具有较好的参考作用。

8.2　建立 e-航海测试系统的必要性

8.2.1　符合国家科技发展战略，是国家中长期科技攻关重点研究领域

《国家中长期科学和技术发展规划纲要（2006—2020 年)》（以下简称《纲要》）中，确定了重点领域"交通运输业"的发展思路中指出"（3）促进交通运输向节能、环保和更加安全的方向发展，交通运输安全保障、资源节约与环境保护等方面的关键技术取得重大突破并得到广泛应用。"优先主题是"交通运输安全与应急保障"。本项目提出的研究课题就是针对海上交通运输安全与应急保障急需突破的核心技术，因此本项目符合《纲要》的重点领域和优先主题确定的研究方向，是国家经济发展急需的研究课题。该项目的实现将解决一系列我国在发展 e-航海战略中的科学问题和技术体制等问题，全面提升我国海上船舶运输领域科技水平，打破中国在世界海上交通运输安全领域技术落后的被动局面，具有极大的社会和经济效益。

同时，国家科技重点专项"导航与位置服务专项"的总体目标是：面向导航与位置服务产业的重大需求，与北斗第二代卫星导航系统重大专项的协同攻关，研发 1E-16 星载原子钟等核心部件及系统，加强创新能力和技术支撑体系建设；构建国家定位导航授时（PNT）体系框架，突破泛在精确定位、全息导航地图、智能位置服务等三大系统核心技术，开展公众、行业、区域的三类应用示范，促进北斗推广应用和产业化发展，形成自主的导航与位置服务产业链；培育导航与位置服务战略性新兴产业。而"卫星导航技术"是 e-航海的基础支撑系统，"中国海区 e-航海示范工程建设研究"项目卫星导航定位系统确定基于北斗二代导航系统获取位置时间信息。因此该项目也是中国北斗导航系统应用市场拓展，可提升我国在国际上船舶导航技术领域的影响力和话语权，对于提升我国北斗导航系统的应用和国际化推广具有十分重要的意义。

8.2.2　是促进中国从航海大国向航海强国发展的必由之路

本课题可有效促进中国从航海大国向航海强国发展做出贡献。一直以来，海上应用系统和设备关键技术都是由欧美和日韩垄断，中国一直以来缺少话语权，只能被动的投票确定设备和系统的安装和利用，这与中国作为国际大国和航海大国的身份极不相称。中国要想在未来"e-航海战略"实施中发挥话语权，就必须融入其中，积极地研究和攻关其中的关键技术，在进一步的标准制定中考虑我国的利益和技术规范。e-航海将是下一代海山信息技术和运输安全保障的革命，将是世界上该领域中竞争目标，也是世界海上信息技术和运输安全保障领域中的一个新的技术挑战和市场机遇。因此，结合国际上 e-航海技术的发展趋势和 IMO 关于 e-航海战略的发展规划，及时进行 e-航海测试平台系统和关键技术的研究，并将研究成果及时向 IMO 提出中国的技术建议案，为中国能够在世界航海技术领域占有一席之地，发展成为世界海事强国做出贡献。所以，本项目提出的"中国海区 e-航海示范工程建设研究"，将是具有国际竞争力的，具有中国自主知识产权的技术和系统。

8.2.3　国家信息安全要求需要研究自主知识产权的 e-航海系统

长期以来，我国岸基船舶管理系统特别是 VTS、AIS 系统几乎全部由国外引进，其中包括核心设备和后台服务软件。随着近年来业务应用的深入，信息安全问题逐渐暴露出来，并引起了相关领导和专家学者的注意。

e-航海囊括了海上信息技术的各个应用领域，其不仅仅包括船舶关键设备，还包括业务服务平台。如果这些业务系统平台都掌握在国外供应厂商手中，无疑是将中国海上信息系统数据的安全大门拱手送给国外厂商，那么他们就可以轻而易举的通过后台服务系统获取中国港口、沿海和内河水域系统覆盖区的所有船舶交通数据，进而可以分析中国经济数据。

而且，还不止于此，在战争期间，国外厂商可以直接关闭上述系统，使我国水上交通陷入无序的混乱状态。这在国家战略层面也是一个十分危险的隐患。

基于此，研究中国具有自主知识产权 e-航海系统服务平台，并在对外数据交换上符合未来的国际标准将是最佳的选择。

8.2.4　有效保障中国水域船舶航行安全，保护水上环境

IMO 主导的 e-航海战略核心目标是通过提供航道、气象和导航信息及风险分析，促进

船舶航行安全和安保；利用岸上/沿海相应设施，促进船舶交通和管理；以方便船船之间、船岸之间、岸船之间、岸岸之间和其他用户之间的数据交换；以提高船舶运输效率，快速响应遇险和搜救应急服务；减少船损事故发生，保护海上环境。

因此，本项目的实施可以提高整个海域的船舶航行安全。同时，e-航海示范系统的实施可以减少因船舶碰撞和搁浅而产生的海洋环境污染。通过利用 e-航海系统还可以指定更有效的行驶路线和处理方法以减少碳，硫和氮的排放，从而减少海洋污染。

所以，"中国海区 e-航海示范工程建设研究"可有效保障实施水域的船舶航行安全，保护水上环境。

8.2.5 有效促进中国海事信息科学技术进步

e-航海是广泛的、长期的、概念性的，涉及许多关键技术领域，如通信领域、导航领域、计算机服务领域、云计算领域、物联网领域、海事业务领域等，这一系统的实施势必促进跨学科技术的融合，将会有效促进中国海事信息技术的进步与发展，对发展中国具有自主知识产权的海上信息化技术具有十分重要的意义和贡献。

8.3 建立 e-航海测试系统的可行性

近年来，交通运输部已经基本建设了覆盖我国监管水域的船舶航行安全保障系统。其中包括船舶交通管理 VTS 系统、船舶自动识别（AIS）岸基系统、完善的航标布置及部分航标遥测遥控系统、刚起步的水文气象实时监测系统、海图更新系统、NAVTEX 播发系统、海岸电台、LRIT 系统和 Inmarsat 卫星通信、GMDSS 遇险搜救系统和 RBN/DGPS 系统等，并在逐渐兴起以我国北斗卫星导航系统为支撑的高精度定位导航和远程信息交换系统。

上述系统在整个船舶航行安全保障中都起到了举足轻重的作用，按照其应用范畴和作用，其作用域如图 8-1 所示。

按照应用域分类，其中，属于业务应用系统的包括：

（1）VTS 船舶交通管理系统；

（2）AIS 船舶自动识别系统；

（3）船舶遇险搜救系统；

（4）LRIT 船舶远程跟踪系统。

属于船舶航路信息保障的系统包括：

（1）水文气象验潮系统；

（2）航标遥测遥控系统；

（3）电子海图生产系统。

属于通信链路保障的系统包括：

（1）NAVTEX 播发系统；

（2）Inmarsat 卫星通信系统；

（3）海岸电台通信系统；

（4）北斗导航通信系统。

属于船舶导航支撑系统有：

（1）北斗导航通信系统；

（2）RBN/DGPS 系统。

岸端	链路	船端
交通监管人员　VTS 系统	雷达	
岸端用户　AIS 系统	VHF	船端用户
岸端用户　遇险搜救系统	VHF/INMARSAT/GSM/……	船端用户
岸端用户　LRIT 系统	INMARSAT	
岸端用户　水文气象系统	VHF/GSM/BD1	
岸端用户　航标遥测遥控系统	VHF/GSM/BD1	
	VHF/GSM/卫星通信/……　电子海图更新系统	船端用户
	NAVTEX插发系统/500KHz	
	Inmarsat卫星通信系统	
	海岸电台通信系统	
	北斗导航通信系统	
	RBN/DGPS系统	

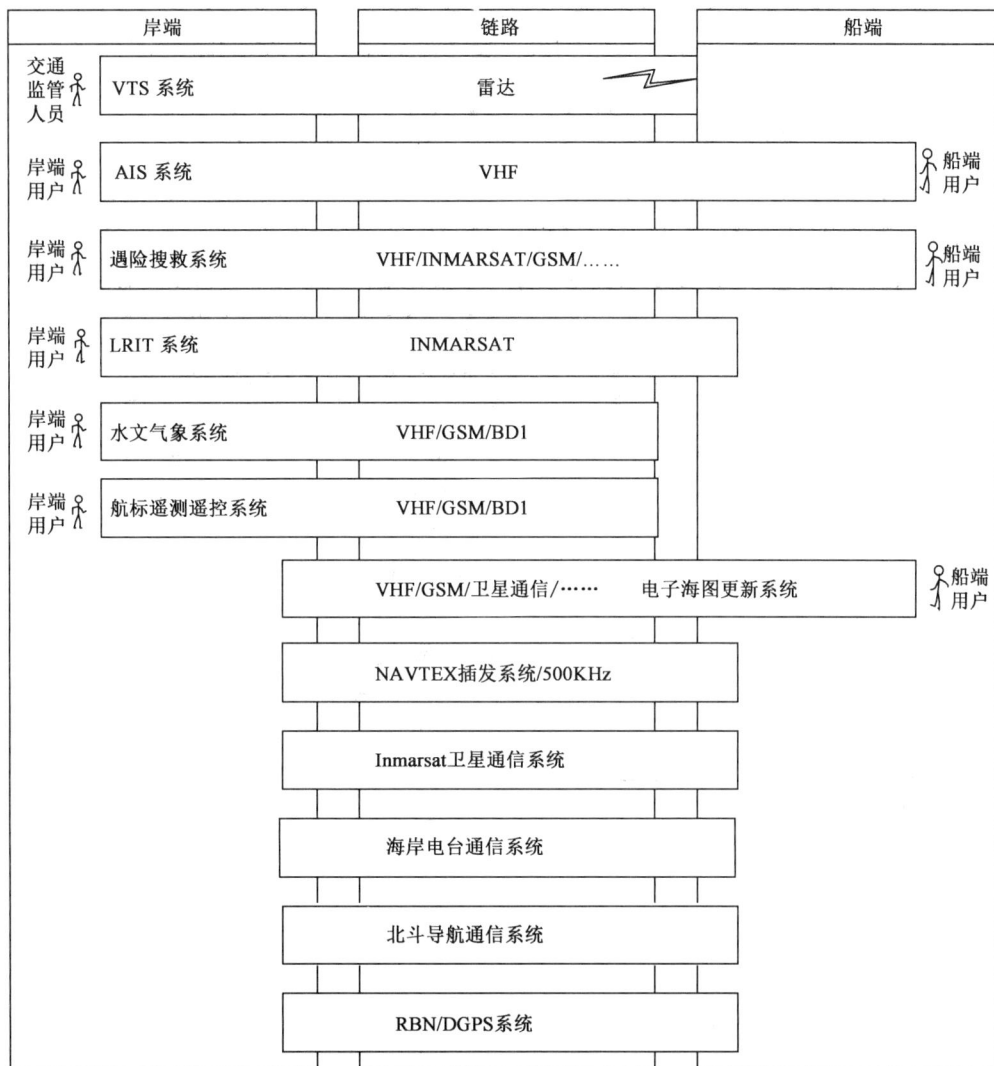

图 8-1　中国现有船舶航行安全保障相关系统作用域图

可以说，中国目前已经建成了世界上较为先进的综合船舶安全保障基础设施系统，这些系统的运行，为在中国海区建立 e-航海系统创造了良好的基础条件。下面对这些系统逐一作简单介绍（本书第 6 章从通信技术角度已经介绍过的部分系统，这里就不再重复介绍）。

8.3.1　VTS 船舶交通管理系统

VTS 是 Vessel traffic service 的缩写，主要执行沿海港口和内河水域的船舶交通管理和监督。该系统可以有效地提高水上交通管理效率、港口通过能力，保障港口安全，发现并及时纠正船舶违章，改善船舶通航环境和锚泊秩序，为船舶提供信息服务和助航服务，必要时可进行交通组织和水上搜索救助等联合行动。

根据我国 VTS 建设发展规划，我国分四个阶段发展 VTS 系统，分别是研究实验阶段、建设初级阶段（建设 5 个 VTS 站）、发展阶段（建设了 14 个 VTS 中心/站）、普及和巩固阶段（新建和完善 26 个 VTS 中心/站）。截至 2015 年年底，我国已建成并对外运行 41 个船舶交通管理系统（VTS 中心），雷达站 158 个，VTS 规模总量占世界近三分之一，VTS 系统监管水域达 7.362 万 km^2，已成为世界上建设 VTS 最多、监控水域面积最大的国家。目前，我国 VTS 系统基本实现了对全国过沿海主要港口、重要水道和长江干线南京以下水域的全方位覆盖。据统计数据显示，仅 2009、2010 年两年时间里，我国 VTS 中心共接受船舶报告 1109 万次、处理 4 万余起交通违法行为，向船舶提供信息服务 451.2 万次、助航服务 92.4 万次、成功避免 18542 次险情。

在未来 e-航海环境中，VTS 作为岸上船舶交通组织管理机构，在岸基交通组织服务方面将发挥重要作用。

8.3.2　中国岸基 AIS 系统

本书第 5 章已经从技术角度，详细介绍了 AIS 系统的工作原理、性能指标等方面的内容。下面简单介绍中国沿海 AIS 岸基系统建设情况。

AIS，即通用自动识别系统（Universal Automatic Identification System），是集现代通信、网络技术和信息技术于一体的新型助航系统或海上安全信息系统。随着中国水上运输船舶交通流量、港口吞吐量、集装箱吞吐量不断上升，对其他国家的辐射力和影响力也不断增强，对 AIS 的建设也趋于国际化。根据国际海事组织要求，截至 2008 年 7 月 31 日，中国所有符合 SOLAS 公约规定的船舶陆续配备了 AIS 船台。

为履行国际义务和保证在中国海域航行的中外船舶的航行安全，自 2004 年开始，交通运输部海事局按照"三级管理体制和二级网络构架"的基本模式开始建设中国 AIS 岸基网络系统。截至 2015 年底，在中国沿海已建成 1 个国家级 AIS 中心、1 个全国 AIS 数据备份中心、3 个海区级中心、19 个辖区级中心和 165 座岸台基站。此外，还在内河水域建立了 4 个水系 AIS 管理中心、17 个省级中心和 265 座内河岸台基站，信号覆盖了全国内河三级通航水道。

每个海区的 AIS 岸基网络系统都是海区中心—辖区中心—基站的管理模式，采用 AIS 岸基设备，通过 AIS 专网和已建成的航测信息网接收和传输数据。由于目前中国三个海区的 AIS 管理网络相互独立，主管当局不能掌握三个海区 AIS 岸基网络系统的运行状况，同时 AIS 数据分散在三个海区。交通运输部海事局于 2009 年决定筹建中国海事局 AIS 管理维护中心。AIS 管理维护中心在不改变现有北方、东海、南海海区 AIS 岸基网络系统结构的基础上，建立以监控、维护、管理以及数据存储备份分发等功能为一体的国家级 AIS 数据中心，实现中国 AIS 岸基网络系统国家—海区—辖区三级管理。目前正在积极实施中。

AIS 数据包含有大量对海事管理、助航服务、航海保障可用的信息资源，包括通过实时数据的监控、存储、过滤、归纳、分类统计、标绘航行轨迹等方法，可以得到海上搜救、海事调查、航路规划、海事功能区建设等可信的信息资源，并且此信息资源可应用于经济建设评估、港口经济发展预测为国家有关部门提供航运经济运行信息，为领导决策提供技术支持。通过 AIS 的数据挖掘及应用，AIS 数据已经是航运体系重要的组成部分。

AIS 数据应用主要体现在安全监督管理、安全信息服务、辅助分析决策、船舶统计分析等方面，主要表现在以下方面：

1）监督管理

（1）船舶交通管理；

（2）船舶自动监控；

（3）航标自动监控。

2）安全信息服务

（1）航行安全信息播发。

利用 AIS 可以向船舶提供下列信息服务：

①与其他船舶有碰撞危险时提示前方船舶信息；

②最新的潮汐资料或气象资料；

③所安装的 AIS 船台信息输入信息不全或有误；

④船舶接近/进入禁航、浅滩、重要设施保护区域提醒信息；

⑤在定线制区域逆行、越线发出警告。

同时，还可以播发航行通告信息，所播发的内容包括：

①助航标志异常；

②航道变化、交通堵塞或碍航物存在；

③重要水文气象资料；

④特种作业船舶施工或作业情况；

⑤操纵能力受到限制或特殊船舶进出港要求他船避让；

⑥其他有关航行安全的事项。

（2）虚拟航标。

3）辅助分析决策

4）船舶统计分析

（1）效能分析。

（2）航行态势分析。

在未来 e-航海环境中，AIS 系统除了发挥船舶自动识别和避碰功能外，由 AIS 系统发展而成的 VDES 系统将是 e-航海的主要通信系统，成为船岸之间数据交换的介质。因此，AIS 系统在未来 e-航海环境中将发挥重要作用。

8.3.3　航标系统及航标遥测遥控系统

航标（Aids to Navigation），即助航标志，是为帮助船舶安全、经济和便利航行而设置的视觉、音响和无线电助航设施。

自 1983 年接管沿海航标以来，为从整体上提高沿海航标的助航效能，交通运输部投入大量资金对航标基础设施进行改造和完善，新建和改造了一大批沿海航标，调整了重点港口和重要水道的航标布局，使航标的总体面貌有了很大的改观。

1）视觉航标建设

针对沿海航标灯光射程不足问题，交通运输部提出"让航标灯亮起来"的目标。为此，自 1984 年以来，在 300 多座灯塔和灯桩上推广安装了太阳能供电设备，在 58 座灯塔、灯桩和近 400 座灯浮标上安装了新型灯器。同时，为实现沿海水上航标与国际海上浮标制式的统一，根据国际航标协会推荐的海上浮标制度（A 区域），制定了《中国海区水上助航标志》（GB 4696—1984，并对 889 座灯浮标和水中固定标志进行了制式改革。1986 年起，我国调整航标布局，完善了"航标链"。

2）无线电航标建设

1985～1993 年，在原有基础上新建无线电指向标站 7 座，形成了 22 座无线电指向标站组成的覆盖中国沿海水域的无线电指向标网。

1984～1993 年，建成由 6 座导航台和 3 座监测站组成的罗兰 C 导航系统，系统覆盖日本海以南、小笠原群岛以西、南中国海曾母暗沙以北的海域。

自 1982 年以来，我国开始在中国沿海及长江沿岸建设船舶交通服务（VTS）系统。

1995～2000 年，利用原有的无线电指向标设施，建成无线电指向标—差分全球定位系统（RBN-DGPS），该系统由 20 座台站组成，于 2001 年正式投入使用。

自 2003 年起，交通运输部海事局全面启动船舶自动识别系统（AIS）建设，并组建沿海 AIS 骨干网，基本覆盖中国沿海及长江江苏段的主要港口和重要水域。

截至目前，直属海事系统管理的航标共计 9768 座。

3）航标遥测遥控设施

到 2011 年，我国沿海航标遥测遥控系统已经处于成熟推广和稳定应用阶段，截止到目前，我国遥测遥控自动化管理航标达到了 4790 座。

在现有的已建成的航标遥测遥控系统中，大部分航标遥测遥控是 AIS 航标，部分为 GSM/CDMA 制式测控航标。因此，航标遥测遥控体制不一，且有些航标遥测遥控系统不能对外开放，仅能在闭封的系统中运行，需要改造。

8.3.4 中国全球海上遇险与安全系统（GMDSS）与海上搜救系统

1）中国 GMDSS 系统

全球海上遇险与安全系统（GMDSS）是国际海事组织利用现代化的通信技术改善海上遇险与安全通信，为海上航行船舶提供自动紧急通信的全球通信搜救网络。该系统主要由卫星通信系统［包括 INMARSAT（海事卫星通信系统）和 COSPAS-SARSAT（全球卫星搜救系统）］、地面无线电通信系统（即海岸电台）和海上安全信息播发系统三大部分构成。

GMDSS 具有以下七大功能：

（1）遇险报警；

（2）搜救协调通信；

（3）救助现场通信；

（4）遇险船舶与救生艇定位；

（5）海上安全信息的播发；

（6）常规的公众业务通信；

（7）船舶驾驶台对驾驶台的通信。

我国从 1987 年开始在北京建造 INMARSAT 卫星通信地面站（岸站），从 1992 年开始我国的全球海上遇险与安全系统规划，并逐步建立符合国际规范的 GMDSS 相关子系统。目前，我国（大陆）海岸电台情况见表 8-1。

我国（大陆地区）各主要海岸电台列表　　　　　　　　表 8-1

台　名	呼号	数字选择性呼叫号码	海上移动通信业务识别码（MMSI）
大连海岸电台	XSZ		004121300
秦皇岛海岸电台	XSE		004121200
天津海岸电台	XSV	2012	004121100
黄骅港海岸电台			004121500
烟台海岸电台	XSU		004121400
青岛海岸电台	XST		004122200
连云港海岸电台	XSF		004122300
上海海岸电台	XSG	2010	004122100
宁波海岸电台	XSN		004122400
温州海岸电台	XSO		004122500
福州海岸电台	XSL		004122600
厦门海岸电台	XSM		004122700
汕头海岸电台	XSP		004123200
广州海岸电台	XSQ	2017	004123100
湛江海岸电台	XSJ		004123300
北海海岸电台	XSK		004123400
海口海岸电台	XSR		004123500
八所海岸电台	XSH		004123600
三亚海岸电台	XSI		004123700

2）中国海上搜救系统

中国海上搜救中心成立于 1989 年，负责全国海上搜救的统一组织协调工作，从那时起，中国海区遇险搜救指挥系统得到逐步完善。该系统以全球海上遇险与搜救系统（GMDSS）作为报警支持，以搜救专用船舶、直升机和事故海区过往船舶作为搜救主体，以卫星、VHF、cctv 作为搜救指挥沟通链路。

截至目前，共包括一个全国搜救中心和 13 个沿海省级地方搜救中心，如表 8-2 所示，已形成了覆盖我国大部分通航水域的搜救网络和应急指挥系统。

据不完全统计，自中国海上搜救中心成立以来，每年中国海上搜救中心和各省、自治区、直辖市海上搜救中心组织指挥的搜救行动达数百次，每年成功救助 7000 人以上，救助成功率均保持在 90% 以上。

中国海上搜救中心列表 表 8-2

序号	单　位	电话号码	序号	单　位	电话号码
1	中国海上搜救中心	010-65292218	8	浙江省海上搜救中心	0571-85454372
2	辽宁省海上搜救中心	0411-82635487	9	福建省海上搜救中心	0591-83838801
3	河北省海上搜救中心	0335-3696806	10	广东省海上搜救中心	020-83334384
4	天津市海上搜救中心	022-58876995	11	广西海上搜救中心	0771-5531110
5	山东省海上搜救中心	0532-82654437	12	海南省海上搜救中心	0898-68653899
6	江苏省水上搜救中心	025-83279620	13	长江干线水上搜救中心	027-82765555
7	上海海上搜救中心	021-53931419	14	黑龙江水上搜救中心	0451-88912331

自 20 世纪 90 年代 GMDSS 投入使用以来，海上通信技术快速发展，新系统和新设备不断涌现，从技术上看，GMDSS 已经不能适应现代航海业和信息时代的需求。同时，航运界也迫切要求改善现行的海上遇险报警和遇险通信系统，同时 e-航海的发展与实施对数据通信也提出了更高的要求。这些情况的出现，需要对 GMDSS 系统近完善和现代化改造。为此，IMO 于 2012 年批准了"GMDSS 复审与现代化"的项目。按照工作计划，到 2017 年复审结束时，将对 GMDSS 进行现代化改造。

GMDSS 现代化改造和 e-航海发展一样，都是 IMO 主导的未来重点发展项目。未来 GMDSS 和 e-航海系统将会互相交融，两者之间在技术上和架构上既存在重叠，又有各自发展的不同侧重，我们也可以把 GMDSS 作为 e-航海的遇险通信子系统看待。

8.3.5 中国 LRIT 系统

2006 年 5 月，国际海事组织海上安全委员会（MSC）第 81 次会议通过了经修订的 1974 年 SOLAS 国际公约修正案，增加了强制实施 LRIT 的相关内容。该修正案已于 2008 年 12 月 31 日起开始实施。LRIT（Long Range Identification and Tracking），即船舶远程识别和跟踪系统，由国际海事组织（IMO）提出并强制实施，是海上保安的重要措施。LRIT 系统能在全球范围内识别和跟踪船舶，相关信息可用于反恐、环保、搜救和航行安全等领域。为了加强全球范围内缔约国沿海、港口安全和船舶搜救，SOLAS 公约第 V 章要求从事国际航行的客轮、300 总吨及以上的货船和海上移动平台，都必须强制实施船舶的远程识别和跟踪系统。LRIT 船舶识别跟踪信息包括：船舶身份、船舶位置（经度和纬度）和所提供位置的日期和时间，LRIT 实施时间是 2009 年 6 月 30 日。

我国 LRIT 系统的主要建设目的是履行国际公约，并实现我国水上交通各级主管部门对船舶的远程监视和跟踪，通过对船舶进行远程识别与跟踪来加强海上保安，提高海上搜寻与救助能力，为调查海上非法排放、溢油事故等方面提供信息支持，为海事管理部门及其他政府和行业部门提供数据应用决策参考，对于航运企业，这些信息可以应用于航运生产和管理等。

从 2009 年 7 月 1 日起，中国 LRIT 系统投入运行。截止到目前，中国 LRIT 系统已经加入 2000 多艘船舶，系统运行正常，实现了项目既定的目标。为政府管理部门关于船舶遇险搜救、船舶监控、海上保安等紧急事件和日常管理提供了便捷可靠的工具，在船舶遇险搜寻和救助、海上保安、海上移动目标监控、事故分析、综合信息搜索、港口和沿岸管理、航路分析和海洋环境保护等方面都得到了很好的应用。

LRIT 和 AIS 都具有船舶识别和跟踪功能，但两者传送的信息内容、传输距离、传输方式、传输者和接受者、信息的保密性等都不一样。AIS 可以通过专用电文完成灵活的船岸之间的通信，通信容量更大，更具实时性，因此，在 e-航海环境中，AIS 更具应用前景。

8.3.6　我国民用航海图书资料生产及应用情况

1）国内电子海图应用技术发展

我国电子海图的广泛应用起步于 20 世纪 80 年代，船舶工业、电子工业、交通航运、渔业水产等行业的政府、院校和科研机构投入了大量人力物力，从不同方面开展跟踪、研究、实验和应用。

在技术开发方面，以大连海事大学、集美大学、武汉大学等科研院所为代表的研发机构紧跟国际标准和技术的发展，贴近国内行业用户的需求，研制了一系列以电子海图为核心的涉海信息系统，应用于海事管理、船舶调度、船舶引水、船舶监控等各个场合。在电子海图显示与信息系统（ECDIS）的开发方面，由于国际标准的复杂性和审核程序的严格，国内尚未有一款符合标准的 ECDIS。然而，随着国内电子海图技术的迅猛发展，特别是内河电子海图应用的迫切需求，各类功能媲美 ECDIS 的 ECS 系统如雨后春笋般层出不穷。据不完全统计，目前国内通过中国船级社认可的 EC 品牌已达到数十种。这些 ECS 由于价格低廉、功能灵活、贴近本土、服务便捷，受到国内行业用户的喜爱。

虽然，电子海图应用系统的种类繁多、功能各异，有些电子海图应用系统只包括软件，有些应用系统则是软件和硬件的集成。但是，所有的电子海图应用系统都以电子海图数据为基础，都离不开电子海图数据提供的基础信息支持。

在我国，交通运输部海事局依照国务院赋予的职责，负责民用港口的海上测绘工作，当然也就理所当然的负责相关水域的电子海图数据采集、制作和发行。早在 1996 年，交通运输部海事局就开始电子海图国际标准的跟踪和研究。2003 年，在上海成立中国电子海图数据中心，负责组织和实施符合国际标准的中国电子海图数据的编辑和制作。2008 年，实现电子海图首次公开发布。2009 年，电子海图生产系统全面升级到 HPD（海图数据库管理软件），电子海图生产工艺和技术水平达到国际先进水平。2011 年，为推动电子海图这一先进导航技术在我国的应用，交通运输部海事局打破国际电子海图按图幅数量和使用期限收费的惯例，通过与设备厂商、船舶用户三方协议的形式，免费提供官方的中国沿海电子海图、内河水域的电子航行示意图以及电子海图更新信息。

2）主要民用航海图书生产现状

通航水域航海图书资料（特别是电子资料）的全覆盖，是 e-航海得以实现的基本条件之一。截至目前，中国海事局遵循《中华人民共和国测绘法》、《公开地图内容表示若干规定》、《中华人民共和国地图编制出版管理条例》、《海道测量规范》（GB 12327—1998）、《中国航海图编绘规范》（GB 12320—1998）、《海图图式》（GB 12319—1998）等有关规范和标准，现已出版各种比例尺纸海图近 470 余幅，覆盖全国沿海所有航路和港口航道，成为航海支持保障系统的重要组成部分。

为了确保航行的安全，船舶用户必须掌握海岸、港口、航道变化并更新所配备的海图。为了用户使用纸海图的方便，中国海事局出版发行的《港口航道图目录》提供中国海事现已出版的海图编号、名称、比例尺、范围、出版日期等详细信息，以及遍布全国沿海港口的航海图书发行网点信息。目录一般每年改版一次，海图的新增、再版和作废等信息则在《改正通告》中发布。

每年，中国海事局编制出版中、英文《改正通告》52 期，提供对海图进行更新的辅助信息。

根据国际海道测量组织（International Hydrographic Organization，IHO）规定，只有由各国官方海道测量机构生产并发行的、符合相关国际标准的电子海图，才是官方电子海图。中国是国际海道测量局的创建国之一，国际海道测量组织指定中国海事局作为官方电子海图生产机构的代码为"CN"。目前，中国海事局严格按照国际海道测量组织颁布的《海道测量数据传输标准（S-57）》、《电子海图生产指南（S-65）》、《电子海图有效性检查推荐标准（S-58）》生产电子海图，并按照《数据保护方案（S-63）》进行加密发行。现已出版官方电子海图近 420 余幅，覆盖全国沿海所有航路和港口航道。一般情况下，官方电子海图每周更新一次。更新包括所有最新的改正通告改正内容和改版、新版电子海图。这些更新的数据文件非常小，用户可以从网上下载并在系统中自动改正。随着未来 e 航海通信链路的发展，电子海图的更新将会变得越来越便捷，船载系统数据实时性会得到极大提高。

此外，为了方便用户使用，交通运输部海事局还开通了"中国海事航海图书资料发行网站"（www.chart.gov.cn），实现了电子海图、潮汐表、改正通告等航海图书资料的在线发行，提供定制下载和自动更新服务，打造在线服务体系。中国海区电子海图的生产和发行，为 e-航海的实施创造了有利条件。

8.3.7 RBN-DGPS 系统

为适应国民经济、国际贸易和社会发展的需要，满足我国沿海高精度导航服务的用户需求，交通运输部海事局于 1995 年制定了中国沿海 RBN-DGPS 系统建设规划，采用无线电指向标—差分全球定位系统的成熟技术进行 GPS 卫星差分信号的播发。

RBN-DGPS 是一种高精度、全天候的海上导航定位系统，利用航海无线电指向标播发台向用户播发 DGPS 伪距差分信息，提高用户定位精度，同时它还通过其完善性监控台，对每颗卫星信号进行独立检核来监测 GPS 信号的完善性，属单站伪距差分。其原理如图 8-2所示。RBN-DGPS 系统框图如图 8-3 所示。

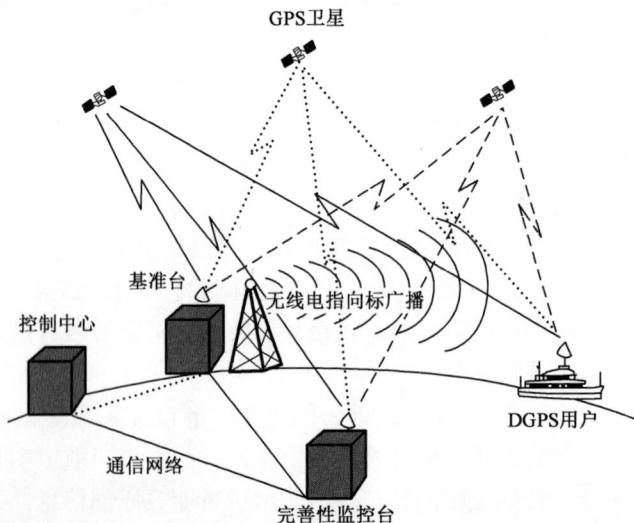

图 8-2　RBN-DGPS 原理

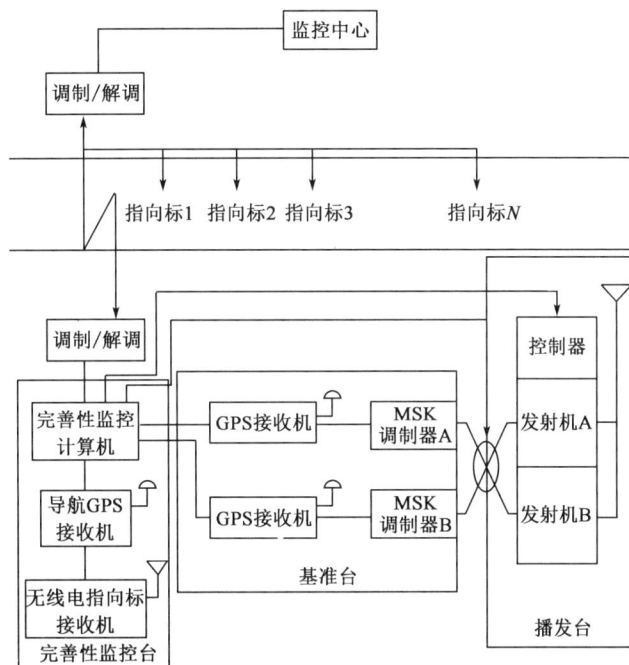

图 8-3　RBN-DGPS 系统框图

（1）基准台。

基准台由两台高性能的 GPS 接收机和两个调制器组成。接收天线安放在位置已精确测定的点上，通过跟踪视野内的所有卫星，计算出相对于每颗卫星的修正信息，按规定格式送至调制器。调制器采用最小移频键控（MSK）（Minimum Shift Keying）调制方式将接收机送来的修正信号调制到无线电指向标载频上（频率 283.5 ~ 325.0kHz）。

（2）播发台。

播发指向信号，依规定的强度和速率播发 DGPS 修正信息和指向标状况及基准台状况信息。

（3）完善性监控台。

完善性监控台由导航 GPS 接收机、指向标接收机和完善性监控计算机组成。其功能为：监测 GPS 系统的完善性和播发的差分修正值的正确性，监控基准台；计算并登录系统运行数据的统计结果。

（4）监控中心。

监控中心的功能是监测、控制各 RBN-DGPS 站的工作。

交通运输部海事局从 1995 ~ 2000 年分三期在我国沿海地区共建设 20 座 RBN-DGPS 台站，系统信号覆盖（或多重覆盖）整个沿海水域和部分陆域。一期台站包括大三山、秦皇岛、北塘、王家麦、大戢山和抱虎角，共 6 座，于 1996 年改造建成。二期台站包括燕尾港、石塘、镇海角、鹿屿、三灶、硇洲岛和三亚，共 7 座，于 1998 年建成。三期台站包括老铁山、成山角、蒿枝港、定海、天达山、防城和洋浦，共 7 座，于 2000 年建成。2002 年 1 月 1 日，中国沿海无线电指向标—差分全球定位系统（RBN-DGPS）正式全面开通，通过无线中频向公共用户无偿提供差分定位服务。为完善信号覆盖，2009 年又新建了营口和灵昆台站，2012 年开始筹建大亚湾台站，另外规划待建的还有西沙台站。目前开通服务的台站如图 8-4 所示，各台站技术参数见表 8-3。

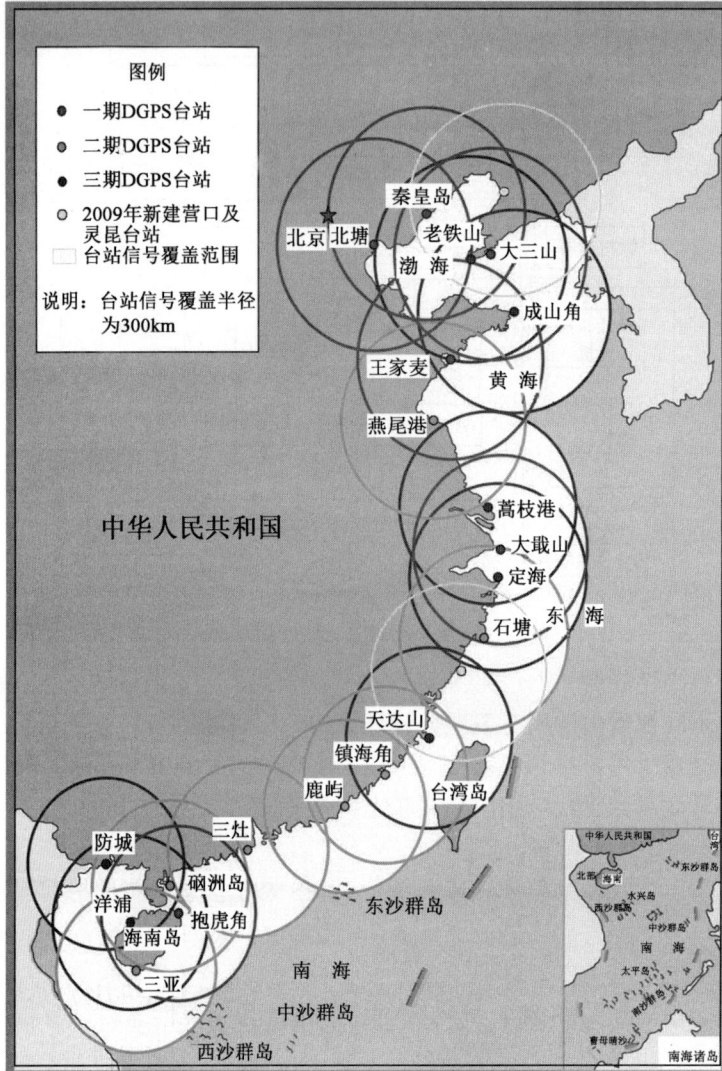

图 8-4　开通服务的台站覆盖

注：待建的大亚湾及西沙台站在图中未标注。

中国沿海 RBN-DGPS 台站及技术参数表　　　　表 8-3

辖区	序号	台名	台站位置	台站识别码	识别号			频率（kHz）RBN/DGPS
					R1	R2	TX	
北海海区	1	大三山	38°52′N/121°50′E	DS	602	603	601	301.5
	2	老铁山	38°44′N/121°08′E	TS	604	605	602	307.5
	3	秦皇岛	39°55′N/119°37′E	QH	606	607	603	287.5
	4	北　塘	39°06′N/119°43′E	BT	608	609	604	310.5

续上表

辖区	序号	台名	台站位置	台站识别码	识别号			频率（kHz）RBN/DGPS
					R1	R2	TX	
北海海区	新建	营口	40°17′N/122°06′E	YK	610	611	605	291.5
	5	成山头	37°24′N/122°41′E	CS	612	613	606	317
	6	王家麦	36°04′N/120°26′E	MD	614	615	607	313.5
东海海区	7	燕尾港	34°29′N/119°47′E	YW	620	621	610	291
	8	蒿枝港	32°01′N/121°43′E	HZ	622	623	611	304
	9	大戢山	30°49′N/122°10′E	DJ	624	625	612	307.5
	10	定海	30°01′N/122°04′E	DH	626	627	613	310
	11	石塘	28°16′N/121°37′E	ST	628	629	614	295
	12	天达山	25°28′N/119°42′E	TD	630	631	615	313
	13	镇海角	24°16′N/118°08′E	ZH	632	633	616	320
	新建	灵昆	27°58′N/120°54′E	LK	634	635	617	286.5
南海海区	14	鹿屿	23°20′N/116°45′E	LY	640	641	620	317
	15	三灶	22°00′N/113°24′E	SZ	642	643	621	291
	16	硇洲岛	20°54′N/110°36′E	NZ	644	645	622	301
	17	防城	21°35′N/108°19′E	FC	646	647	623	287
	在建	大亚湾						
海南	18	抱虎角	20°00′N/110°56′E	BH	652	653	626	310.5
	19	三亚	18°17′N/109°22′E	SY	654	655	627	295
	20	洋浦	19°43′N/109°12′E	YP	656	657	628	313
	待建	西沙						

系统主要技术指标如下：

（1）工作频率。

依据国际电联划分的海上无线电指向标频率（283.5～325.0kHz）范围，RBN-DGPS台站采用单频发射制，播发差分修正信息。台站工作频率见表 8-3。

（2）差分全球定位系统识别码。

依航标和灯塔管理机构的国际组织（IALA）分配给我国的基准台和播发台的识别码范围由北向南按区域进行分配，各台站的基准台和播发台的识别码见表 8-3。

（3）单站信号作用距离。

差分修正信号：海上接收场强在 75uv/m 时，作用距离 300km。

（4）差分信息调制方式和播发类别。

我国 RBN-DGPS 向用户播发的差分信息采用最小移频键控（MSK）调制方式；播发类别为调相单信道数据传送（G1D）。

（5）信号格式和信息类型。

信号格式采用 RTCM SC-104 信号格式标准，信息类型为 9-3、16。

类型 9-3 电文：分卫星组的差分修正，包含了主要的差分修正，且不需要完整的卫星组。

类型 16 专用电文：能提供台站的特殊信息。

（6）差分数据传输率。

差分数据传输率为 200 波特。

（7）坐标系统。

我国基准台坐标采用 WGS-84 坐标系。

（8）基准站坐标精度。

在 WGS-84 坐标系内的位置精度保持在 0.5m 以内。

自 RBN-DGPS 系统建成以来，无偿为海上公众用户提供高精度导航定位服务，广泛应用于航道测量疏浚、船舶进出港及狭窄水道导航定位、交通安全管理、航标定位、海上石油勘探等领域。

近十年来，虽然由于美国停止使用可选择性码 SA、其他卫星导航系统的崛起等因素，使 RBN-DGPS 的广泛使用受到影响，但通过对系统的升级改造、播发北斗差分信息等方式，RBN-DGPS 系统在将来的 e-航海环境中，作为 e-航海系统的支撑系统之一，仍将发挥一定的作用。

8.4 中国海区 e-航海测试系统的技术架构

8.4.1 用户需求

IMO 在提出发展 e-航海发展战略时就明确指出，e-航海的发展是基于用户需求，由用户需求推动，而非由技术发展推动的。因此，在建立 e-航海应用系统之前，开展用户调研，明确用户需求，根据用户需求，确定 e-航海解决方案，是首要任务。

按照 IMO 的 NAV 分委会 NAV56 次上确定的 e-航海用户需求需求包括：

1）船舶驾驶用户的需求

（1）维持和控制船舶航行；

（2）安全航行；

（3）管理各种船舶信息；

（4）处理各种意外事故；

（5）保证船舶航行安全。

2）引航员用户

（1）引航准备期间获取船舶航行请求和信息，起草引航计划；

（2）引航期间与船长一起保证船舶安全航行。

3）拖轮服务用户

与拖轮相关的各种服务，如船舶拖轮申请、航行计划、船舶信息、按照被拖船舶制订拖带作业计划等。

4）船舶交通管理用户

（1）确定船舶航行计划和实施航行意图；

（2）监测港口国沿海船舶航行；

（3）实时监测船舶交通态势；

（4）提供各种航路相关信息服务；

（5）组织船舶交通；

（6）提供航行辅助服务；

（7）应急遇险管理；

（8）跟踪和查看船舶航行轨迹；

（9）船舶船位定点报告；

（10）与其他岸上用户（海事法庭、边检、海关、搜救中心等）进行信息交换。

5）港口运营支持用户

（1）船舶靠离泊计划安排；

（2）船舶装卸货安排；

（3）船舶相关利益者（船主、船代、货主、货代、保险等）对船舶的实时船位监测服务；

（4）船舶相关利益者对货物信息的感知需求。

6）紧急事故处理用户

（1）处理搜救和安全问题；

（2）处理污染响应问题；

（3）危险品的紧急处理。

在本书后续中国海区 e-航海测试系统技术架构设计过程中，重点将针对上述用户需求确定设计原则、设计系统技术架构、提取系统功能、研究海事服务集模型（MSP）、确定信息交换接口。

8.4.2 中国海区 e-航海测试系统设计原则

针对上述用户需求，本设计确定如下设计原则：

1）需求引导的原则

e-航海战略发展的驱动力是用户需求，因此，中国 e-航海测试平台的研究和建设也遵循这一原则。目前，中国的各种船舶安全保障系统各自独立运行，部分之间实现了信息的交换，而大部分还不可以，其原因很多是政治因素或管理因素，而不是技术或需求的问题。所以，在中国 e-航海测试平台技术架构设计中，首先按照现有系统状况，根据用户需求测试平台的组成，而不考虑现有系统在政治或隶属关系上是否能够实现信息的交换和融合。

在按照需求引导过程中，逐步克服现有船舶安全保障系统的孤立状况，逐步实现各传感系统和业务系统之间的融合，最终完全满足用户需求。

2）按需服务的原则

在按照需求引导设计中国 e-航海技术架构的过程中，需要按照按需服务的方式为各类用户提供需求信息支持。在按需服务过程中，不再需要用户指定信息的来源，屏蔽信息的传感系统，而仅展示对满足用户需求的最有价值的信息。

按照"按需服务"的原则，用户在"单一窗口"界面中看到的是需要的信息，不再仅仅是信息的罗列，也不是简单的数据显示，而是根据用户业务需求而进行专业性信息展示。

3）由简到繁的原则

由于中国 e-航海系统测试平台包括了现有船舶安全保障系统的方方面面，用户也多种多样。从信息传感系统、通信支持系统、导航支撑系统、业务应用系统等到船舶用户、岸基管理用户、各种船舶利益相关用户，是一个十分复杂网状交差系统。同时，这些子系统中各有独自的信息保护政策和管理因素，不可能一簇而就包括所有子系统。

因此，在中国 e-航海测试平台建设中，从技术架构的总体设计入手，由简到繁，逐步深入。以交通运输部海事局信息化建设顶层设计为最终实现目标，以国际 IMO 的 e-航海战略技术架构为发展方向，结合中国船舶安全保障系统实际情况，将现有系统的纵向技术架构逐步转变为"按需服务"的横向技术架构。

按照从简到繁的原则，中国 e-航海测试系统的研究和建设，从 AIS 岸基系统入手，逐步实现 AIS 系统的业务承载，屏蔽信息传感层、数据处理增值服务层和业务需求应用层，逐步完善信息传感系统，逐步扩展业务需求系统，最终实现完善的中国 e-航海系统。

4）接口公开的原则

在中国 e-航海测试平台研究和建设中，遵循着接口公开原则，颠覆目前各类系统孤立并存的现状，最终实现 e-航海系统平台的信息大融合。

在系统研究、设计和建设中，将从信息传感层、数据增至服务层到业务需求应用层，各信息域数据业务处理、分类、整合、提取都独立出专门的服务产品，各核心服务产品，从结构设计、接口设计、接口数据模型等都按照统一的标准进行推进。有标准要求的按照标准要求进行，没有的进行重新设计并提请相关机构进行标准确认。

总之，从中国 e-航海设计阶段就注重接口设计、公开个模块接口，以提高系统拓展性和灵活性，防止系统"孤立"。

5）服务产品化原则

按照 IMO、IALA 正在进行的海事服务集（MSP）的设计原则来看，未来的 e-航海系统是一种模块化、统一的、能自由组合的服务产品集合。系统有最小性能要求，以此为基础，用户可根据需求扩展各类特定的业务服务和增值服务。

因此，按照上述思想，在中国 e-航海测试平台研究建设过程中，务必遵循"产品服务化"的原则，以便于系统的拓展和国际化。从各类服务产品中提取撰写 IALA、IMO 议案，实现中国 e-航海系统开发的自主性和主导性。

8.4.3　中国海区 e-航海测试系统技术架构设计

1）IMO 认可的 e-航海总体技术架构

本书第 2 章介绍了 IALA 在 e-航海技术架构方面的研究成果。本章以 IALA 研究成果为基础，结合中国海区具体实际，对中国海区 e-航海测试系统技术架构进行了初步设计。

受 IMO 委托，IALA 自 2006 年以来开展了 e-航海相关技术研究工作。IALA 确定的 e-航海系统技术架构基本模型如图 3-1 所示。

在 IALA 基本模型中，e-航海框架结构主要由三部分组成，即船端系统、岸端系统和信息交换接口。基于此基本模型，e-航海总计技术架构包括船端系统、通信链路、导航支撑系统和岸基技术服务等组成部分，如图 8-5 所示。

在图 8-5 的左侧，使用了简化、单一的"船端系统环境"。其由船端通信收发信站，船端传感器和各种船上应用组成。其用于协调船端电子环境，支持所有船端 e-航海用户需求，如避碰导航、GMDSS、ECDIS 等。

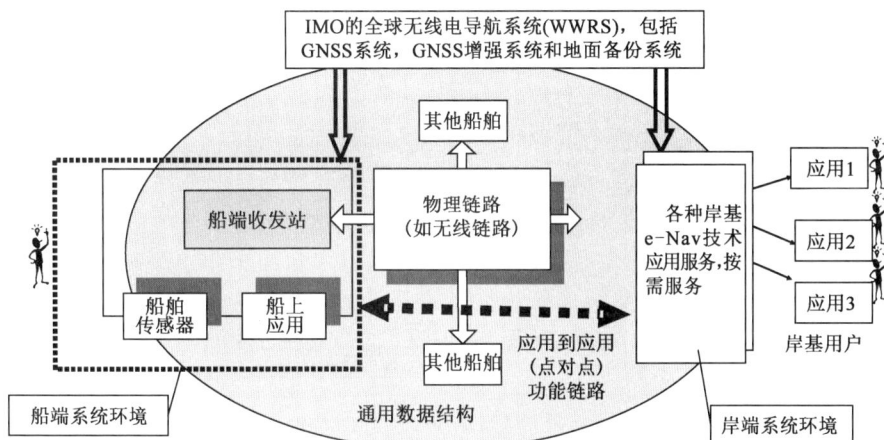

图 8-5　IALA 和 IMO 的 e-航海系统总体技术架构

　　船端收发信站物理链路的接口对应岸基 e-航海相应的系统接口，可提供船船之间、船岸之间数据交换和通信。通信链路包括一切船岸通信可用的手段，并选择 IALA 规定三种基本通信方式作为通信链路的基本手段，分别是 AIS 通信链路、ITU 规定其他海上专用 VHF 通信链路和 500KHz 的 Navtex 通信。在此基础上，进一步扩展其他通用通信手段如公网 3G 通信、Wifi/WiMax 通信和卫星通信手段等。

　　针对岸基 e-航海系统服务，无论从整体上还是在 e-航海系统内部之间，都通过物理链路为岸基用户提供各种应用接口。其将整个岸基 e-航海系统技术服务进行了封装，隐藏技术的复杂化和多样化，从而降低了系统实现的复杂性。

　　全球无线电导航技术作为 e-航海系统的一个支撑系统，在各种业务中起着确定性的作用，本总体技术架构中选择以北斗二代作为主要的导航授时同步系统，以 GPS 作为备份导航定位支撑系统。在条件允许情况下，还可以选择其他陆基无线电导航备份系统，如 RBN/DGPS、AIS/DGPS、AIS-R 等陆基定位系统。

　　在 e-航海系统技术架构中，存在大量的岸基操作人员（如 VTS 操作人员）与船上用户之间的交互操作，这些交互都是为了完成某个特定任务的执行。在这些交互过程中，可能需要涉及多个应用服务之间的相互合作。然而，在 e-航海系统技术架构中，这些业务的执行都是以功能性业务链路进行执行，它们既不是物理链路，也不是单个岸基 e-航海技术服务。e-航海系统技术架构将物理链路和岸基技术服务进行了封装，对执行用户而言，他们并不涉及其中的复杂性，而是以业务功能的完成为核心，而且这些业务功能链路的完成对操作用户而言都是双向的。

　　2）岸基 e-航海技术架构

　　按照 IALA 确定的 e-航海总体技术架构的要求，针对实际应用的 e-航海岸基技术架构中分为数据采集与传输服务层、增值业务处理服务层和用户交互应用服务层，如图 8-6 所示。

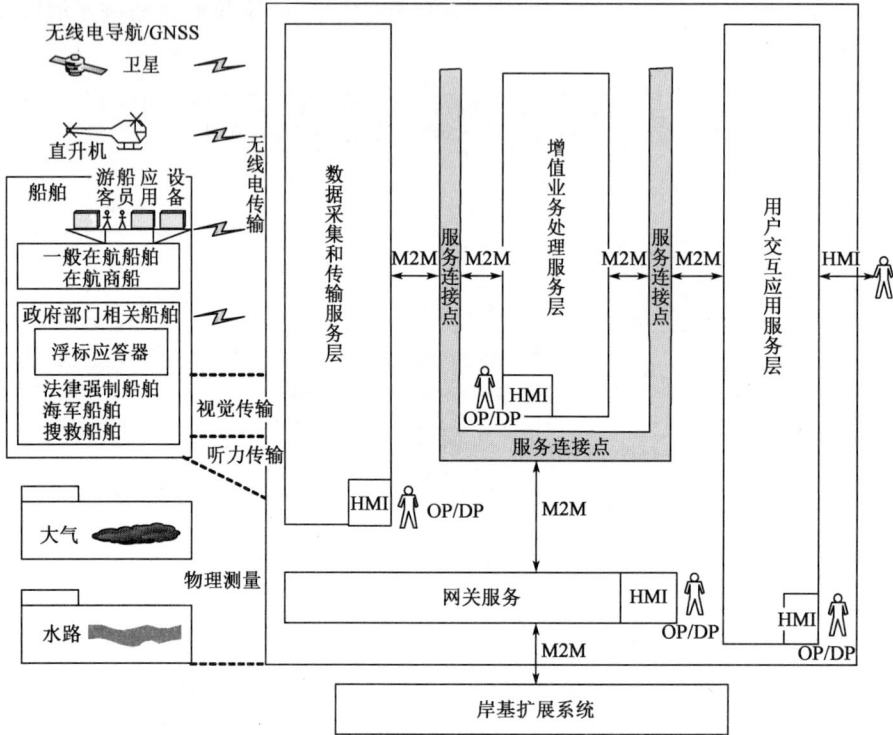

图 8-6　针对实际应用的 e-航海岸基系统技术架构

"数据采集和传输服务"是 e-航海岸基系统与交通目标、自然环境和航道之间的物理链路接口，AIS 服务、雷达服务、虚拟航标服务水文气象潮汐监测服务都属于这一组。有双向服务（如 AIS 服务），也有一些单向物理链路的数据传输。

"增值业务处理服务"是一种独立的 e-航海技术服务。它们的主要任务是对原始数据进行增值处理、融合、比较、存储数据和提取信息并提供给其他需要它们的 e-航海技术服务。

"用户交互应用服务"是另外一种独立的 e-航海技术服务，专门提供人机界面对岸基 e-航海系统的用户接口，如通过显示、键盘和其他人机交互服务直接支持 e-航海系统。

"网关服务"也是一种 e-航海技术服务，专用于岸对岸的数据交换。它是第三方扩展系统的主要接口，提供系统内部数据或其他相关的需求数据。"网关服务"也是不同岸基系统本地、区域或全球系统的接口。

基于该岸基系统架构设计，整个 e-航海系统内部的各种技术服务组件之间相互作用，有助于为用户提供所需要的整个系统的功能。

3）IALA 和 IMO 的船端 e-航海技术架构

IALA 和 IMO 的船端 e-航海技术架构设计中，同样按照三层设计架构思想模式分为数据层、处理层和操作应用层三大部分，如图 8-7 所示。

"数据层"主要是数据采集和传输的物理接口层，其包括 INS 综合导航系统的数据层和综合无线电通信系统的数据层。其中，INS 综合导航系统数据层包括各种船舶参数数据的实时获取、船舶静态数据和与存储数据的存储及其他实时动态数据的获取等各种技术服务组件。综合无线电通信系统的数据层包括各种频段的物理通信收发信机接收和发送的数据。

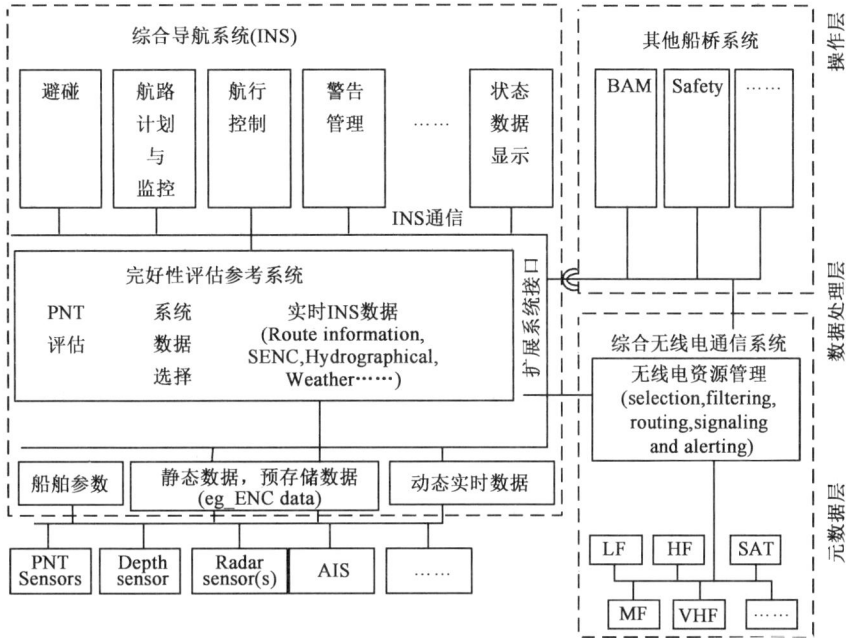

图 8-7　IALA 和 IMO 的船端 e-航海技术架构

"数据处理层"主要体现在 INS 综合导航系统的完好性评估参考系统中。该层包括的各种服务为 INS 系统提供 PNT 完好性评估服务、根据上层用户需求提供系统数据选择服务及实时的 INS 数据服务等。

"操作应用层"主要包括 INS 的人机交互应用需求服务和一些其他的船桥系统操作服务。其中，INS 综合导航系统操作应用服务主要包括船舶航行避碰服务、航路计划与监控服务、船舶航行控制服务、航行警告处理服务及船舶航行状态数据显示服务等各种应用操作服务。

8.4.4　中国海区 e-航海测试系统总体技术架构设计

按照上述 IALA 和 IMO 的 e-航海通用技术架构，系统共分为两大部分：船端系统和岸端系统。作为中国 e-航海测试平台，重点研究建设岸基 e-航海测试平台，并兼顾船端业务信息处理系统。本部分重点从岸基系统技术架构和船端系统分别进行设计。

1）中国海区 e-航海测试系统逻辑架构设计

由上述 IMO 和 IALA 的 e-航海系统总体技术架构可知，e-航海技术架构包括了所有船舶通信导航和安全航行保障信息系统。结合中国现有船舶航行安全保障相关系统（图 8-1）。中国 e-航海测试平台应能够包括中国现有船舶安全保障信息系统的方方面面，为船舶用户、岸基船舶安全相关用户服务，并依此为基础逐步进行创新性服务，加入相关船舶利益者用户服务。

在初步设计中，现有海上船舶航行安全保障信息系统多为纵向服务系统，基本包括信息采集、信息处理、信息展示与业务应用等各个逻辑层，但是缺少跨系统的信息交换，从而造成现有系统信息单一，应用单一，无法满足用户全方位的应用。因此，设计中国 e-航海测试平台，首先需要明确各现有系统的在整个 e-航海中的业务层次，如图 8-8 所示，并依此为基础对其进行针对性的分层设计，如图 8-9 所示。

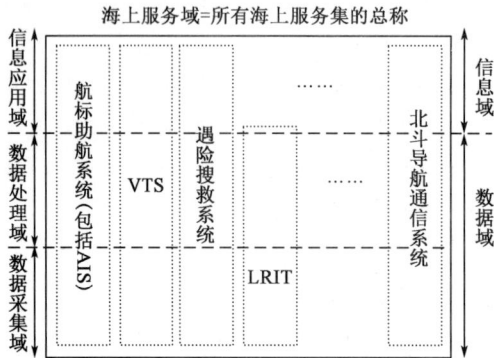

图 8-8　中国 e-航海系统技术架构业务逻辑层次

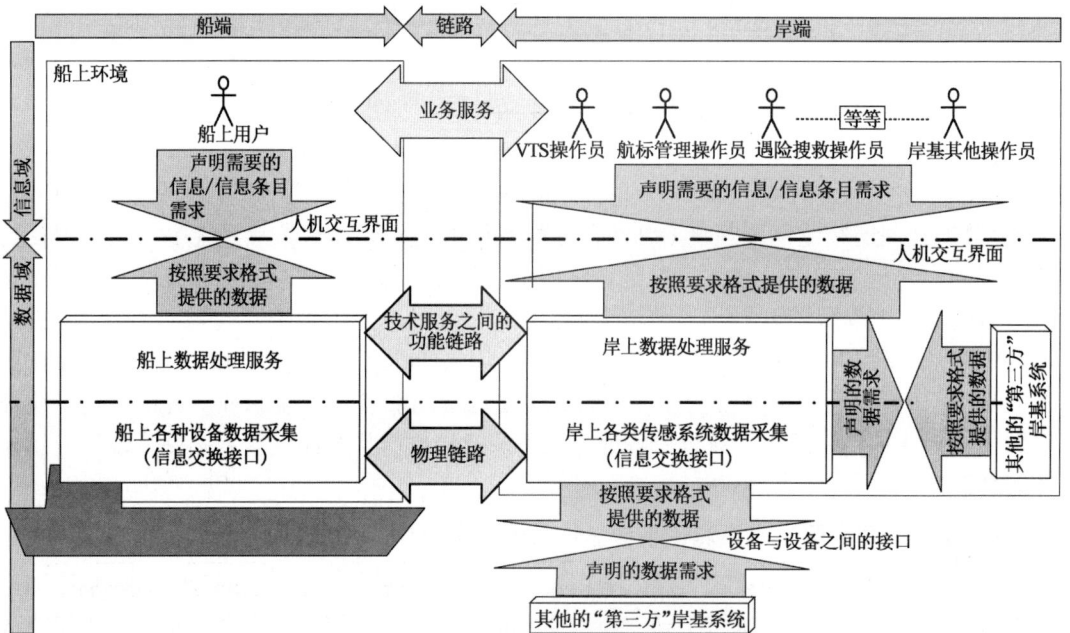

图 8-9　中国 e-航海测试平台现有系统分层设计

从图 8-8 可以看出，AIS 系统、航标助航系统、VTS 系统、LRIT 系统、应急遇险搜救系统及各种通信导航支撑系统等都几乎横跨所有的数据采集域、数据处理域和信息应用域，并相互相对独立，没有交叉，仅能满足用户的单一需求或部分需求。

因此，在中国 e-航海技术架构设计中，需要重点对现有各船舶航行安全保障系统进行逻辑域的划分，从独立系统中提取海事服务集，从而整体设计中国 e-航海测试平台系统。按照 8-10 所示的分层逻辑架构分别设计中国 e-航海测试系统的岸基系统技术架构和船基系统技术架构。

2）中国海区 e-航海测试系统岸端系统技术架构

（1）中国 e-航海测试平台系统分布设计

最终建设的中国 e-航海测试平台将要服务于全国各类用户，并与世界其他各国同类服务系统进行有条件互联互通。目前，中国各类安全航行保障系统分属于不同的业务部门、管理部门和应用区域。例如，全国主要港口都有 VTS 系统，而 VTS 系统属海事部门通航处进行运营和应用；AIS 系统属于各地航标处，而用户多为船舶管理用户、引航员、港口运营用户及第三方船舶相关利益体等；LRIT 系统归口交通信息中心运营，而用户主要是船舶管理用户和应急遇险搜救用户；气象水文和验潮网络系统主要由各地海测大队进行运营管理，而用户主要是船舶管理用户和船舶用户等。

因此，中国 e-航海测试平台系统应该包括不同系统和不同地域的多个业务部门和单位。该系统在物理分布上属于分布式系统，各区域根据需要从相关传感系统获取本区域内相关的各种信息数据。这儿的区域可能是一个港口，可能是一个地区，也可能是全国。每个地区还可能根据自己的角色有大有小。例如，大连港相关用户需要从 e-航海中获取大连港水域的船舶交通实时状况、大连港水文气象信息、大连港区域船舶航线、实时航行意图、航行警告播发等信息。而辽宁省区域有需要囊括大连、锦州、营口、葫芦岛等港口区域相关的信息，但业务逻辑又有所不同。北方海区以天津作为区域中心，需要进行天津、河北、辽宁、黑龙江、山东等北方区域的上述信息的协调、交换和处理，但在业务应用上仅为管理和监督用户，并不直接进行针对性业务的处理。

所以，就中国 e-航海测试平台系统分布上，不同区域中心其承担的职能又有所不同。如图 8-10 所示，中国 e-航海测试平台是一个分布式的网络系统。

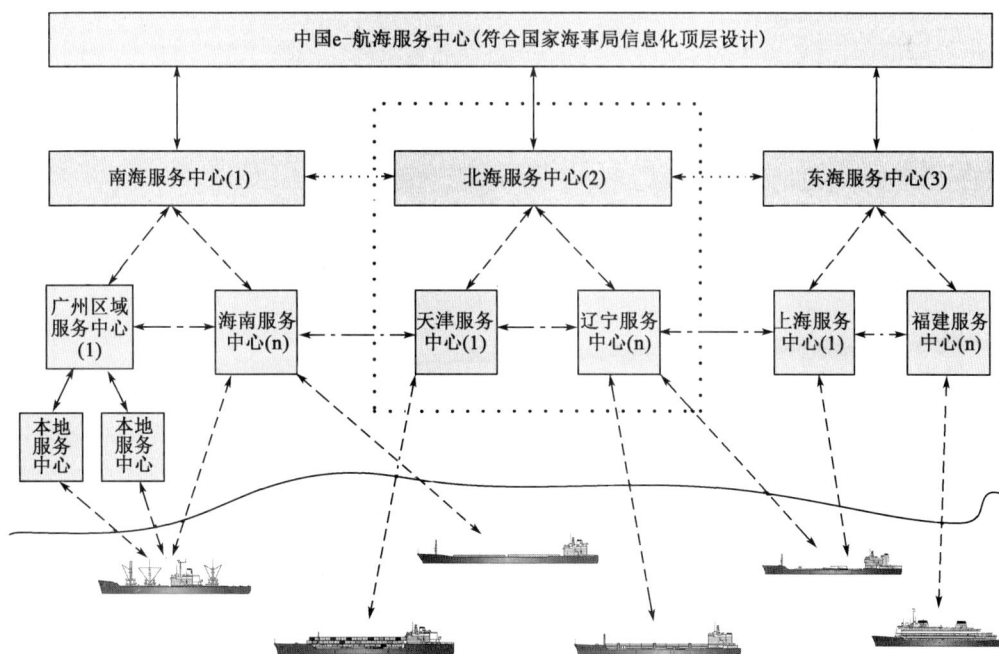

图 8-10　中国 e-航海测试平台系统分布设计

在上述系统分布架构中，分为 4 级到 5 级系统，其中，除第一级全国系统，其他每级系统需要跨区域获取信息数据时，可根据需要在上一级系统服务中心或同级系统服务中心之间进行通信链路的连接获取。针对本地服务中心，不同用户的需求信息可能来自多个不同的子系统和服务部门，可通过内部信息交换服务和标准化的信息交换接口进行数据共享与融合。

在上述分布式系统中，现有各传感系统硬件架构和数据库分布基本不需改变，但在本地服务中心，运营中心应在现有基础上增建中心数据服务和网络信息交换服务，其中包括本地服务数据库。

基于这种分布式的系统架构设计，建设的 e-航海测试平台系统保证了现有系统资源的重复利用，又解决了跨部门的信息共享服务，满足各类用户的服务需求。同时使建设的系统具有很强的灵活性，各地方服务中心和区域服务中心根据本区域业务需求进行灵活配置系统的复杂度，在满足最小需求服务的基础上根据需要扩展自身的增值服务系统建设。

（2）中国 e-航海岸基系统详细技术架构设计。

根据上述中国 e-航海测试平台分布设计架构，本部分将重点给出本地服务中心的系统架构，该中心将尽量囊括所有现存的船舶航行安全保障系统和通信导航系统。其中，如需要跨不同区域的中心之间执行的业务可通过标准网络服务接力实现。如 DGPS 系统可通过 AIS 岸站进行差分数据的广播，一个 RBN/DGPS 台站覆盖范围近 500km，可能几个本地港口服务中心共用一个 DGPS 台站，这就需要进行跨本地中心的数据分布交换，这一交换数据即可通过跨中心的网络服务进行接力传输。

基于上述目的和分布式设计说明，中国 e-航海测试平台本地服务岸基系统架构设计如图 8-11 所示。系统数据根据不同的来源通过数据采集域的各种服务进入 e-航海测试平台的数据处理域服务中，并由其进行数据的分析、评估和综合处理，然后由信息应用域的各种服务按照要求提供给需要的用户。在该系统中，除海事直接用户外，还可以通过网关服务为其他各类用户提供必要的信息数据需求服务，如海关、边检、船主/船代等船舶相关利益者。还可以通过网关服务接受外来信息的输入和跨区域中心的信息交换服务。

在图 8-11 所示的岸基系统技术架构中，通过中间数据处理域服务屏蔽了数据的来源，用户仅从信息应用域服务中获取所需要的信息，这些信息可能是直接来自某一个采集的数据，如水域瞬时潮高，也可能是几种数据的融合信息，如船舶船位、气象预报等。该系统完全体现了 e-航海战略的核心。

同时，不同的本地服务中心还可以根据需要在现有系统架构上随意裁剪，但必须保证必需的基本服务。即信息采集与服务根据需要进行安装数据采集服务，数据处理域必须具有对应数据处理服务和数据库服务，业务应用与用户根据需要安装信息应用服务。当本地服务满足不了业务用户需求时，通过网关服务向其他部门或上级信息中心请求相关数据支持；所有上级请求都无法满足用户时需求，提供默认处理，并提示用户，同时计入系统日志，以便进一步完善系统。

综上，中国 e-航海测试平台岸基系统十分灵活具有很强的扩展性和可维护性。

3）中国海区 e-航海测试系统船端系统技术架构

作为 e-航海示范平台，船端系统技术架构同样十分必要。目前，IMO 和 IALA 已经确

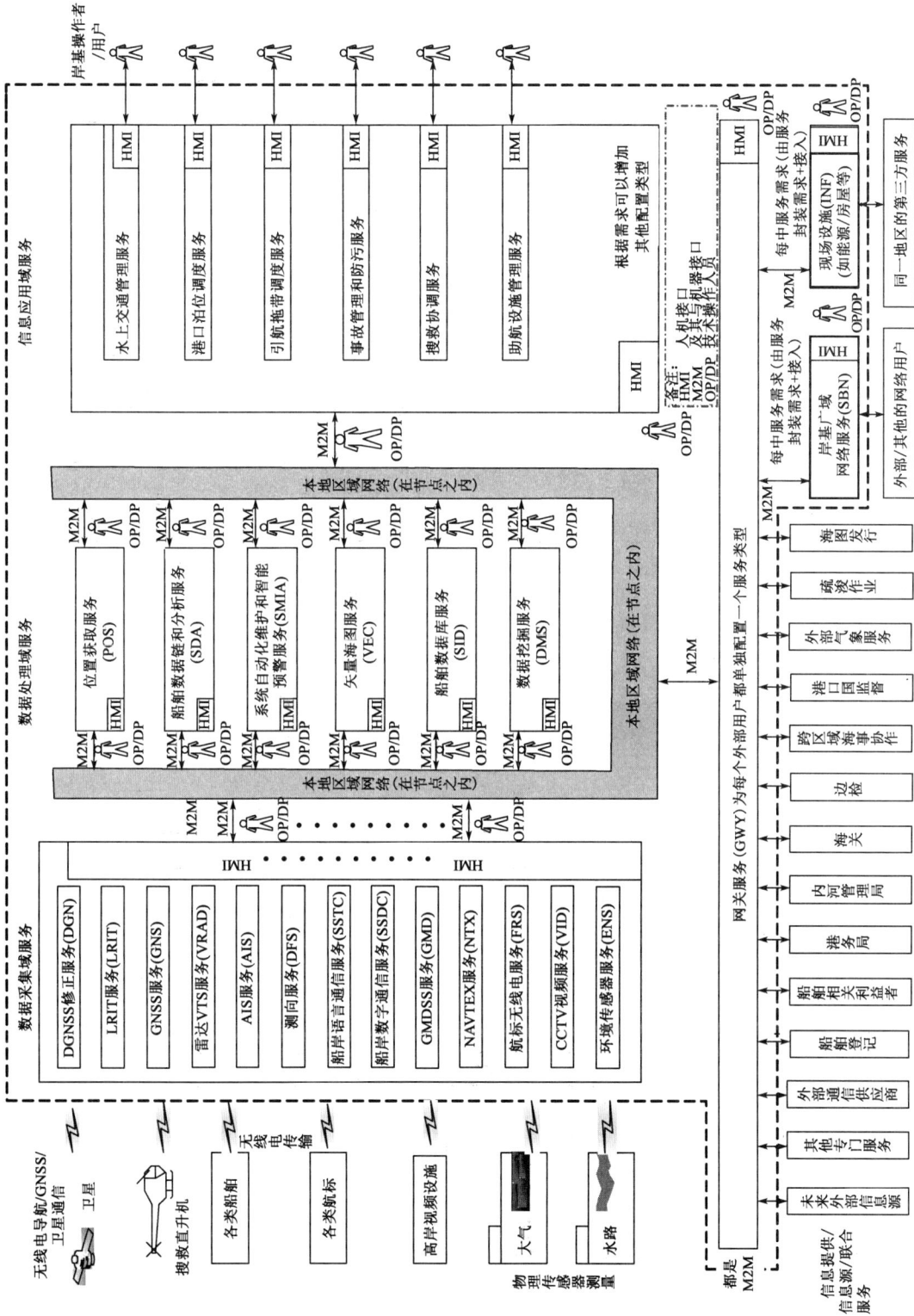

图 8-11 中国 e-航海测试平台本地服务岸基系统技术架构

认以船舶综合导航系统（INS）作为船端系统的基本架构，并将逐步制定相关技术标准和性能标准。因此，在中国 e-航海测试平台需要研究基于 INS 和 ECDIS 系统的船端应用系统，以保障岸上信息能够正常在船端展示，辅助船舶安全航行。同时作为中国 e-航海船端系统研究平台，研究其中的关键技术和相关技术标准，以作为未来提请国际提案、制定国际标准的依据。

综上，根据 IMO 和 IALA 确定的 e-航海船端技术架构，中国 e-航海测试平台船端技术架构如图 8-12 所示。

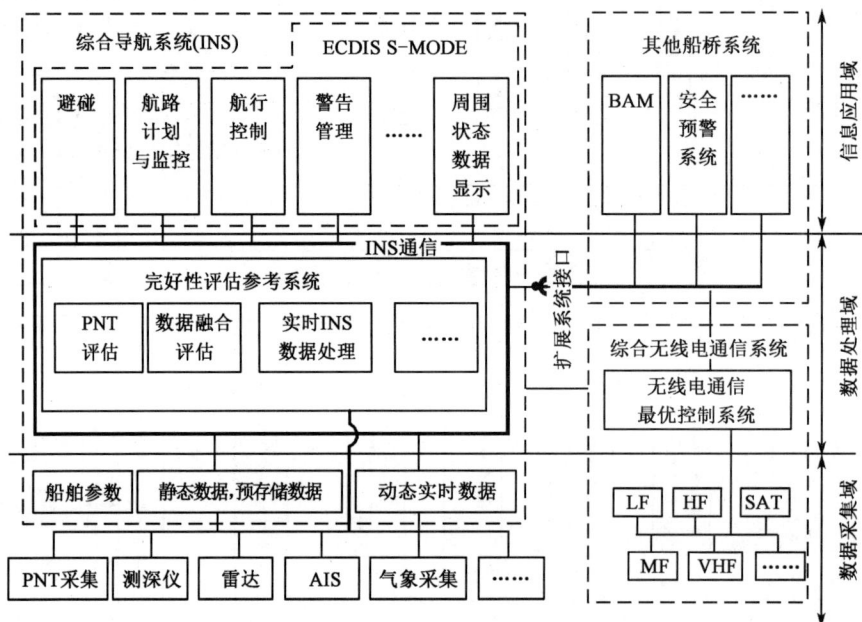

图 8-12　中国 e-航海测试系统船端结构

图 8-12 中同样按照 IMO 和 IALA 确定的 e-航海船端技术架构进行设计，该测试系统以综合导航系统为基础，以 ECDIS 的单一用户界面作为用户人机接口。系统底层实时连接本船各种采集数据，包括 PNT 信息、测深仪、雷达、AIS、气象信息、计程仪、罗经等信息。这些信息进入 INS 数据处理层，由处理层进行数据的评估分析，形成有用信息通过 ECDIS 窗口进行展示，以辅助航行，保障航行安全。同时，其他船桥系统如船桥值班报警系统、安全预警系统也与 INS 的处理层进行互连，以进行联动处理。

船岸通信利用综合无线电通信设备进行，该设备是本课题提出的一项具有产品标准意义的通信路由，该设备集成多种可用的通信，并自动根据设定优先级和默认优先级选择最佳通信信道。同时，该设备具有智能通信性价比评估功能，可作为未来中国提出的具有自主知识产权的船舶通信管理设备，在研发成熟时可建议为国家标准。

8.5　中国海区 e-航海测试系统 MSP 模型和接口设计

在技术架构设计基础上的海上服务组合（MSP）是 e-航海战略落地的主要体现。目前，IMO 和 IALA 的主要工作之一是研究和提取 MSP，并对其逐渐进行提取、定义、功能、接口等进行标准化研究，以进行产品性推广应用。

本书在第 2 章已介绍了 MSP 的相关概念及其对 e-航海发展的重要性，本章将根据中国海区助航系统实际现状，对中国海区 e-航海测试系统的 MSP 进行初步设计，从功能描述和数据 I/O 接口描述两个方面对 MSP 进行系统说明，以便于后期的实施应用。

8.5.1　RBN/DGNSS 伪距差分修正服务集（DGN）

1）服务描述

RBN/DGNSS 伪距差分修正服务集是将 DGNSS 基站产生的 GNSS 伪距差分修正数据采集出来，并通过中频无线电信标机将 GNSS 差分修正数据广播出去，以供周围海域航行船舶的 GNSS 接收机应用，提高定位精度。

目前，基于该服务，还可以将提取的实时 DGNSS 差分修正数据通过 AIS 链路广播出去，以供没有安装中频接收机但安装了普通的 AIS 设备的船舶应用。其定位精度同样能够达到由 RBN 中频接收机作为通信链路的定位精度。

但是，利用 AIS 进行 DGNSS 差分修正信号的播发还需要确定不同的 AIS 基站需要转发的 RBN/DGNSS 台站的边界，以及相邻边界上 AIS 基站转发策略。同时，针对边界上船舶同时收到两个 AIS 基站转发的 DGNSS 数据时，如何利用的策略需要进行针对性研究，并提出国际建议标准议案。

2）数据输入/输出接口

（1）数据输入来自沿海 RBN/DGNSS 台站的伪距差分修正数据。

（2）输出 AIS 基站广播，并最终由各类 AIS 移动站接收应用。

8.5.2　LRIT 服务集（LRIT）

1）服务描述

LRIT 服务，主要采集从 Inmarsat 地面站传来的远距离跟踪船舶信息，该服务比较简单。LRIT 主要接收船舶的身份信息、船舶位置（经度和纬度）信息和提供位置的日期和时间（UTC 时间）信息三方面内容，用户需求也比较简单，主要是对位置的监控。

2）数据输入/输出接口

（1）输入接口：连接通信中心地面站的 Inmarsat 地面站 LRIT 数据库，实时获取 LRIT 信息。

（2）输出是水上交通管理服务、搜救协调服务、防污与事故管理服务、位置融合服务和第三方船舶利益相关服务用户。

8.5.3　GNSS 服务（GNS）

1）服务描述

GNSS 服务主要提供 PNT 输出，该服务不是特定服务，是整个系统支撑服务，不存在固定的服务模块。

该服务主要为各种终端设备提供 PNT，同时为内网系统提供时间同步服务。

2）数据输入/输出接口

（1）输入为各种 GNSS 定位信号。

（2）输出为 PNT 数据参数。

8.5.4 雷达 VTS 服务（VRAD）

1）服务描述

雷达 VTS 服务是现有 VTS 系统的一部分，属于数据域采集层。雷达 VTS 服务主要采集船舶位置，船舶区块图像（ARPA）数据，并将这些信息上传上来。

同时雷达 VTS 服务还要实时监测雷达设备链路工作状态和可用性，以供 e-航海维护系统的预警服务应用。

2）数据输入/输出接口

（1）输入：雷达扫描图像数据。

（2）输出：船舶位置和船舶区块图像（ARPA）及雷达工作状态和通信链路数据。

8.5.5 AIS 服务（AIS）

1）服务描述

AIS 服务是一项双向数据传输服务，首先其采集来自分布式 AIS 基站采集的区域船舶、航标等终端设备信息，并将其输出至数据处理层。本部分的采集信号包括两大类，一类是 ITU-R M. 1371-4 规定 27 条 AIS 电文（已打包成 IEC61162-2 和 IEC62320 相关标准语句）；另一类是基站本身对特定功能和状态信息的检测数据自定义电文。该服务将上述电文信息按照 S-100 规定的产品规范描述模型输出至系统数据域处理层，以供其他应用服务和增值服务使用。

另外，作为双向服务，AIS 服务还接收来自信息域应用层和数据域处理层发来的 AIS 系统信道管理电文、安全广播电文、二进制应用电文、DGNSS 差分广播电文等，并将这些信息通过 AIS 吸到发送出去。

同时，e-航海还要对 AIS 系统通信链路、可用性进行监测，该服务同样需要提供这部分应用数据信息。

2）数据输入/输出接口

（1）基站向服务的输入：ITU-R M. 1371 电文、AIS 基站状态电文。

（2）服务向基站的输出：ITU-R M. 1371 基站信道管理电文、DGNSS 电文、各种广播安全相关电文、二进制电文等。

（3）服务向 e-航海系统输入：基站向服务输入的电文解析结构体数据和服务监测 AIS 基站系统运行状态信息数据。

（4）e-航海系统向 AIS 服务的输入：各种服务向基站输出的电文原始数据结构提数据和 AIS 系统管理相关指令。

8.5.6 测向服务（DFS）

1）服务描述

无线电测向系统是利用无线电信号测量船舶位置的服务，该服务通常利用多个测向站设备共同测量一艘船舶的无线电信号，通过交差测量可获得船舶的位置信息。

目前，海事应用的测向系统主要是基于 VHF 频段的测向服务。

2）数据输入/输出接口

（1）输入：多个测向站测向信号。

（2）输出：被测站位置（经纬度）。

8.5.7　船岸语音通信服务（SSTC）

1）服务描述

船岸语音通信服务是当前也是未来 e-航海战略中的主要通信方式之一，具有直观、快捷、及时的特点。

e-航海测试平台中的船岸语音通信服务是一项综合性语音通信优化调度服务。该服务接收来自船岸的语音通信请求，并通过自身服务的比较分析选择最优通信方式与对方进行最有性价比的语音通信。该服务综合多种语音通信方式，如：VHF 呼叫、中频海岸电台、GSM/CDMA 公网通信、卫星通信等。该服务根据设定的优化模型自动选择最佳性价比的语音通信方式，也可支持用户的制定选择语音通信方式，但用户的语音通信话筒只有一个。

2）输入/输出数据接口

（1）输入：语音信号和语音通信指令。

（2）输出：建立通信链路。

8.5.8　船岸数字通信服务（SSDC）

1）服务描述

船岸数字通信服务是 e-航海战略中的最为主要通信方式，该服务囊括了 e-航海规定的基本通信服务和商业通信服务，包括 AIS 通信链路、500kHz NAVTEX 广播链路、VHF 数字通信链路，及 WIFI/WiMax 服务、GSM/CDMA 公网通信服务和卫星通信链路。

该服务将会自动连接和选择最佳一种或多种通信方式进行船岸之间的数据交换，能够最有选择最佳通信链路，也可由用户根据指令选择特定通信链路。

2）输入/输出接口

（1）输入：各种船岸交互数据和控制指令。

（2）输出：不同的通信链路搭建。

8.5.9　GMDSS 服务（GMD）

1）服务描述

GMDSS 服务综合了 Inmarsat C 的紧急遇险报警业务、中频 DSC 服务和 VHF 的 DSC 服务。

GMDSS 能够自动接收和分辨上述报警信息的来源、报警船舶位置和船舶信息等，并将其实时提交给最佳的搜救处理中心。

2）输入/输出接口

（1）输入：Inmarsat C 报警指令、各类 DSC 报警指令。

（2）输出：报警船舶信息、位置和报警提示等。

8.5.10　NAVTEX 服务（NTX）

1）服务描述

NAVTEX 服务主要播发各种航行安全相关信息，其包括航行警告、气象警告、气象预报和其他紧急信息。这些信息来自不同的其他服务。

就 NAVTEX 而言，其主要作为一个通信信道，其输入分为自动转发审核输入和人工输入，输出是将输入的信息按照规定的格式转发给相应的 NAVTEX 广播台站并发送出去。

2）输入/输出接口

（1）输入：航行警告、气象警告、冰况报告、搜救信息、气象预报、引航业务等。

（2）输出：NAVTEX 编码格式报文。

8.5.11 航标无线电服务（FRS）

1）服务描述

航标无线电服务特指航标遥测遥控和虚拟航标等无线电航标服务。

航标无线电服务能够实时采集安装航标测控系统的航标状态和实时位置，能够接收用户设置的虚拟航标，并将这些航标实时状态和位置信息通过船岸数据通信服务、AIS 服务、NAVTEX 服务等恰当的通信链路发送给船舶终端设备，以供船舶航行参考、辅助安全航行。

2）输入/输出接口数据

（1）输入：航标状态信息、航标位置信息、虚拟航标设置信息。

（2）输出：特定广播系统通信编码格式电文。

8.5.12 CCTV 视频服务（VID）

1）服务描述

CCTV 视频服务是岸基交通管理用户观测特定沿岸水域交通状况的视频图像信息的主要手段。目前，该类服务采集的视频能够转换成数字图像在网络中进行传输。

2）输入/输出接口数据

（1）输入：模拟或数字视频信息及控制信息。

（2）输出：网络视频数据，多个应用服务连接。

8.5.13 环境传感器服务（ENS）

1）服务描述

水上环境传感器服务主要集成一定水域内的各种环境传感器包括气象传感器、水文传感器及验潮网络传感器等信息。这些信息可能来自不同的网络环境和服务部门，但数据来源应包括上述所用内容。

在收到上述所有内容后，本服务可根据自身相关服务模型和算法将这些数据进行存储、过滤、处理和转发，供最终用户使用。

2）输入/输出接口数据

（1）输入：天气信息包括气温、风向、风速、湿度、能见度等；水文信息包括水温、流速、流向等和潮汐信息包括实时潮高、涨潮/落潮标注等。

（2）输出：按照特定用户需求数据模型和编码格式通过相应的通信链路发送至最终用户。

8.5.14 位置融合服务（POS）

1）服务描述

e-航海测试平台对同一船舶、航标等监测管理对象可能有多种不同的途径获取其位置信息。如同一船舶的位置信息可能来自 VTS 雷达服务、无线电测向服务、AIS 服务等。这些位置信息都具有一定的可靠性和可用性，但并不是 100% 可信。因此，位置融合服务就将上述信息进行融合处理，通过多种位置信息进行相关匹配和融合后输出具有完好性描述的位置信息，供各种需要位置的应用服务使用，以提高位置数据的可靠性和可用性。

2）输入/输出接口数据

（1）输入：来自多个系统的位置数据。

（2）输出：具有完好性描的一组可用性位置数据。

8.5.15　船舶数据链路和分析服务（SDA）

1）服务描述

该服务能够根据业务需求自主确定不同的数据需求请求来源和不同数据目标来源，该服务可能由几个不同的核心服务器组成，是每个数据中心的数据交换软路由。

该服务根据业务需求、数据类型等参数智能判断数据的流向和目的地。该服务包含网关服务的一部分功能。

2）输入/输出接口数据

（1）输入：数据链路包。

（2）输出：不同的服务和最终用户终端数据报。

8.5.16　矢量海图服务（VEC）

1）服务描述

矢量电子海图为船舶用户、水域监管用户提供直观的水域态势展现，辅助船舶安全航行。该服务接受来自各测量部门提供的机遇国际标准化的海图数据，如现在 S57、S63 及未来要实现的 S-100 标准数据。

另外，该服务还针对授权用户提供实时矢量电子海图在线更新服务，为用户提供最新的电子海图在线更新服务。

2）输入/输出接口数据

（1）输入：符合国际标准的矢量电子海图文件数据和用户授权数据。

（2）符合用户权限的矢量电子海图文件数据和更新数据。

8.5.17　船舶数据库服务（SID）

1）服务描述

船舶数据库包含所有本区域注册船舶和靠离泊船舶数据信息，包括船舶历史动态航迹数据、在本区域的船舶实时动态数据和船舶静态数据、航次/航线数据等内容。可根据用户需求提取指定船舶的各种数据操作（存储、查询、更新等）。

2）输入/输出接口数据

（1）输入：船舶 PNT 数据、静态数据、航次数据、查询指令等。

（2）输出：船舶动静态数据、历史轨迹等数据。

8.5.18　数据挖掘分析服务（DMS）

1）服务描述

数据挖掘分析将根据用户需求对特定信息进行挖掘分析，构建特定数据模型，通过海量数据统计分析算法获取用户需求信息。如港口吞吐量、船舶排碳量、港口饱和度、交通繁忙率等隐含信息。

该服务为增值服务，需要通过特定的需求进行针对性研究和设计开发才行。

2) 输入/输出接口数据

（1）系统各种海量数据库数据。

（2）用户特定信息需求。

8.5.19 系统自动化维护和智能预警服务（SMIA）

1）服务描述

为了保障中国 e-航海测试平台系统稳定可靠的运行，务必保证系统的可用率，为此，需要实时监测系统各个服务节点、采样设备、通信链路、数据可用性进行统计分析，实时监测，以保证系统的不间断服务。

该服务能够自动化智能监测、自动切换备份服务、自动重启故障服务、智能预测潜在故障、服务查找股占设备等业务功能。

2）输入/输出接口数据

（1）输入：被监测服务、设备的状态数据及控制监测指令。

（2）输出：故障描述、预警描述信息等。

8.5.20 航线自动交换服务（RAE）

1）服务描述

航线自动交换服务涉及船岸航线交换业务功能，具体提供两种功能：

（1）提供船舶实时航行航线的航行意图，即对当前航行船舶实时广播自己当前位置前后各两个或后一个前三个航路点数据，以供其他船舶和岸基管理用户实时了解其航行意图。

（2）通过该服务可接受岸基管理用户提供的对特定船舶的建议航线，以指导船舶航行，保障船舶航行安全。

该服务关键作用是为航路转发、存储、统计等提供统一管理。

2）输入/输出接口数据

（1）输入：船舶航行意图航线、岸基建议航线和目的船舶。

（2）输出：船舶航行意图航线、岸基建议航线。

8.5.21 水上交通管理服务（WTM）

1）服务描述

水上交通管理服务输信息域应用层服务，该服务主要为 VTS 用户提供实时的监管水域内全方位交通态势信息。并提供人机交互接口，管理水上交通船舶。

该服务将接入 AIS 服务、雷达 VTS 服务、气象水文监测服务、适量海图服务、测向服务、船岸语音服务、CCTV 服务等，使用户能够获取全方位的信息，进行适当的船舶交通管理，保障区域船舶航行安全。

2）输入/输出接口数据

（1）与各种服务的数据交换接口，包括 AIS 服务、雷达 VTS 服务、环境监测服务、适量海图服务、测向服务、船岸语音服务、CCTV 服务、LRIT 服务、航线自动交换服务、位置融合服务等。

（2）输出：单一用户界面显示。

8.5.22　港口泊位调度服务（PBA）

1）服务描述

港口泊位调度服务同样属于信息域应用层服务，该服务主要用户是港口运营管理人员。利用该服务可实现港口泊位调度、船舶进出港排班调度等业务。

该服务主要信息来自船舶位置融合服务提供的港口实时船舶位置数据、船舶靠离泊申请、船舶静态信息和货物信息等内容。

2）输入/输出接口数据

（1）输入：船舶实时动态位置信息、船舶靠离泊申请、泊位状态信息、船舶货物信息等。

（2）输出：船舶靠离泊安排表。

8.5.23　引航拖带调度服务（PTA）

1）服务描述

引航拖带调度服务主要为引航站、拖轮公司提供船舶进出港引航拖带作业需求，提供引航拖带作业服务。

其主要用户同样是港口运营部门，具体为引航站和拖轮公司。

2）输入/输出接口数据

（1）输入：船舶实时位置信息、船舶靠离泊时间安排、船舶泊位信息等。

（2）输出：引航安排表和拖带作业表。

8.5.24　应急事故管理和搜救服务（ASAR）

1）服务描述

应急事故管理和搜救服务主要是海事搜救指挥部门的主要职责，同样属于信息域应用层服务。该服务同样获取事故水域实时交通状况信息，包括船舶交通状况、环境气象水文状况、事故船舶详细参数、搜救目标对象及 GMDSS 报警信号接入等各种信息，综合指挥事故的处理和搜救。

2）输入/输出接口数据

（1）输入：AIS 服务、雷达 VTS 服务、环境监测服务、适量海图服务、测向服务、船岸语音服务、CCTV 服务、LRIT 服务、航线自动交换服务、位置融合服务、GMDSS 服务等。

（2）输出：基于电子海图的事故水域单一窗口模式显示。

8.5.25　助航设施管理服务（ATN）

1）服务描述

助航设施管理服务主要是针对航标遥测遥控系统所纳入的无线电航标和虚拟航标服务。该服务主要提供给航标助航设施管理人员，并通过 AIS 通信链路广播供过往船舶助航。

航标遥测遥控和虚拟航标系统实时采集航标状态信息、位置信息提供给助航设施管理服务，并通过相关通信链路发送至船舶终端用户和助航设施管理用户，提供必要的服务。

2）输入/输出接口数据

（1）输入：航标遥测遥控得到航标状态信息、位置信息数据，虚拟航标数据。

（2）输出：为用户提供必需的航标助航设施信息。

8.5.26　第三方船舶利益相关用户服务（TSS）

1）服务描述

第三方船舶利益相关用户包括船主、货主、船代、货代、银行、保险、海关、边检等第三方相关船舶业务用户。这些用户需要实时获取特定船舶的位置信息和相关货物信息，以便于监测和分析船舶运营效率、运营货物信息等，并为其提供相关业务服务。

2）输入/输出接口数据

（1）输入：船舶实时位置信息，运载货物信息。

（2）输出：船舶运营统计分析数据。

8.6　中国海区 e-航海测试系统数据交换协议设计

本书第 3 章已经对 S-100 数据模型相关原理和如何用 S-100 编制产品规范进行了详细介绍。建立中国海区 e-航海测试系统，就必须按照 S-100 标准，定义信息交换标准。本节将根据 IALA 编制 S-100 产品规范的相关要求为依据，对中国海区 e-航海测试系统数据交换协议和相关数据模型进行初步设计。

在 e-航海系统内，各种信息以数据流方式进行传输，可按照二进制标准信息或 XML 流模式交换进行数据交换，或者以其他规定的任意一种标准编码模式进行编码都可以。但无论哪种模式，信息交换应按照统一的架构模式进行。因此，作为信息交换标准，本书首先定义中国 e-航海测试平台系统数据交换标准协议，该标准协议应用于跨服务之间通用数据交换接口处的信息交换协议规范。

8.6.1　中国 e-航海测试系统协议总体框架

本协议总体架构定义如图 8-13 所示。

由于 e-航海测试平台是由很多海事服务集（MSP）组成的，而信息交换和传输是在相互之间任意进行。中国 e-航海测试平台协议总体框架定义了不同服务之间协议交换的基本架构，该架构由三部分组成：协议头（Header），

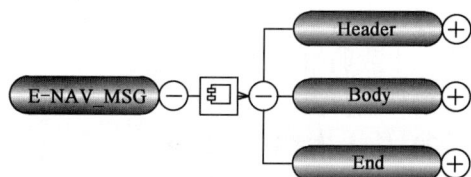

图 8-13　e-航海测试平台协议总体框架

协议体（Body）和协议尾（End）。该架构可适用于表 5-1 规定的各种编码传输模式或直接的二进制流数据传输模式。不同的编码模式可由协议信息的 Header 中元素进行标识，但是，同一个服务中心应尽量采用统一的编码模式。

8.6.2　协议头（Header）

协议头组件如图 8-14 所示，共由 3 部分组成，分别是协议头标志、信息域路由和协议版本标志。

1）协议头标志

协议头标志由一个 16 进制的字节标识：0x7E，与尾结束标志一致。如果作为二进制流传输电文，当中间出现 0x7E 时应进行转义，转义结果如下所示：

0x7E——0x7D + 0x02；

0x7D——0x7D + 0x01。

2）信息域标志

信息域标志主要是标识信息的来源和目的地，类似于 TCP/IP 协议通信的 IP 地址，格式为：XXXXXX-XXXXXX。但是，由于在 e-航海中，信息的传输可能是跨多个主机进行的，所以，该信息域标志可以标识信息的起始服务。

e-航海测试平台中，每个 MSP 服务有一个全球唯一的标志，该标志由六个字节组成的二进制数字，类似于 IPV6。当一个信息将发起者标志和接收者标志进行封装后，在 e-航海平台中，其将能够自动选择下一站的路由服务。

由上设计，信息域包括三部分，第一是信息源服务标识，第二部分是连字符 "–"，第三部分是信息目的地服务标识。关于信息服务标识，需根据服务设计进行统一设定，将在后期实践应用中进行设计，并提请国际相关组织建议。

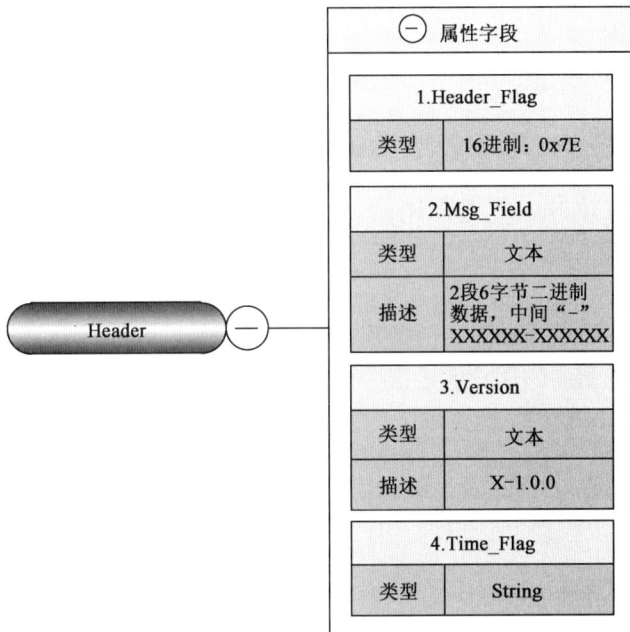

图 8-14　协议头组件

3）版本标志

版本标志格式为：X-1.0.0，共 2 部分 7 个字节。其中 "X" 为编码标识，第二部分是版本标志，格式为：1.0.0，两者之间由 "–" 连接。

版本标志可明确确定信息协议体的编码格式及使用的编码版本，以便于目的地服务进行正确解码。

4）信息发送时间戳

时间戳标识为 UTC/区时时间标志，14 个字节，格式为：yyyymmddhhmmss。同一消息的不同子帧的时间标签相同，同一条消息在重复发送时时间标签相同。时间标签与 UTC 同步。

8.6.3　协议体（Body）

协议体结构如图 8-15 所示。

协议体由三部分组成，分别是命令字标志、数据序列号标志和用户数据体。

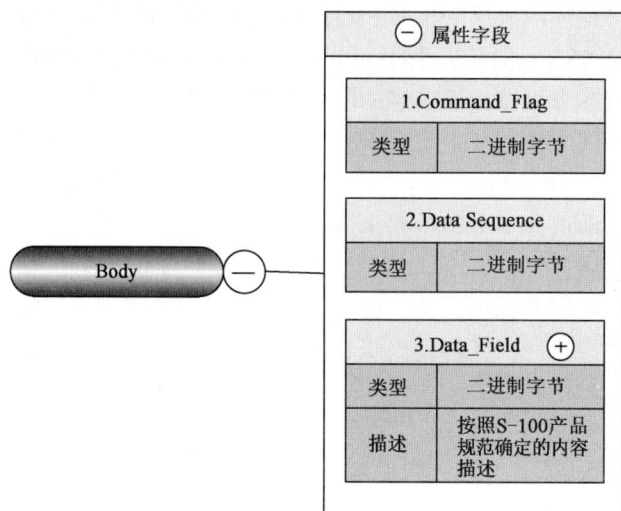

图 8-15　协议体结构

1）命令字标志

命令字标志，设计为 2 个字节 16 进制数据，范围为 0～65535，即可以分辨出 65535 类信息标识。具体定义需另行设计，并报请国际相关组织 IMO、IHO 和 IALA 讨论审议。

2）数据序列号

数据序列号，标识数据源发送的数据序号，2 个字节，范围同样是 0～65535。数据序列号标识同一个服务不同的用户发送指令信息，主要用于不同服务间指令的应答和重复发送确认。

3）用户数据体

用户数据长度不定，一般是按照一些特定用户需求所规定的数据（如 IHO S-10X 相关产品规范数据或 IEC61162-2、ITU-R M. 1371 数据等），也可以为空。

中国 e-航海测试平台系统中用户数据将在海上通用数据模型中进行详细定义和描述。

8.6.4　协议尾（End）

用户协议尾如图 8-16 所示。具体包括两部分：检验字段和结束标识。

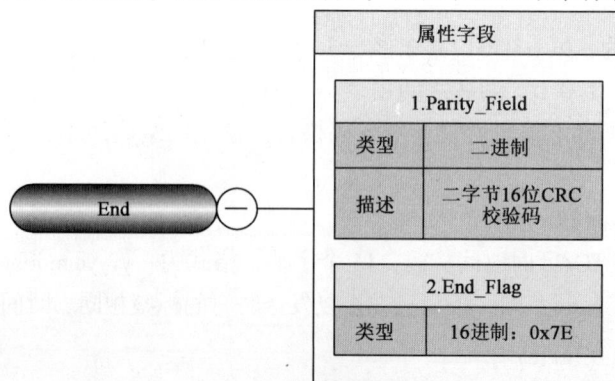

图 8-16　协议尾结构

1）校验码

校验码长度为 2 个字节。校验码计算用 ITU-T G. 704 中的 CRC 校验方法，校验内容包括转义过的字符。但不包括协议头、协议尾标志和校验位本身。如果进行二进制传输时，校验码最后得到的是转移字符中的一个，要将其做相应地变换。

2）协议尾标志

协议头标志由一个 16 进制的字节标识：0x7E，与尾结束标志一致。如果作为二进制流传输电文，当中间出现 0x7E 时应进行转义，转义结果如下所示：

0x7E—0x7D + 0x02；

0x7D—0x7D + 0x01。

8.7　中国 e-航海测试平台海上通用数据模型设计

8.7.1　概述

IHO S-100 标准全面规定了设计和管理各种数据标准的方法，但其最后的应用是基于元数据模型的产品规范标准。就 e-航海所涉及的各个领域而言，是十分广泛和复杂的。本书将重点集中于元数据模型的设计和研究，以便为中国 e-航海测试平台系统的数据定义奠定技术基础，并将在具体开发过程中，根据用户需求进一步设计数据模型的产品规范。

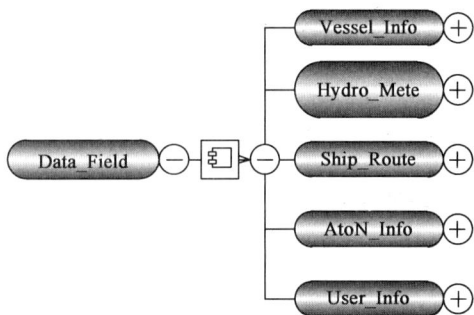

图 8-17　中国 e-航海测试平台通用数据模型结构图

在本部分，如上所述，将针对船舶信息数据模型、水文气象和潮汐数据模型、船舶航线信息数据模型、航标助航设施数据模型、系统用户数据模型等进行统一的定义和设计，以便在中国 e-航海测试平台相关服务中进行应用，具体结构如图 8-17 所示。

8.7.2　船舶信息数据模型

在 e-航海战略系统中，船舶信息相关数据是其中的主要核心数据，因此，船舶信息数据模型也是其中最为重要的数据模型之一。

1）船舶信息数据模型基本信息和总体架构

在船舶信息数据模型中，主要涉及船舶的基本信息、应用领域特定信息、船体信息数据、船舶识别数据和船舶动态数据等，基于 S-100 设计的船舶产品规范如图 8-18 所示。

图 8-18 中，船舶基本信息主要描述船舶数据 id 及其数据来源的相关信息。其中：

（1）Vessel_ id 是船舶在数据域的唯一编码，是数据库查询依据，该数据类型是 integer 类型，32 位整型数字，具体编码模式需要专业讨论，并提请 IMO、IHO 和 IALA 确定并制定相应的产品规范。

（2）Source_ id 标识船舶数据的来源识别，在整个 e-航海系统数据采集中，有很多的 VTS 站、AIS 站、LRIT 等设备中，该识别 id 同样是唯一存在，并且是 32 位整型数字。

（3）Source_ Type，标识船舶数据的来源类型，主要包括：VTS 系统，AIS 系统，

LRIT 系统或未知系统等。

（4）Source_ Name，字符串型，标识船舶数据来源的名称。

（5）Special_ Info，主要标识船舶应用信息时，针对不同的用户所提供的特殊数据，如 VTS 用户可查看船舶是否属于运营黑名单等信息，船主用户需要查询该船舶是否需要维护保养信息等。该特殊信息是可选信息，并与用户直接相关，在本设计中只留有接口，不进行详细规定。

（6）Construction_ Info，该结构体信息主要描述船舶建造的属性信息，是必须信息，将进行详细规定。

（7）Identification_ Info，主要定义船舶身份识别信息，是必须信息，将进行详细规定。

（8）Dynamic_ Info，主要定义船舶实时动态信息，是必须信息，将进行详细规定。

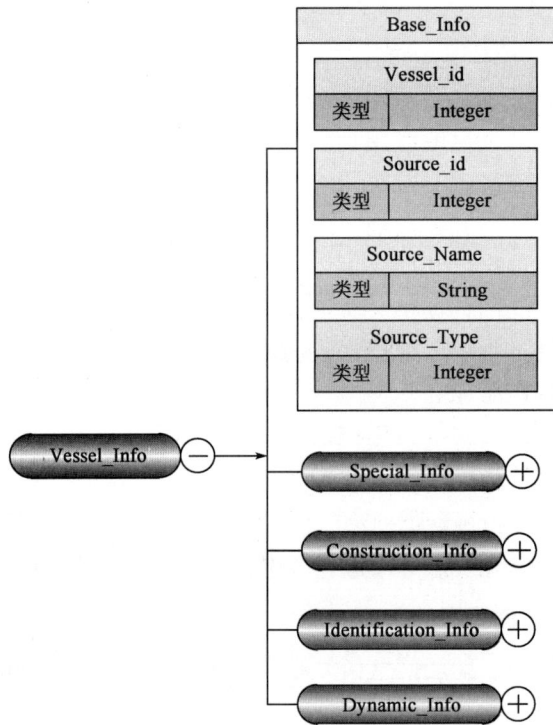

图 8-18　船舶信息基本信息和总体架构

2）船舶建造属性信息（Construction_ Info）

船舶建造属性信息共包括 12 项，具体为船体颜色（Hull Color）、船体类型（Hull Type）、净载重吨（Dead Weight）、总载重吨（Cross Weight）、船长（Length）、建造年份（Year of Build）、最大干舷（Max Air Draught）、最大吃水（Max Draught）、最大载员（Max Persons On Board）、最大速度（Max Speed）和船宽（Width）。具体类型和属性详见图 8-19。

3）船舶身份识别信息（Identification_ Info）

船舶身份识别信息共包括 10 项内容，具体为船舶呼号（Call Sign）、IMO 号（IMO Number）、船名（Name）、曾用名（Former Name）、船旗国标志（Flag）、船主（Owner）、

MMSI 号（MMSI）、LRIT 编号（LRIT）、其他识别号（Other id）、其他名字（Other Name）。具体如图 8-20 所示。

在船舶身份识别信息中，大部分都是可选的，有些船舶并不一定都具备上述信息。

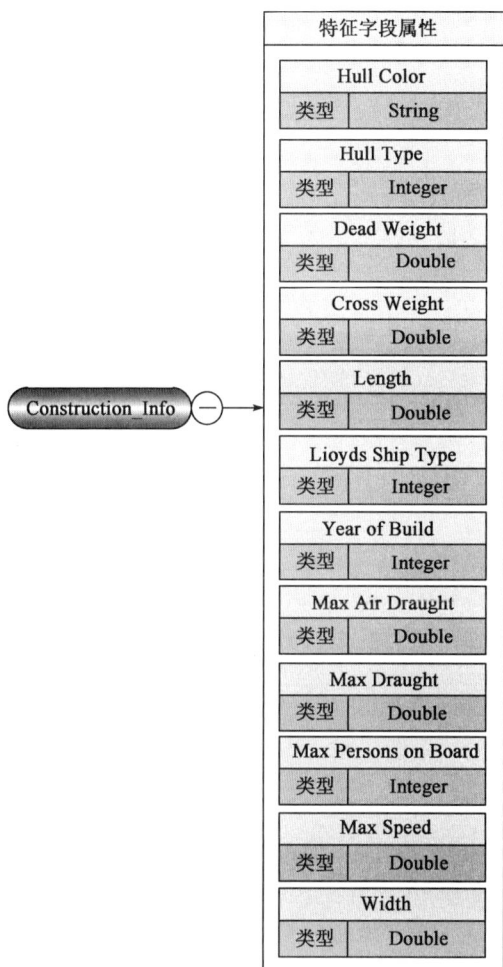

图 8-19　船舶建造属性信息　　　　　　　图 8-20　船舶身份识别信息

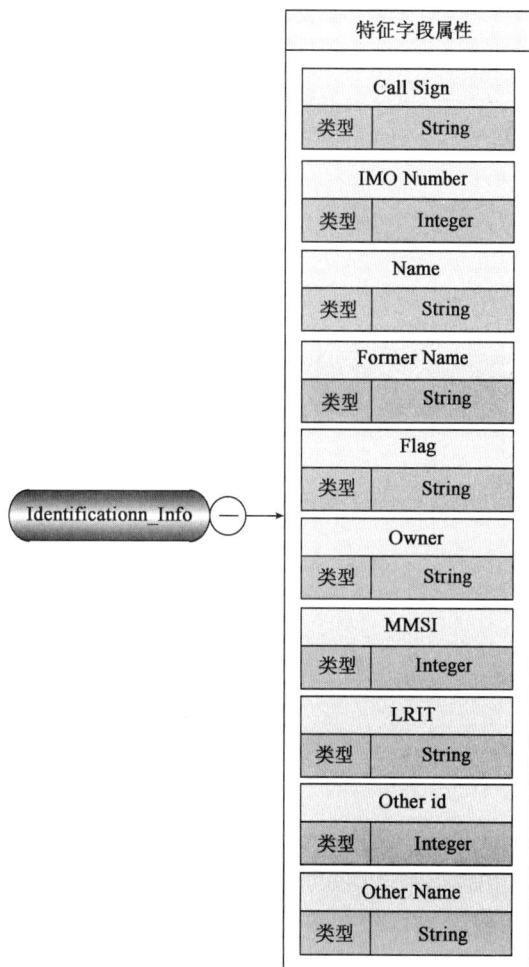

4）船舶动态信息（Dynamic_ Info）

船舶动态信息主要由 7 部分组成，如图 8-21 所示，主要包括经度（Longitude）、纬度（Latitude）、当前航速（CurrSpeed）、航向（Course）、定位传感器类型（Sensor Type—GPS/北斗/Glonass/融合等）、位置更新时间（Update Time——格式：yyyymmddhhmmss）、完好性标志（Integrity_ Flag）。

8.7.3　水文气象和潮汐数据模型

1）数据模型总体架构和基本信息

水文气象和潮汐数据模型主要包括 4 部分：基本信息、水文信息、气象信息和潮汐信息模型，如图 8-22 所示。其中基本信息标识了下属信息的位置和时间特征。

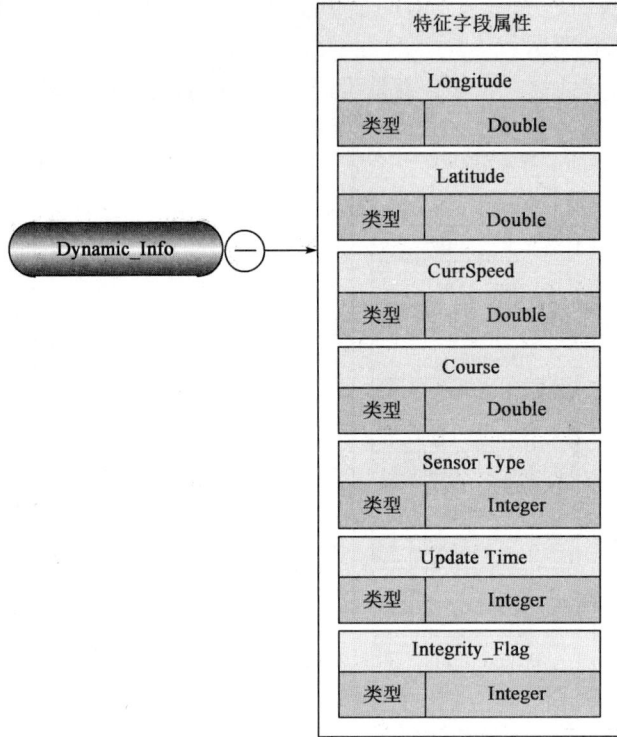

图 8-21　船舶动态位置信息模型

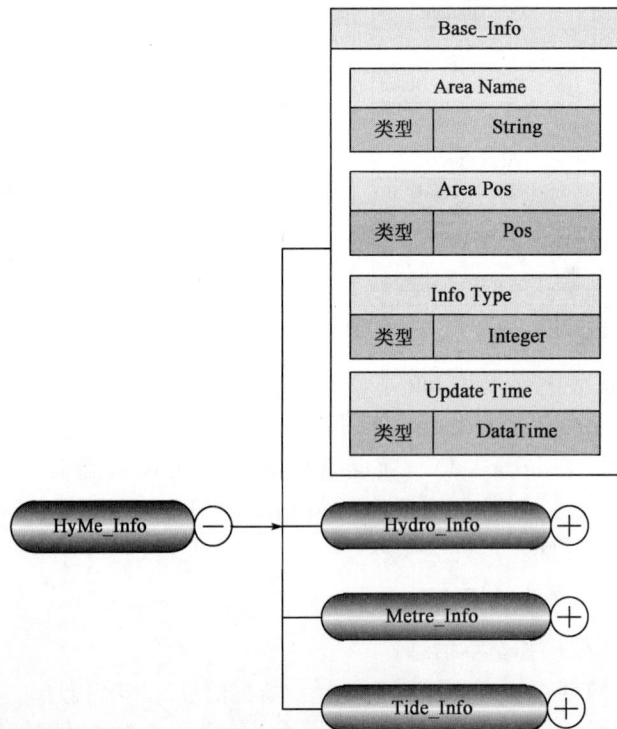

图 8-22　水文气象和潮汐数据模型

基本信息包括信息有效区域名称（Area Name）、信息区域位置（Area Pos）、信息类型［InfoType—标识是未知类型（0），实时测量信息类型（1），还是预报信息（2）］和信息更新时间（Update Time—为 Data Time 类型，格式：yyyymmddhhmmss）。

其中信息作用区域位置属性如图 8-23 所示。

2）水文信息模型

水文信息除基本信息外包括四部分，如图 8-24 所示。具体包括水温（Water Tempreture）、流速（Current Speed）、流向（Current Course）、流速变化率（Speed Course）和当前点水深（Depth）。

3）气象信息数据模型

气象信息数据模型主要包括 6 部分，如图 8-25 所示，具体包括气温（Temperature）、风向（Wind Course）、风速（Wind Speed）、风速变化率（Speed Rate）、能见度（Visibility）、气压（Presure）和气象信息描述（Description）。

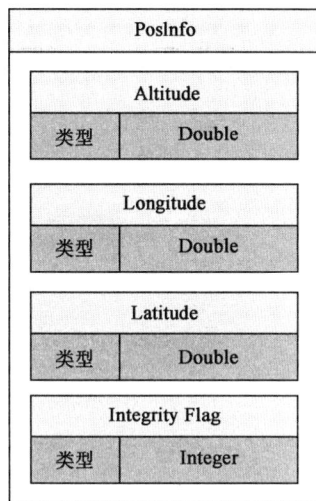

图 8-23　信息作用区域位置属性

气象信息数据模型中各属性并不是必需的，有些可以作为可选项出现。

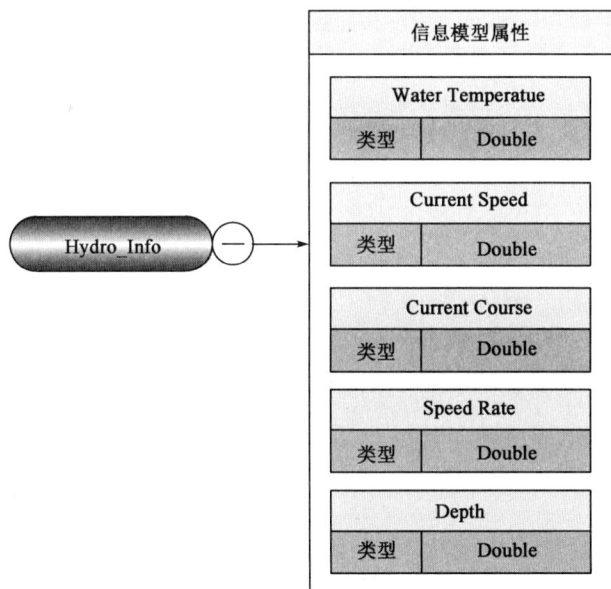

图 8-24　水文信息数据模型

4）潮汐信息数据模型

潮汐信息主要包括 3 部分，如图 8-26 所示，具体为潮高（Height）、潮位变化率（Height Rate——通过正负标识涨潮和落潮）和潮涌周期（Period）。

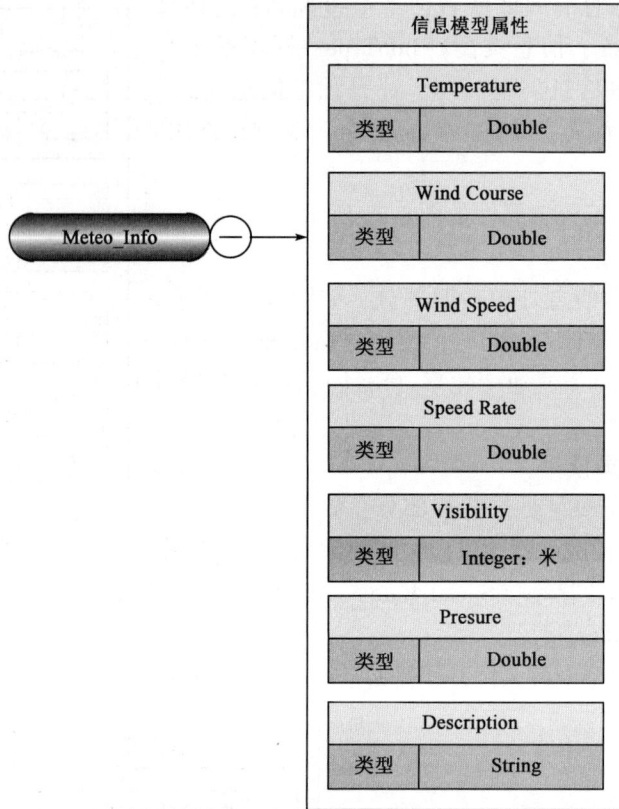

图 8-25　气象信息数据模型

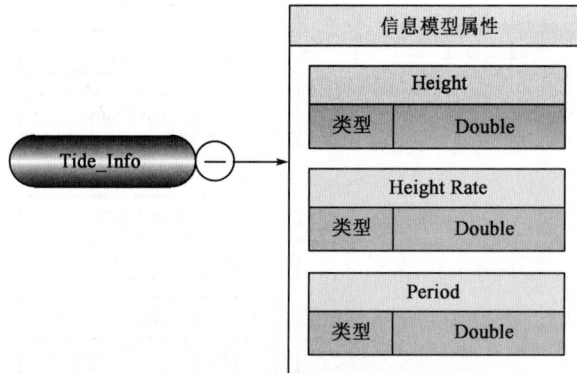

图 8-26　潮汐信息数据模型

8.7.4　船舶航行信息数据模型

1) 船舶航行信息数据模型及基本信息

航行基本信息数据模型共包括 3 类关键元素和基本信息，如图 8-27 所示。其中基本信息包括船舶唯一识别标志（Id——与船舶信息数据模型中的 Id 一致）、船舶吃水（Draught——实际吃水）、船舶类型（Ship Type——按照 IMO 船舶类型分类标识）和信息更新最后时间（Update Time—格式：yyyymmddhhmmss）。

另外还包括航次信息（Voyage Info）、货物信息（Cargo Info）和航路信息（Route Info）。

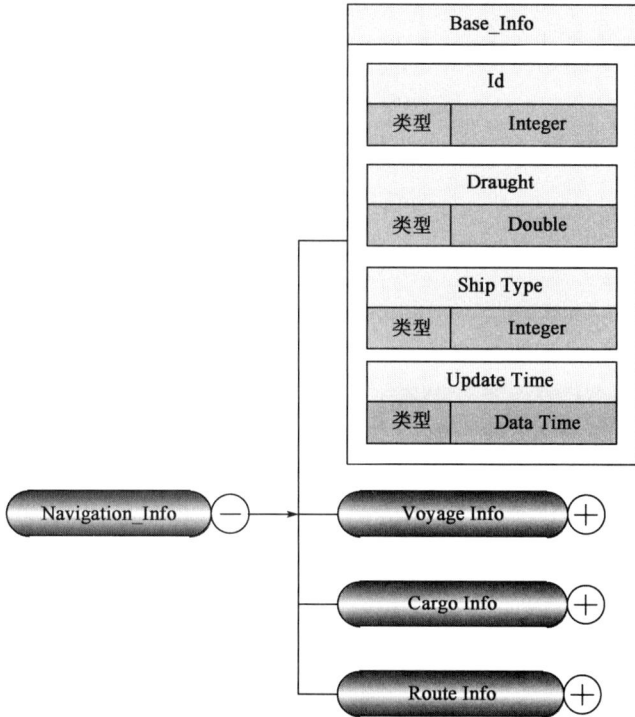

图 8-27　船舶航行信息数据模型架构及基本信息

2）船舶航次信息（VoyageInfo）

航次信息数据模型主要包括 8 部分，如图 8-28 所示。具体包括目的地编码（Dest Code）、目的地名称（Dest Name）、预计到达时间（ETA）、实际出发时间（ATD）、当前船舶载员（Persons On Board）、引航状态（Pilots，0-未知，1-引航员在船上，2-船舶在远程航行状态，3-已发出引航申请）、拖轮作业状态（Tugs，true-使用拖轮中，false-自主航行状态）和国际船舶与港口设施保安登记（ISPS Lever）。

3）船舶货物信息（CargoInfo）

船舶货物信息数据模型主要包括货物类型 IMO 编号（Cargo Type IMO）、货物状态（Cargo Status—根据需要由货物监测传感器自动检测信息）、货物描述（Description）和备注扩展信息（Note—供后期扩展应用），如图 8-29 所示。

4）航路信息（RouteInfo）

船舶航路信息由一系列航路点组成，如图 8-30 所示，每个航路点又包括多种信息，如图 8-31 所示，其中包括：实际到达时间（ATA）、预计到达时间（ETA）、要求到达时间（RTA）、航路点本地编码（LoCode）、航路点名字（Name）和航路点位置（Pos）。

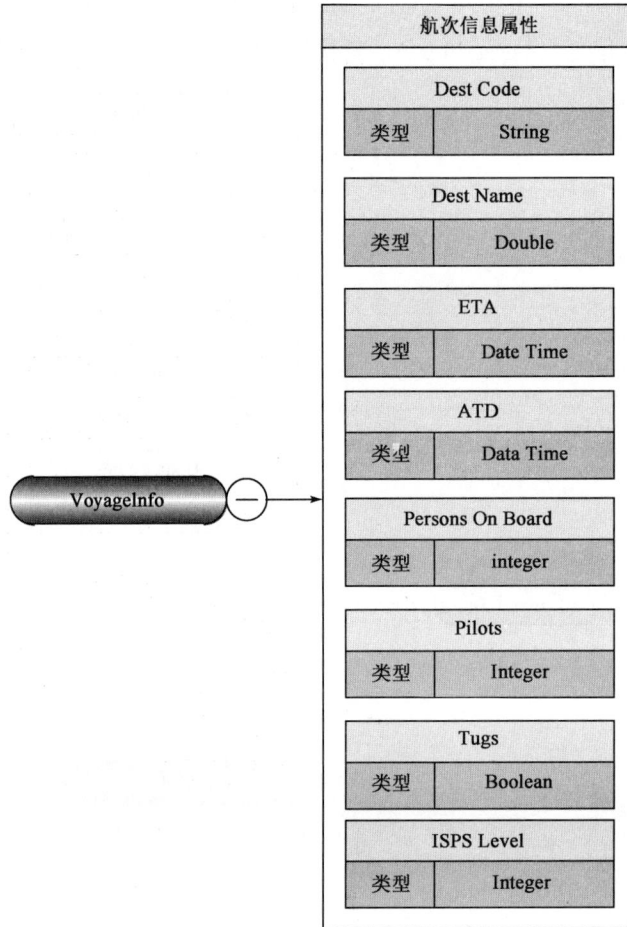

图 8-28　航次信息数据模型

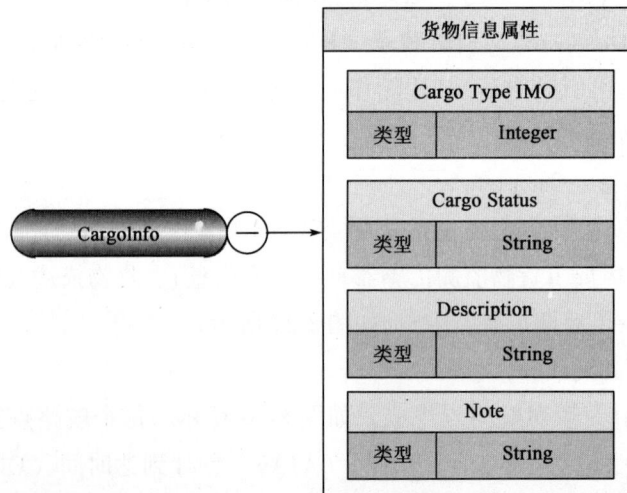

图 8-29　船舶货物信息数据模型

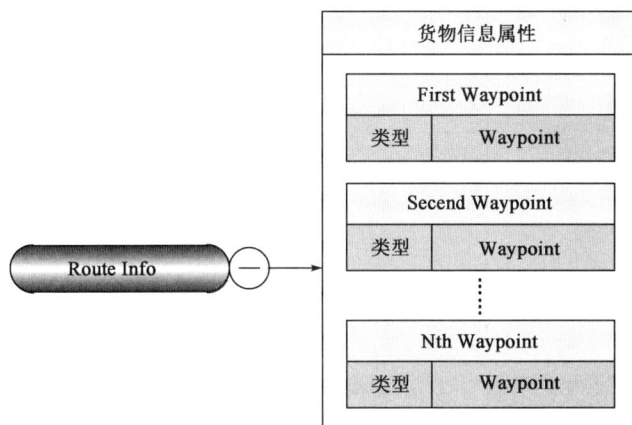

图 8-30　航路信息数据模型

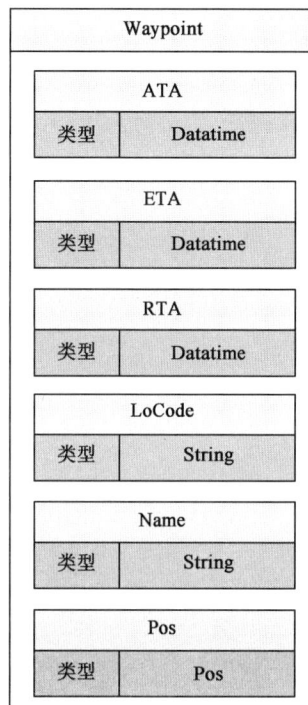

图 8-31　航路点属性信息

8.7.5　航标助航设施数据模型

1）航标助航设施数据模型总体结构和基本信息

航标基本信息数据模型总体结构如图 8-32 所示。其中包括基本通用信息（BaseInfo）、固定航标设施信息（Fixed AtoN）、AIS 航标助航设施（AIS AtoN）、浮标助航设施（Floating AtoN）和航标设施管理机构信息（Authority）。

在基本信息中，主要包括航标设施识别号（Id）、航标名称（Name）、航标编码（Code）、航标颜色（Color）、颜色模式（Color Pattern）、航标形状（Shape）、建造日期（Established Date）、白昼识别标志（Day Mark）、勘测时期（Survey Date）和设计位置（Design Position）共 10 项信息。

其中白昼识别标志应参考图 8-33 所示结构。其中包括航标标志类型（Mark Type）、Iala 域标志（Iala Region Flag）、是否亮灯标志（Is Light Fitted）和闪烁频率（Light Rhythm）。

其中 Rhythm of Light 是一种定义灯浮闪烁规律的枚举变量。

2）固定航标助航设施（Fixed AtoN）

在上述基本属性基础上，固定航标助航设施特有信息结构如图 8-34 所示。具体包括设施海拔高度（Altitude）、设施高度（Height）、灯位高度（Light Height）、固定航标类型（Fixed AtoN Type）和航标设施描述（Fixed AtoN Description）。其中，航标设施描述是 String 字符串，也可以针对特定航标进行数据结构模型设置，如专门设置灯塔、无线电应答器、雷康等固定航标设施属性模型。

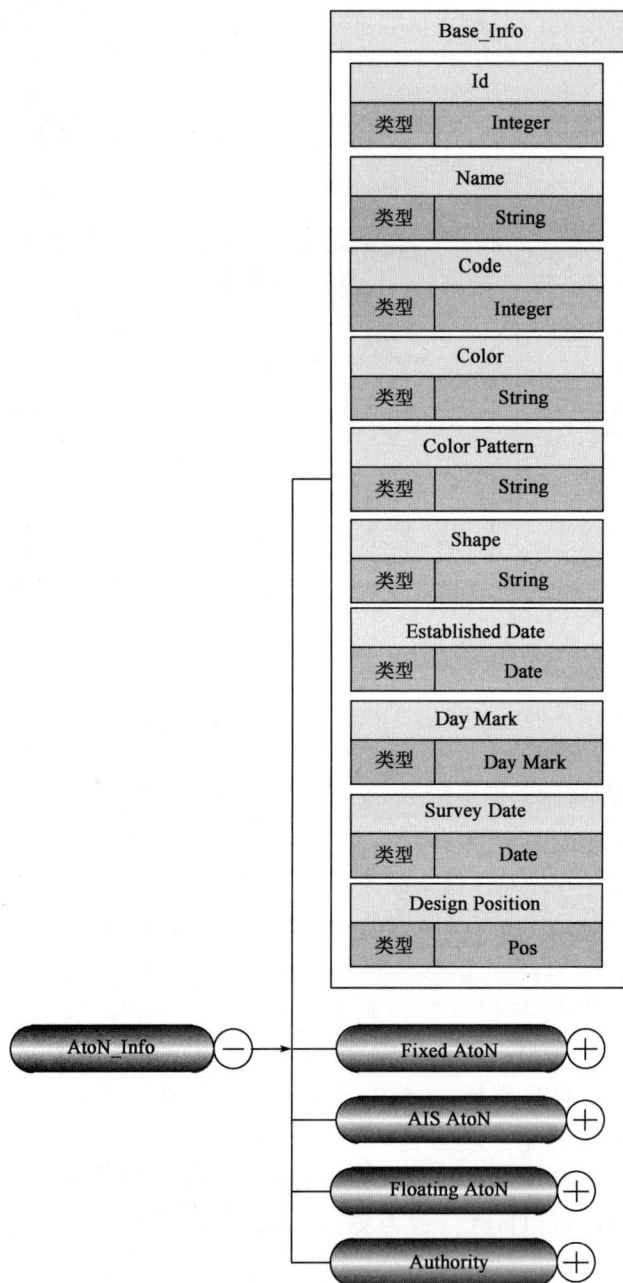

图 8-32　航标助航设施信息数据模型

3）AIS 航标设施（AIS AtoN）

AIS 航标设施数据结构模型如图 8-35 所示，具体属性包括航标设施海拔（Altitude——一般专对于 AIS 基站设备和 AIS 航标）、MMSI 号（MMSI）、AIS 类型（AIS Type——标示基站、航标和虚拟航标）、AIS 收发信道（AIS RxTx——标识只发不收、一发一收、一发两手及扩展）、AIS 航标设施覆盖范围（Calculated Range）、AIS 航标状态（Status）等。

图 8-33　白昼标志信息结构

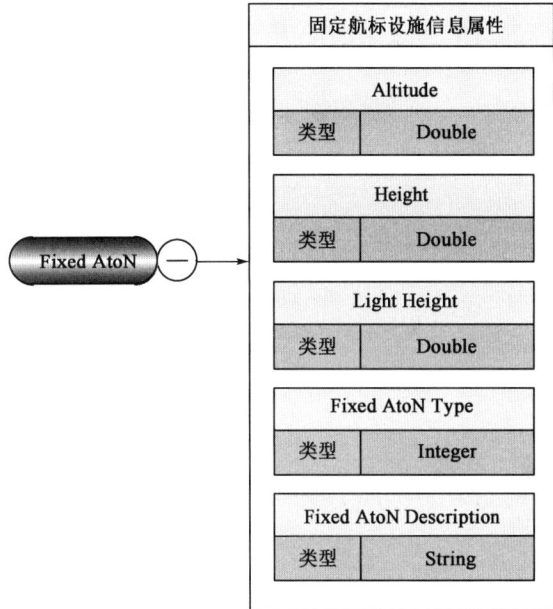

图 8-34　固定航标设施信息数据模型

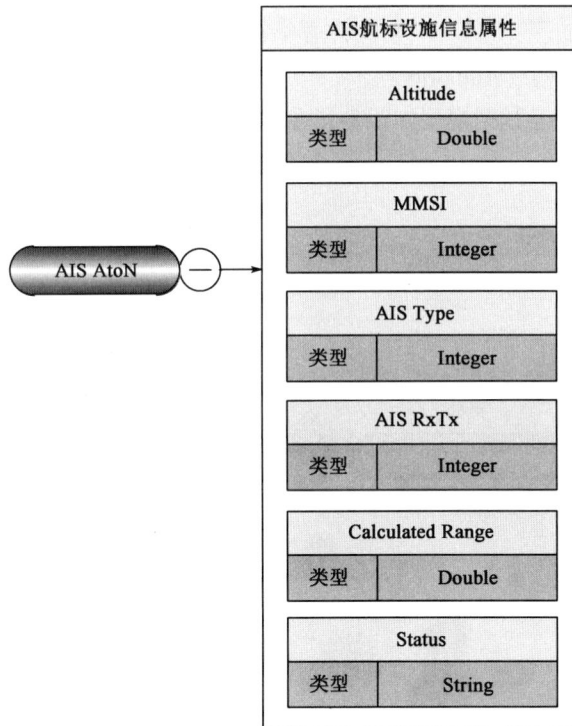

图 8-35　AIS 航标设施

4）浮标设施（Floating AtoN）

浮标设施数据模型如图 8-36 所示，主要包括浮标设施是否可用（Available Flag）、灯高（Light Height）、实际位置（Real Position）、浮标类型（Light Type）和浮标描述（Light Description）共 5 类信息。

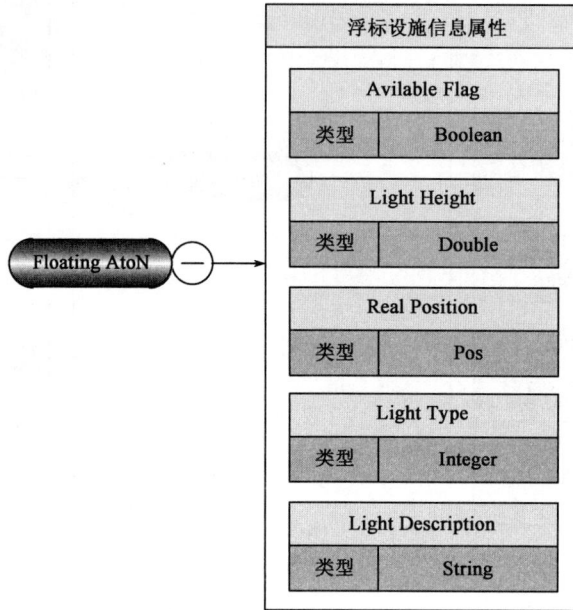

图 8-36　浮标设施信息数据模型

5）航标管理机构（Authority）

航标管理机构信息数据模型如图 8-37 所示，具体包括机构名称（Name）、国家（Nationality）、本地机构编码（Local Code）、联系电话（Telephone）和机构描述（Description）。

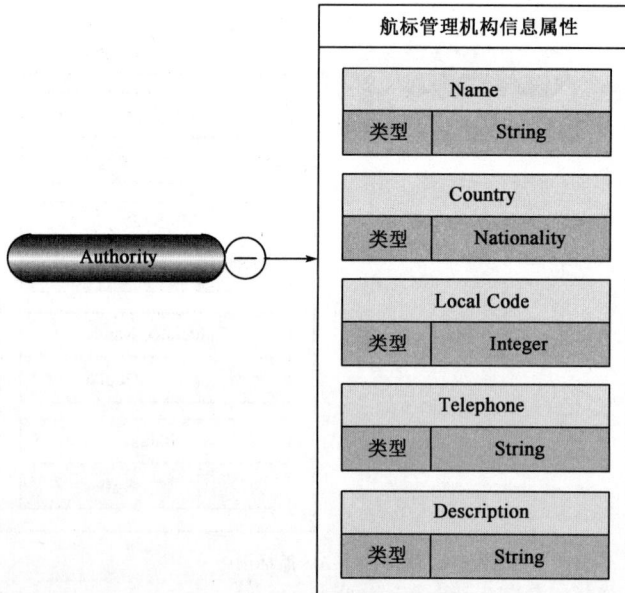

图 8-37　航标机构信息数据模型

8.7.6 系统用户数据模型

1）用户信息数据模型总体架构和基本信息数据模型

根据中国 e-航海测试平台用户发现，共计六类用户，分别是船舶驾驶用户、引航员用户、拖轮服务用户、岸上交通管理用户、港口运营支持用户、紧急事故处理用户。

这些用户根据需求不同，系统为其提供相应的信息服务和业务管理服务。这些用户信息数据模型应包括两个方面，一是基本信息，二是授权信息，具体数据结构模型如图 8-38 所示。

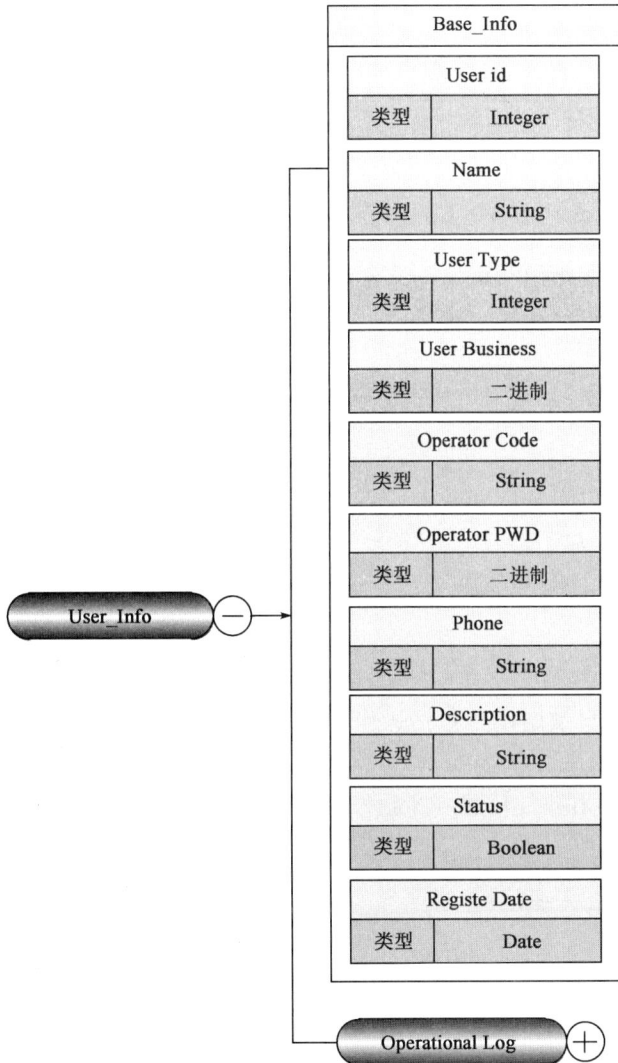

图 8-38 用户信息数据结构模型

用户信息数据模型主要包括用户身份识别号（User id——e-航海系统中唯一确定）、用户姓名（Name）、用户类型（User Type——区分用户的类别，可识别船舶用户、引航用户、拖轮用户、船舶交通管理用户和港口运营管理用户及应急搜救用户等）、用户业务需求信息（User Business——同一类用户可能具有不同的业务需求权限，可在此处进行统一规定）、操作员编码（Operator Code——登录验证编码，系统内唯一确定）、操作员登录密码（Operator PWD）、用户联系电话（Phone）、用户信息描述（Description）、用户状态（Status——在线/下线）、用户注册日期（RegisteDate），并包括用户操作日志列表（Operational Log），以便于系统对用户的操作管理和统计分析。

2）用户操作日志（Operational Log）

用户操作日志主要记录用户操作的日志数据，以便于以后的系统维护和统计分析，该信息数据模型如图 8-39 所示。

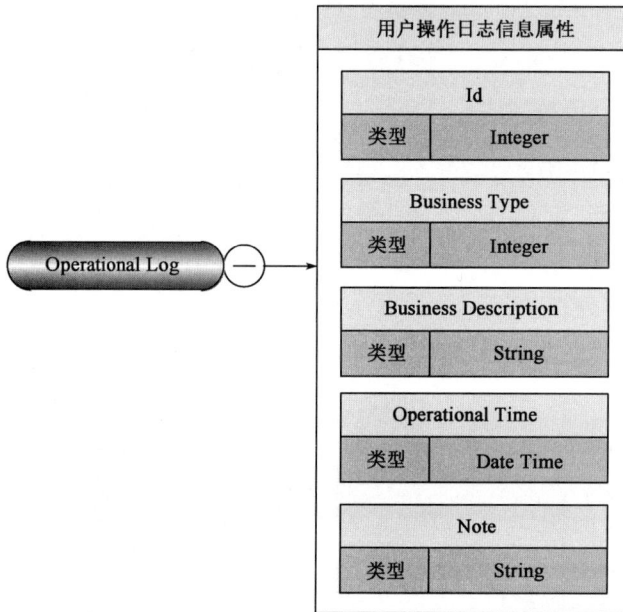

图 8-39　用户操作日志信息数据模型

用户操作日志信息数据模型包括操作日志识别号（Id——数据库内唯一）、操作业务类型（Business Type——系统内唯一）、操作业务描述（Business Description）操作业务日期时间（Date Time）和备注信息（Note——以便于扩展应用）。

附录 1　IMO 关于 AIS 专用电文（ASM）的应用指南

（IMO 通函 SN. 1/Circ. 289 2010 年 6 月）

1.1　AIS 专用电文概述

（1）本文件概述了 AIS 专用电文的适用范围和应用目的，并对其应用提供指南。本文件中介绍的 AIS 专用电文将在国际上通用。

（2）附表 1-1 列出了 IMO 文件 SN/Circ. 236 中规定的 AIS 二进制电文以及本指南修订和新规定的 AIS 专用电文。

建议国际通用的 AIS 专用电文汇总　　　　　　　　　附表 1-1

FI	电文名称	注释	章节
11	气象/水文	SN/Circ. 236 试验电文 1；13 年 1 月 1 日后停止使用	—
12	危险货物标志	SN/Circ. 236 试验电文 2；2013 年 1 月 1 日后停止使用	—
13	航道关闭	SN/Circ. 236 试验电文 3；2013 年 1 月 1 日后停止使用	—
14	潮汐窗	SN/Circ. 236 试验电文 4；2013 年 1 月 1 日后停止使用	—
15	扩展船舶静态和航次相关数据	SN/Circ. 236 试验电文 5；2013 年 1 月 1 日后停止使用	—
16	船上人员数	SN/Circ. 236 试验电文 6；经修订	5
17	VTS-生成/综合目标	SN/Circ. 236 试验电文 7；重命名为"VTS—生成/综合目标"	6
18	进港结关时间	新电文	7
19	海上交通信号	新电文	8
20	系泊数据	新电文	9
21	船舶天气报告	新电文	10
22	区域通告—广播	新电文	11
23	区域通告—寻址	新电文	11
24	扩展船舶静态和航次相关数据	新电文	4
25	危险货物标志	新电文	2
26	环境报告	新电文	12
27	航路信息—广播	新电文	13
28	航路信息—寻址	新电文	13
29	文本描述—广播	新电文	14
30	文本描述—寻址	新电文	14

FI	电 文 名 称	注 释	章节
31	气象和水文数据	新电文	1
32	潮汐窗	新电文	3
33-63		留待将来应用	

（3）下述国际电信联盟（ITU）文件 ITU-R M. 1371-3 附录 5 中规定的系统相关电文也应该保持国际通用：

①询问专用 IFM（FI = 2）；

②性能询问（FI = 3）；

③性能回答（FI = 4）；

④寻址二进制电文应用确认（FI = 5）。

1.2 系统要求

（1）AIS 专用电文由 AIS 船舶移动站和 AIS 基站收发。岸基台站可接收船舶移动站发射的专用电文，再发布给岸基用户。

（2）对简易键盘与显示器（MKD），没有显示 AIS 专用电文的强制性要求。显示 AIS 专用电文信息内容，除 AIS 设备外，还需要外部硬件和专用软件。

（3）专用电文的产生和发射也需要专用软件和适当的信息输入设备。

1.3 AIS 专用电文应用目的和适用范围

（1）AIS 最初是作为一种主动识别和船舶跟踪的方法而发展起来的。通过发射和接收船舶静态、动态和航次相关数据以及与安全相关短电文实现自动识别和跟踪功能。另外，AIS 借助船舶交通监管和提供各种基本服务，对航行安全、海洋环境保护十分有益。尤其是，AIS 可以用二进制电文发射专用电文，这对船舶通信是一种补充手段。

（2）AIS 专用电文既可以是"寻址"电文，也可以是"广播"电文。ITU 建议文件 ITU-R M. 1371 规定了专用电文的技术特性和电文结构，针对不同的应用，有不同的 AIS 专用电文的内容和格式，电文的内容和格式由 IMO 规定。

发射寻址专用电文要求 AIS 接收设备通过 VHF 数据链（VDL）给出系统确认，这种确认不应与用户确认相混淆。

（3）为了避免系统过载，AIS 专用电文的数量与发射频度应予限制，只有迫切需要时，才可以批准使用。AIS 专用电文应区别于用自由格式编写的 ASCII 码文本"寻址安全相关电文"和"广播安全相关电文"。

（4）为提高接收概率，应采用 FATDMA 协议分配的保留时隙发射电文。IALA 关于 AIS 岸台与组网服务的建议 A-124（1.3 版）建议 FATDMA 分配的时隙数不应超过 3 个连续的时隙。原则上应避免专用电文超过 3 个时隙，除非 VDL 负荷很低，或有迫切的需要。

（5）AIS 专用电文能提供各种预定信息包，例如：

①船舶向其他船和岸站报告信息；

②岸站发布航行信息、航行状况和航行警告；

③简化船舶报告。

AIS 专用电文还可以向船舶请求专用电文，并自动接收所需要的信息。另外，AIS 专用电文可以减少语音通信，提高信息交换的可靠性和减轻操作人员的工作负担。AIS 专用电文不应取代全球海上遇险与安全系统（GMDSS）和搜救服务（SAR）等标准服务。

1.4　AIS 专用电文的应用

（1）AIS 专用电文已获准应用。AIS 专用电文可以自动生成或人工输入。可按照预定的格式生成电文。

由于 AIS 专用电文的应用增加了 VDL 的负荷，必须谨慎确保 VDL 的完好性，不得妨碍 AIS 的主要功能。较长的 AIS 专用电文和发射频度高的电文对 VDL 的影响比较大。

（2）为确保 VDL 的安全应用，缔约国政府应任命一个国家机关负责监管和协调管辖区内 VDL 的使用，对时隙应用情况也应该进行监督，以确定管辖区内 AIS 专用电文应用的可行性。这种监管过程应连续进行。

为了确定 VDL 是否有超负荷的危险，必须将 AIS 系统信号覆盖范围内 AIS 系统的运行要求和接收报告率与实际性能加以比较。若实际接收报告率低于要求的报告率，表明 VDL 可能过载。

（3）虽然船载 AIS 设备能够接收 AIS 专用电文，但却不能适当处理与显示。IMO 通函 SN. 1/Circ. 290 将提供 AIS 专用电文表述与显示方面的通用指南。

1.5　AIS 专用电文通用格式

（1）所有地理位置和坐标点（纬度和经度）应采用 WGS-84 基准。
（2）所有时间应采用协调世界时（UTC）。
（3）所有方向均以真北为基准。

1.6　建议使用的国际通用 AIS 专用电文

1.6.1　气象与水文数据（附表 1-2、附表 1-3）

（1）该电文用于发布气象与水文信息。
（2）若没有位置信息和测量时间，则不得发射该信息。如果特定数据字段没有可用的数据，则应显示"无效"。
（3）各 AIS 岸台并非都发射附表 1-2 规定的所有信息。

气象与水文数据　　　　　　　　　　　　　　　　　　　　附表 1-2

参　　数	比特数	说　　　　明
电文 id	6	电文 8 识别码；始终为 8
转发指示器	2	转发器用于指示已转发电文次数。0～3，0＝缺省，3＝不再转发
源台站 id	30	源台站 MMSI 号码
备用	2	不用，置为 0
IAI	16	DAC＝001；FI＝31

参　　数	比特数	说　　明
经度	25	经度，1′/1000，±180°，以2的补码表示（东=正，西=负）；181=无效=缺省
纬度	24	纬度，1′/1000，±90°，以2的补码表示（北=正，南=负）；91=无效=缺省
位置精度	1	1=高（<10m；差分模式，例如DGNSS接收机）；0=低（>10m；自主模式，例如GNSS接收机或其他电子定位设备）；缺省=0
时间标志 UTC 日 UTC 时 UTC 分	 5 5 6	数据的UTC日期和时间 1~31；0=无效=缺省； 0~23；24=无效=缺省； 0~59；60=无效=缺省
平均风速	7	最近10min平均风速，1kn步进。0~125kn；126=风速等于或大于126kn；127=无效=缺省
阵风	7	阵风是最近10min内最大风速读数，1kn步进。0~125kn；126=风速等于或大于126kn；127=无效=缺省
风向	9	最近10min平均风向，1°步进。0°~359°；360=无效=缺省；361~511（留待将来应用）
阵风风向	9	最近10min最大风的风向，1°步进，0°~359°；360=无效=缺省；361~511（不使用）
气温	11	用摄氏度表示的干球温度（采用2的补码），0.1℃步进；−60.0℃~+60.0℃；601~1023（留待将来应用）；−1024=数据无效=缺省；−1023~−601（留待将来应用）
相对湿度	7	相对湿度，1%步进。0~100%；101=无效=缺省；102~127（留待将来应用）
露点	10	用摄氏度表示的露点温度（采用2的补码），0.1℃步进；−20.0℃~+50.0℃；501=无效=默认；502~511（留待将来应用）；−511~−201（留待将来应用）
气压	9	海平面气压，1hPa步进； 0=气压为799hPa或更大； 1~401=800~1200hPa； 402=气压为1201hPa或更大； 403~510（留待将来应用）； 511=无效=缺省
气压趋势	2	0=稳定；1=减弱；2=增强；3=无效=缺省
水平能见度	8	水平能见度，以0.1海里步进（00000000~01111111） 0.0~12.6海里 最高有效位（MSB）指示能见度设备达到最大距离，其读数应该大于X.X海里（例如：10110010，则能见度等于或大于5.0海里）； 127=数据无效=缺省

续上表

参　数	比特数	说　明
水位 (包括潮汐)	12	与当地海图基准面的偏差; 0.01m 步进; –10.0 ~ +30.0m; 由 12 比特二进制数发送, 代表 0 ~ 4000 的整数值。发送数加 –10.0 即为水位, 即: 水位 = (整数值/100) ~ 10, 其中整数值 = 0 ~ 4000; 4001 = 无效 = 缺省; 4002 ~ 4095 (留待将来应用)
水位趋势	2	0 = 稳定; 1 = 减弱; 2 = 增强; 3 = 无效 = 缺省
表面流速 (含潮汐)	8	海面测量流速, 0.1 节步进。0.0 ~ 25.0 节; 251 = 流速为 25.1 节或更大; 255 = 无效 = 默认; 252 ~ 254 (留待将来应用)
表面流向	9	海面流向, 1°步进。0° ~ 359°; 360 = 无效 = 缺省; 361 ~ 511 (留待将来应用)
流速, #2	8	2 号流速, 选定海平面以下某一深度处测量的流速, 0.1 节步进 (同表面流速)
流向, #2	9	2 号流向, 1°步进 (同表面流向)
海流, #2 测量深度	5	海平面以下测量深度, 1m 步进, 0 ~ 30m; 31 = 无效 = 缺省
流速, #3	8	选定海平面以下某一深度处测量的流速, 0.1 节步进 (同表面流速)
流向, #3	9	流向#3, 1°步进 (同表面流向)
海流, #3 测量深度	5	海平面以下测量深度, 1m 步进, 0 ~ 30m; 31 = 无效 = 缺省
有效波高	8	波浪高度, 0.1m 步进。0.0 ~ 25.0m; 251 = 波高为 25.1m 或更大; 255 = 无效数据 = 默认; 252 ~ 254 (留待将来应用)
波浪周期	6	波浪周期, 1s 步进。0 ~ 60s; 61 ~ 62 (留待将来应用); 63 = 无效 = 缺省
波向	9	波向, 1°步进。0° ~ 359°; 360 = 无效 = 缺省; 361 ~ 511 (留待将来应用)
涌高	8	涌高, 0.1m 步进。0.0 ~ 25.0m; 251 = 涌高为 25.1m 或更大; 255 = 无效 = 缺省; 252 ~ 254 (留待将来应用)
涌浪周期	6	涌浪周期, 1s 步进。0 ~ 60s; 61 ~ 62 (留待将来应用); 63 = 无效 = 缺省
涌向	9	涌向, 1°步进。0° ~ 359°; 360 = 无效 = 缺省; 361 ~ 511 (留待将来应用)
海况	4	按照附表 1-3 蒲福风级表的规定定义
水温	10	以摄氏度为单位的水温 (采用 2 的补码), 0.1℃步进。 –10.0℃ ~ +50.0℃; 501 = 无效 = 缺省; 502 ~ 511 (留待将来应用); –511 ~ –101 (留待将来应用)

续上表

参　数	比特数	说　明
降水（类型）	3	根据世界气象组织 306 规则表 4.201： 0＝保留；1＝雨；2＝雷雨；3＝冻雨；4＝混合/冰；5＝雪；6＝保留；7＝无效＝缺省
盐度	9	盐度，以 0.1‰（ppt）步进。0.0‰～50.0‰；501＝盐度为 50.1‰ 或更大；510＝无效＝缺省；511＝传感器无效；502～509（留待将来应用）
冰况	2	0＝无；1＝有；2（留待将来应用）；3＝无效＝缺省
备用	10	不用，置为 0
总计	360	占 2 个时隙

蒲 福 风 级 表　　　　　　　　　　附表 1-3

风　级	海　况
0	平静
1	鳞状波纹，波峰无白沫
2	较小小波，波纹明显，波峰未开花
3	较大小波，波峰开始开花，间或有白沫
4	小浪
5	中浪（1.2m），波浪更长，有泡沫浪花
6	大浪，到处都是白沫浪头
7	浪头高耸，开花浪的白沫开始随风成串飞溅
8	中高浪，浪头开始开花翻滚，白沫飞溅
9	高浪（6～7m），白沫密集随风飞溅，浪头开始上下翻滚
10	非常高的浪，大片白沫密集随风成串飞溅，整个海面呈白色海面汹涌澎湃，能见度受影响
11	特高浪
12	巨浪，空中充满着白沫和水雾，海面白茫茫一片，能见度严重受影响
13	不用＝缺省
14～15	（留待将来应用）

1.6.2　危险货物标志（附表 1-4）

（1）本电文用于回答主管部门关于危险货物信息的询问。

（2）电文内容以非语音方式传送危险货物类别信息，即对船舶和所载货物的类型做概略评估，以便于将其纳入船舶报告系统，作为搜救、防污染、消防和其他事故处理的初步信息。更详细的信息可及时从船舶和其他信息来源获得。

（3）这类数据专门供有能力将信息有选择和安全地转送至负责接收报告（船舶报告系统）和负责 VTS、搜救、防污染、消防和其他事故处理的有关国家主管部门的岸上当局使用。主管部门应负责采取必要的措施保证信息的可信度。

（4）规定多至 28 种危险货物。根据所使用的规则，每种货物按附表 1-5～附表 1-9 规定的结构表述。

危险货物标志——寻址电文　　　　　　　　　　　　　　附表 1-4

参　　　数	比特数	说　　　明
电文 id	6	电文 6 识别码；始终为 6
转发指示器	2	转发器用于指示已转发电文次数。0～3；0＝缺省；3＝不再转发
源台站 id	30	源台站 MMSI 号码
序列号	2	0～3；参见 ITU-R M. 1371-3 附件 2 第 5.3.1 节
目标台站 id	30	目标台站 MMSI 号码
重发标志	1	根据重发设置重发标志：0＝不重发＝缺省；1＝重发
备用	1	不用，置为 0
IAI	16	DAC＝001；FI＝25（参见 ITU-R M. 1371-3，附件 5 第 2.1 节）
危险货物总量单位	2	0＝无效＝缺省； 1＝kg；2＝t（1000kg）；3＝1000t（1000000kg）
危险货物总量	10	0＝无效＝缺省；1～1023＝数量（按上述单位）
装载 1 类货物遵循的规则	4	0＝无效（缺省）；1＝IMDG 规则（包装）；2＝IGC 规则； 3＝BC 规则（IMSBC1.1.2011）；4＝MARPOL 附则 I，油类（附录 1）； 5＝MARPOL 附则 II，IBC 规则；6＝区域应用；7～15 留待将来应用
1 类货物	13	内容决定于采用的规则。见附表 1-5
装载 2 类货物遵循的规则	4	任选（同 1 类货物）
2 类货物	13	任选，内容决定于采用的规则，见附表 1-5
…类货物	$n \times$（17）	…
装载 28 类货物遵循的规则	4	任选（同 1 类货物）
28 类货物	13	任选，内容决定于采用的规则，见附表 1-5
总计	117～576	占 1～3 个时隙，见附表 1-10

IMDG　规　则　　　　　　　　　　　　　　附表 1-5

参　　　数	比特数	说　　　明
IMDG 类别或分项	7	0＝无效（缺省）；1～9 不采用；10～99＝第 1 位数字＝主类，第 2 位数字＝ 次类或分项（未确定的次类和分项不得采用）； 100～127（留待将来应用）
备用	6	不用，置为 0
总计	13	

IGC　规　则　　　　　　　　　　　　　　附表 1-6

参　　　数	比特数	说　　　明
UN 号码	13	0＝无效＝缺省；1～3363＝4 位数字联合国编号；3364～8191（留待将来应用）
总计	13	

BC 规则（国际海运固体散装货物规则 1. 1. 2011）　　附表 1-7

参　数	比特数	说　明
BC 类别	3	0 = 无效 = 缺省；1 = A；2 = B；3 = C；4 = MHB（散装危险货物）；5 ~ 7（留待将来应用）
IMDG 类别	7	只对 B 类有规定。0 = 无效 = 缺省；1 ~ 9 不用；10 ~ 99 = 第 1 位数字 = 主类，第 2 位数字 = 次类（未确定的次类不得采用）；100 ~ 127（不用）
备用	3	不用，置为 0
总计	13	

MARPOL 附则 I，油类表　　附表 1-8

参　数	比特数	说　明
油类别	4	0 = 无效 = 缺省；1 = 沥青溶剂；2 = 油品；3 = 馏分油；4 = 柴油；5 = 汽油调和类；6 = 汽油；7 = 喷气机燃料；8 = 石脑油；9 ~ 15（留待将来应用）
备用	3	不用，置为 0
总计	13	

MARPOL 附则 II，IBC 规则　　附表 1-9

参　数	比特数	说　明
种类	3	0 = 无效 = 缺省；1 = X 类；2 = Y 类；3 = Z 类；4 = 其他物质；5 ~ 7（留待将来应用）
备用	10	不用，置为 0
总计	13	

时　隙　数　　附表 1-10

电文中货物数量	1 ~ 2	3 ~ 15	16 ~ 28
占用时隙数	1	2	3

1.6.3　潮汐窗（附表 1-11）

（1）该电文用于向船舶通报允许其安全通过航道的潮汐窗。

（2）电文包括预测流速和流向。

（3）规定最多给出 3 个地点的潮汐信息。

潮　汐　窗　　附表 1-11

参　数	比特数	说　明
电文 id	6	电文 6 识别码；始终为 6
转发指示器	2	转发器用于指示已转发电文次数。0 ~ 3；0 = 缺省；3 = 不再转发
源台站 id	30	源台站 MMSI 号码
序列号	2	0 ~ 3；参见 ITU-R M. 1371-3 附件 2 第 5.3.1 节
目标台站 id	30	目标台站 MMSI 号码
重发标志	1	根据重发设置重发标志；0 = 不重发 = 缺省；1 = 重发

参　　数	比特数	说　　明
备用	1	不用，置为 0
IAI	16	DAC = 001；FI = 32
时间标志		数据 UTC 日期
UTC 月	4	1 ~ 12；0 = 无效 = 缺省
UTC 日	5	1 ~ 31；0 = 无效 = 缺省
位置#1 经度	25	经度，1′/10000，±180°，按 2 的补码（东 = 正，西 = 负）；181 = 无效 = 缺省
位置#1 纬度	24	纬度，1′/10000，±90°，按 2 的补码（北 = 正，南 = 负）；91 = 无效 = 缺省
开始 UTC 时	5	0 ~ 23；24 = 无效 = 缺省
开始 UTC 分	6	0 ~ 59；60 = 无效 = 缺省
结束 UTC 时	5	0 ~ 23；24 = 无效 = 缺省
结束 UTC 分	6	0 ~ 59；60 = 无效 = 缺省
#1 预测流向	9	流向，1°步进。0° ~ 359°；360 = 无效 = 缺省；361 ~ 511（不用）
#1 预测流速	8	流速，0.1kn 步进。0.0 ~ 25.0kn，251 ≥ 流速 25.1kn；252 ~ 254（留待将来应用）；255 = 无效 = 缺省
位置#2 经度	25	经度，1′/10000，±180°，按 2 的补码（东 = 正，西 = 负）；181 = 无效 = 缺省
位置#2 纬度	24	纬度，1′/10000，±90°，按 2 的补码（北 = 正，南 = 负）；91 = 无效 = 缺省
开始 UTC 时	5	0 ~ 23；24 = 无效 = 缺省
开始 UTC 分	6	0 ~ 59；60 = 无效 = 缺省
#2 预测流向	9	流向，1°步进。0° ~ 359°；360 = 无效 = 缺省；361 ~ 511（不用）
#2 预测流速	8	流速，0.1kn 步进。0.0 ~ 25.0kn；251 ≥ 流速 25.1kn；252 ~ 254（留待将来应用）；255 = 无效 = 缺省
位置#3 经度	25	经度，1′/10000，±180°，按 2 的补码（东 = 正，西 = 负）；181 = 无效 = 缺省
位置#3 纬度	24	纬度，1′/10000，±90°，按 2 的补码（北 = 正，南 = 负）；91 = 无效 = 缺省
开始 UTC 时	5	0 ~ 23；24 = 无效 = 缺省
开始 UTC 分	6	0 ~ 59；60 = 无效 = 缺省
结束 UTC 时	5	0 ~ 23；24 = 无效 = 缺省
结束 UTC 分	6	0 ~ 59；60 = 无效 = 缺省
#3 预测流向	9	流向，1°步进。0° ~ 359°；360 = 无效 = 缺省；361 ~ 511（不用）
#3 预测流速	8	流速，0.1kn 步进。0.0 ~ 25.0kn；251 ≥ 流速 25.1kn；252 ~ 254（留待将来应用）；255 = 无效 = 缺省
总计	350	占 3 个时隙

1.6.4　扩展船舶静态和航次相关数据

本电文可用于获得附加的扩展船舶静态和航次相关数据，见附表 1-12。

扩展船舶静态和航次相关数据（广播电文）　　　　附表 1-12

参　　数	比特数	说　　明
电文 id	6	电文 8 识别码；始终为 8
转发指示器	2	转发器用于指示已转发电文次数。0～3；0 = 缺省；3 = 不再转发
源台站 id	30	源台站 MMSI 号码
备用	2	不用，置为 0
IAI	16	DAC = 001；FI = 24（见 ITU-R M. 1371-3，附件 5，2.1）
电文链接 id	10	源台站特定运行号码，所有二进制电文配置的电文链接 id 是唯一的，用文本描述电文给电文链接附加信息。电文链接 id 和源台站 MMSI 唯一地确定发射的电文。 1～1023，0 = 无效 = 缺省
净空高度	13	净空高度指船舶水线至船舶最高点（例如船舶桅顶）的垂直距离，0.1m 步进。净空高度 = 船舶总高（龙骨底至船舶桅杆顶）– 船舶最大静态吃水； 1～81.9m，81.91 = 81.91m 或更大，0 = 无效 = 缺省
上一个挂靠港	30	联合国地名代码（UN Locode），5 个 6 比特 ASCII 字符； "@@@@@" = 无效 = 默认
下一个挂靠港	30	联合国地名代码（UN Locode），5 个 6 比特 ASCII 字符； "@@@@@" = 无效 = 默认
第二个挂靠港	30	联合国地名代码（UN Locode），5 个 6 比特 ASCII 字符； "@@@@@" = 无效 = 默认
SOLAS 设备状态	52	SOLAS 导航/通信设备当前状态。各种设备用 2 比特表示，规则如下： 0 = 无效或按照请求 = 缺省，"00000000000000000000000000"； 1 = 设备工作；2 = 设备不工作；3 = 无数据（船上可能有或无设备，或不知设备状态）。 要求配备的 SOLAS 设备，按下列顺序编码： 1 = A 类 AIS； 2 = ATA（自动跟踪设备）； 3 = BNWAS（驾驶台航行值班报警系统）； 4 = ECDIS 备用系统； 5 = ECDIS/纸质海图； 6 = 回声测深仪； 7 = 电子标绘仪； 8 = 应急舵； 9 = 导航系统（GPS，罗兰-C，GLONASS）； 10 = 陀螺罗经； 11 = LRIT； 12 = 磁罗经； 13 = NAVTEX； 14 = 雷达（ARPA）； 15 = 雷达（S 频段）； 16 = 雷达（X 频段）； 17 = HF 无线电； 18 = INMARSAT 无线电； 19 = MF 无线电；

参　数	比特数	说　明
SOLAS 设备状态	52	20 = VHF 无线电； 21 = 计程仪（对地）； 22 = 计程仪（对水）； 23 = 艏向发射装置； 24 = 跟踪控制系统； 25 = VDR/S-VDR； 26 = 留待将来应用
冰级	4	冰级由下列组织规定： IACS = 国际船级社协会； PC = 极类。详情可参见 IACS 要求，2007，极地要求和 MSC/Circ.1056 和 MEPC/Circ. 399（北极覆冰水域船舶航行指南）； 　FSICR = 芬兰—瑞典冰级规则。详情可参见芬兰海事局公告 No.10/10.12.2008，冰级条例，2008（芬兰—瑞典冰级规则）； 　RS = 俄罗斯海船登记局。详情可参见船舶入籍与建造规范，2008 版。 0 = 不分级；1 = IACS PC1；2 = IACS PC2；3 = IACS PC3；4 = IACS PC4； 5 = IACS PC5；6 = IACS PC6 I FSICR IA SUPER I RS Arc 5； 7 = IACS PC7 I FSICR IA/RS Arc 4；8 = FSICR IE I Ice 3； 9 = FSICR IC/RS Ice 1；10 = RS Ice 1；11~14（留待将来应用）； 15 = 无效 = 缺省
轴马力	18	船舶总马力，1 马力步进。0~262141 马力，262142 ≥262142 马力，262143 = 无效 = 缺省
VHF 工作频道	12	发射船舶 VHF 工作频道。频道号码按照 ITU-R M.1084 建议，0 = 无效 = 缺省
劳氏船级社船型	42	劳氏船级社 STATCODE 5（例如 A11A1AA），7 个 6 比特 ASCII 字符； "@@@@@@@" = 无效 = 缺省。 见 http：//www.lrfairplay.com/About/IMO_ standards.html
总吨位	18	0~262141；262142 ≥262142t；262143 = 无效 = 缺省
满载或压载	2	0 = 无效 = 缺省；1 = 满载；2 = 压载；3 = 不用
燃油种类： 重燃油 轻燃油 柴油	 2 2 2	 0 = 无效 = 缺省；1 = 无；2 = 有；3 = 不用； 0 = 无效 = 缺省；1 = 无；2 = 有；3 = 不用； 0 = 无效 = 缺省；1 = 无；2 = 有；3 = 不用
燃油总吨数	14	0~16381；16382 ≥16382t；16383 = 无效 = 缺省
人员数	13	包括船员在内的当前船上人员数，0 = 无效 = 缺省；1~8190； 8191 = 8191 或更大
备用	10	不用，置为 0
总计	360	占 2 个时隙

1.6.5 船上人员数

本电文用于船舶报告船上人员数（根据主管部门的要求），见附表1-13。

船上人员数　　　　　　　　　　　　　　　附表1-13

参　数	比特数	说　明
电文id	6	电文6识别码；始终为6
转发指示器	2	转发器用于指示已转发电文次数；0~3；0=缺省；3=不再转发
源台站id	30	源台站MMSI号码
序列号	2	0~3；参见ITU-R M.1371-3，附件2第5.3.1节
目标台站id	30	目标台站MMSI号码
重发标志	1	根据重发设置重发标志；0=不重发=缺省；1=重发
备用	1	不用，置为0
IAI	16	DAC=001；FI=16（见ITU-R M.1371-3，附件5第2.1节）
人员数	13	当前包括船员在内的船上人员数；1~8190；0=缺省=无效；8191=8191或更大
备用	35	不用，置为0
总计	136	占1个时隙

1.6.6 VTS-生成/综合目标

（1）本电文应用于发射VTS或其他类型的综合目标，见附表1-14。根据目标数量，该电文长度可变。一条电文发射的最多目标数不应超过4个。

（2）只有目标位置已知时，才能应用VTS生成目标或综合目标。

VTS生成/综合目标　　　　　　　　　　　　附表1-14

参　数	比特数	说　明
电文id	6	电文8识别码；始终为8
转发指示器	2	转发器用于指示已转发电文次数；0~3；0=缺省；3=不再转发
源台站id	30	源台站MMSI号码
备用	2	不用，置为0
IAI	16	DAC=001；FI=17
目标1	120	见附表1-15
目标2	120	任选；见附表1-15
目标3	120	任选；见附表1-15
目标4	120	任选；见附表1-15
总计	最大536	占2~3个时隙

目 标 结 构　　　　　　　　　　　　　　　附表 1-15

参　数	比特数	说　明
目标识别码类型	2	识别码类型：0 = 目标识别码是 MMSI 号码；1 = 目标识别码是 IMO 号码；2 = 目标识别码是呼号；3 = 其他（缺省）
目标识别码	42	目标识别码根据上述目标识别码类型。若采用呼号，应用 6 比特 ASCII 码插入。若不知目标识别码，该字段应置为 0。若采用 MMSI 或 IMO 号码，最低有效位应等于目标识别码的 0 位。若不知目标识别，目标识别码类型应置为"3"，目标识别码应置为"@@@@@@"
备用	4	备用，置为 0
纬度	24	纬度，1′/1000，±90°，以 2 的补码表示，（北 = 正，南 = 负）；91 = 无效 = 缺省
经度	25	经度，1′/1000，±180°，以 2 的补码表示，（东 = 正，西 = 负）；181 = 无效 = 缺省
实际航向（COG）	9	用度表示的实际对地航向，1°步进。0°~359°；360 = 无效 = 缺省
时间标志	6	报告生成时的 UTC 时间；0~59s；60 = 无效 = 缺省
实际航速（SOG）	8	用节（kn）表示的实际对地航速，1kn 步进，0~254；255 = 无效 = 缺省
总计	120	

1.6.7　进港结关时间

（1）该电文专门向指定船舶提供准予挂靠和进港时间的信息，见附表 1-16。

（2）该电文由负责管理船舶进出港的主管部门发送。

进港结关时间（寻址）　　　　　　　　　　附表 1-16

参　数	比特数	说　明
电文 id	6	电文 6 识别码；始终为 6
转发指示器	2	转发器用于指示已转发电文次数；0~3；0 = 缺省；3 = 不再转发
源台站 id	30	源台站 MMSI 号码
序列号	2	0~3；参见 ITU-R M. 1371-3，附件 2 第 5.3.1 节
目标台站 id	30	目标台站 MMSI 号码
重发标志	1	根据重发设置重发标志；0 = 不重发 = 缺省；1 = 重发
备用	1	不用，置为 0
IAI	16	DAC = 001；FI = 18
电文链接 id	10	源台站特定运行号码，所有二进制电文配置的电文链接 id 是唯一的，用文本描述电文给电文链接附加信息。电文链接 id 和源台站 MMSI 唯一地确定发射的电文。1~023；0 = 无效 = 缺省
进港结关日期/时间		日期和 UTC 时间
UTC 月	4	1~12；0 = 无效 = 缺省
UTC 日	5	1~31；0 = 无效 = 缺省
UTC 时	6	0~23；24 = 无效 = 缺省
UTC 分	6	0~59；60 = 无效 = 缺省

续上表

参　　数	比特数	说　　明
靠泊港名称	120	靠泊港名称，最多20个6比特ASCII字符，按照ITU-R M.1371-3，表44规定
目的港	30	UN LOCODE，5个6比特ASCII字符，"@@@@@" = 无效 = 缺省
位置，经度	25	经度，1′/1000，±180°，以2的补码表示，（东 = 正，西 = 负）；181 = 无效 = 缺省
位置，纬度	24	纬度，1′/1000，±90°，以2的补码表示，（北 = 正，南 = 负）；91 = 无效 = 缺省
备用	43	不用，置为0
总计	360	占2个时隙

1.6.8　海上交通信号

（1）本电文专用于提供交通流需要保持有序的港口或航道入口处的信号台的信息和当前控制信号的状态等，见附表1-17。

（2）该电文由主管当局发送。

海上交通信号 附表1-17

参　　数	比特数	说　　明
电文id	6	电文8识别码；始终为8
转发指示器	2	转发器用于指示已转发电文次数；0～3；0 = 缺省；3 = 不再转发
源台站id	30	源台站MMSI号码
备用	2	不用，置为0
IAI	16	DAC = 001；FI = 19
电文链接id	10	源台站特定运行号码，所有二进制电文配置的电文链接id是唯一的，用文本描述电文给电文链接附加信息。电文链接id和源台站MMSI唯一地确定发射的电文。1～1023；0 = 无效 = 缺省
信号台名称	120	最多20个6比特ASCII字符，按照ITU-R M.1371-3中表44规定 "@@@@@@@@@@@@@@@@@@@@" = 不可用 = 缺省
信号台位置，经度	25	经度，1′/1000，±180°，以2的补码表示（东 = 正，西 = 负）；181 = 无效 = 缺省
信号台位置，纬度	24	纬度，1′/1000，±90°，以2的补码表示（北 = 正，南 = 负）；91 = 无效 = 缺省
信号状态	2	0 = 无效 = 缺省；1 = 工作正常；2 = 工作不正常；3（留待将来应用）
工作中的信号	5	见附表1-18
信号下次转换时间： UTC时 UTC分	 5 6	信号下次转换UTC时间： 0～23；24 = 无效 = 缺省；25～31（不用） 0～59；60 = 无效 = 缺省；61～63（不用）
预计下一信号	5	见附表1-18
备用	102	不用，置为0
总计	360	占2个时隙

工作信号　　　　　　　　　　　　　　　　　　　　　　附表 1-18

数　　值	说　　明
0	无效，缺省
1	IALA 港口交通信号 1：极端紧急所有船舶停航或按照指令转向
2	IALA 港口交通信号 2：船舶不应前进
3	IALA 港口交通信号 3：船舶可以前进，单向交通
4	IALA 港口交通信号 4：船舶可以前进，双向交通
5	IALA 港口交通信号 5：只有接收到规定指令的船舶，才可以前进
6	IALA 港口交通信号 2a：除航行在主航道以外而无须服从电文的船舶，其他船舶不应前进
7	IALA 港口交通信号 5a：只有接收到规定指令的船舶，才可以前进；除此之外，航行在主航道以外的船舶，无须服从电文的指示
8	日本交通信号-I = 只接受"进口"
9	日本交通信号-O = 只接受"出口"
10	日本交通信号-F = "进口"和"出口"都接受
11	日本交通信号-XI = 将适时转换至 I 规则
12	日本交通信号-XO = 将适时转换至 O 规则
13	日本交通信号-X = 除接受指令的船舶外，其他船舶不得前进
14-31	留待将来应用

注：工作信息的详细情况可参考 IALA 关于港口交通信号的建议 E-111，1.1 版，2005 年。

1.6.9　系泊数据

本电文专用于提供船舶系泊信息，见附表 1-19。若电文由船舶发送，则为系泊请求，若电文由主管部门发送，则是对系泊进行安排。

系泊数据（寻址）　　　　　　　　　　　　　　　　　　附表 1-19

参　　数	比特数	说　　明
电文 id	6	电文 6 识别码；始终为 6
转发指示器	2	转发器用于指示已转发电文次数。0～3；0 = 缺省；3 = 不再转发
源台站 id	30	源台站 MMSI 号码
序列号	2	0～3；参见 ITU-R M.1371-3，附件 2 第 5.3.1 节
目标台站 id	30	目标台站 MMSI 号码
重发标志	1	根据重发设置重发标志；0 = 不重发 = 缺省；1 = 重发
备用	1	不用，置为 0
IAI	16	DAC = 001；FI = 20
电文链接 id	10	源台站特定运行号码，所有二进制电文配置的电文链接 id 是唯一的，用文本描述电文给电文链接附加信息。电文链接 id 和源台站 MMSI 唯一地确定发射的电文。1～1023；0 = 无效 = 缺省
泊位长度	9	泊位长度，1m 步进；1～510m；511≥511m；0 = 不确定 = 缺省

参　数	比特数	说　明
泊位水深	8	泊位水深，0.1m 步进；0.1～25.4m；255≥25.5m；0 = 不确定 = 缺省
系泊位置	3	0 = 不确定 = 缺省； 1 = 左舷；2 = 右舷；3 = 中系；4 = 系浮筒；5 = 锚地； 6～7（留待将来应用）
系泊日期和时间： 　UTC 月 　UTC 日 　UTC 时 　UTC 分	 4 5 5 6	UTC 日期和时间： 1～12；0 = 无效 = 缺省； 1～31；0 = 无效 = 缺省； 0～23；24 = 无效 = 缺省； 0～59；60 = 无效 = 缺省
服务机构	1	0 = 服务机构未知 = 缺省，置下列所有"服务机构类型"为 0；1 = 服务机构已知，见下栏"服务机构"类型
服务机构类型	52	靠泊时得到的服务。每项服务用 2 比特表不，编码如下： 0 = 无服务机构或需要申请 = 缺省；1 = 有服务机构；2 = 无数据或未知； 3 = 不用。 服务项目名单： 1 = 代理；2 = 燃煤/燃油；3 = 船舶供应商；4 = 装卸工；5 = 电工；6 = 饮用水； 7 = 海关；8 = 货车运输；9 = 起重机；10 = 升降机；11 = 医疗设施；12 = 导航仪器维修；13 = 食品供应；14 = 船舶维修；15 = 验船师；16 = 蒸汽；17 = 拖轮； 18 = 废物处理（固体）；19 = 废物处理（液体）；20 = 废物处理（有害物质）； 21 = 压载水更换；22 = 其他服务项目；23～24（留待地方应用）；25～26（留待将来应用）
泊位名称	120	20 个 6 比特 ASCII 字符，按照 ITU-R M.1371-3，表 44 的规定
泊位中心位置，经度	25	经度，1′/1000，±180°，以 2 的补码表示（东 = 正，西 = 负）； 181 = 无效 = 缺省
泊位中心位置，纬度	24	纬度，1′/1000，±90°，以 2 的补码表示（北 = 正，南 = 负）； 91 = 无效 = 缺省
备用	0	不用，置为 0
总计	360	占 2 个时隙

1.6.10　船舶发送的天气报告

（1）本电文专用于向船舶提供航行船舶观测的天气信息。

（2）能够发射两种不同的电文：

①发自船舶的天气观测报告；

②发自船舶的世界气象组织（WMO）天气观测报告。

（3）附表 1-20 概略列出船舶电文中与天气观测报告有关的参数。

（4）附表 1-21 概略列出船舶电文中与 WMO 天气观测报告有关的参数。

①按照 SOLAS 公约第 V 章第 5 条和世界气象组织自愿观测船（VOS）计划的规定，船舶电文的 WMO 天气观测报告由国家气象部门聘用从事海上天气观测的船舶专门提供。

②来自船舶电文的 WMO 天气观测报告包括自愿观测船通常报告的所有参数和受聘于 VOS 计划船舶报告的参数，报告气候特性天气观测结果（电文说明中表示为 VOSClim 参数）。

船舶发送的天气报告　　　　　　　　　　　　　　　　　　附表 1-20

参　　　数	比特数	说　　　明
电文 id	6	电文 8 识别码；始终为 8
转发指示器	2	转发器用于指示已转发电文次数。0 ~ 3；0 = 缺省；3 = 不再转发
源台站 id	30	源台站 MMSI 号码
备用	2	不用，置为 0
IAI	16	DAC = 001；FI = 21
天气报告类型	1	始终为 0
地理位置	120	20 个 6 比特 ASCII 字符，按照 ITU-R M. 1371-3，表 44 的规定
观测位置，经度	25	经度，1′/1000，±180°，以 2 的补码表示（东 = 正，西 = 负）； 181 = 无效 = 缺省
观测位置，纬度	24	纬度，1′/1000，±90°，以 2 的补码表示（北 = 正，南 = 负）； 91 = 无效 = 缺省
观测日期与时间： UTC 日 UTC 时 UTC 分	 5 5 6	观测 UTC 日期与时间： 1 ~ 31；0 = 无效 = 缺省； 0 ~ 23；24 = 无效 = 缺省； 0 ~ 59；60 = 无效 = 缺省
当前天气	4	（根据 WMO 45501 规则），0 = 晴；1 = 多云；2 = 雨；3 = 雾；4 = 雪；5 = 台风（飓风）；6 = 季风；7 = 雷暴；8 = 无效 = 缺省；9 ~ 15（留待将来应用）
水平能见度	8	水平能见度，0.1 海里步进（00000000 ~ 01111111）。 0.0 ~ 12.6 海里。如果最高有效位（MSB）指示能见度设备达到了最大距离，则读数应大于 ×. × 海里（例如，若 10110010，则能见度等于或大于 5.0 海里）；127 = 无效 = 缺省
相对湿度	7	1% 步进。0 ~ 100%；101 = 无效 = 缺省；102 ~ 127（留待将来应用）
平均风速	7	前 10min 风速平均值，1kn 步进。0 ~ 125kn；126 ≥ 风速 126kn； 127 = 无效 = 缺省
风向	9	前 10min 风向平均值，10 步进。00 ~ 3590；360 = 无效 = 缺省；361 ~ 551（留待将来应用）
气压	9	海平面气压，1hPa 步进。0 = 799hPa 气压或更小； 1 ~ 401 = 800 ~ 1200hPa； 402 = 1201hPa 气压或更大； 403 = 无效 = 缺省；404 ~ 511（留待将来应用）
气压趋势	4	采用 WMO FM13 规则表示前 3 小时的气压特性，代码 0 ~ 8
气温	11	干球温度（2 的补码），0.1℃ 步进。−60.0℃ ~ +60.0℃ −1024 = 无效 = 缺省；601 ~ 1023（留待将来应用）； −1023 ~ −601（留待将来应用）
海水温度	10	海水温度（2 的补码），0.1℃ 步进。−10.0℃ ~ +50.0℃ 501 = 无效 = 缺省； 502 ~ 511（留待将来应用）；−511 ~ −101（留待将来应用）

续上表

参　数	比特数	说　明
波浪周期	6	波浪周期，1s 步进。0 ~ 60s；63 = 无效 = 缺省；61 ~ 62（留待将来应用）
浪高	8	波浪高度，0.1m 步进。0.0 ~ 25.0m； 251 = 浪高 25.1m 或更大； 255 = 无效 = 默认；252 ~ 254（留待将来应用）
波浪方向	9	波浪方向，10 步进。00 ~ 3590；360 = 无效 = 缺省；361 ~ 511（留待将来应用）
涌高	8	涌浪高度，0.1m 步进。0.0 ~ 25.0m； 251 = 涌高 25.1m 或更大；255 = 无效 = 默认； 252 ~ 254（留待将来应用）
涌浪方向	9	涌浪方向，10 步进。00 ~ 3590；360 = 无效 = 缺省；361 ~ 511（留待将来应用）
涌浪周期	6	涌浪周期，1s 步进。0 ~ 60s；63 = 无效 = 缺省； 61 ~ 62（留待将来应用）
备用	1	不用，置为 0
总计	360	占 2 个时隙

船舶发送的 WMO 天气观测报告　　　　　　附表 1-21

参　数	比特数	说　明
电文 id	6	电文 8 识别码；始终为 8
转发指示器	2	转发器用于指示已转发电文次数。0 ~ 3；0 = 缺省；3 = 不再转发
源台站 id	30	源台站 MMSI 号码
备用	2	不用，置为 0
IAI	16	DAC = 001；FI = 21
天气报告类型	1	始终为 1
观测位置，经度	16	BUFR，006002，经度，1′/100，±180°，以 2 的补码表示（东 = 正，西 = 负）； Lon =（整数/100）~ 180，整数 0 ~ 36000；65535 = 无效 = 缺省
观测位置，纬度	15	BUFR，005002，纬度，1′/100，±90°，以 2 的补码表示（北 = 正，南 = 负）； Lat =（整数/100）~ 90，整数 0 ~ 18000；32767 = 无效 = 缺省
观测日期和时间		观测 UTC 日期和时间
UTC 月 UTC 日 UTC 时 UTC 分	4 6 5 3	BUFR，004002，1 ~ 12（偏置 = 0）；月 = 整数；15 = 无效 = 缺省 BUFR，004003，1 ~ 31（偏置 = 0）；日 = 整数 = 1 ~ 31；63 = 无效 = 缺省 BUFR，004004，0 ~ 23（偏置 = 0）；时 = 整数；31 = 无效 = 缺省 BUFR，004005，0 ~ 50（偏置 = 0）；分 =（整数×10）= 0 ~ 5；7 = 无效 = 缺省
船舶实际航向 （前 10min）	7	BUFR，001012（VOSClim 参数），005° ~ 360°（偏置 = 0）； COG =（整数×5），整数 = 1 ~ 72；0 = 停止；127 = 无效 = 缺省
船舶实际航速 （前 10min）	5	BUFR，001013（VOSClim 参数），0 ~ 14.5m/s（偏置 = 0）； SOG =（整数×0.5），整数 = 0 ~ 29；30≥15m/s；31 = 无效 = 缺省
船舶平均艏向 （前 10min）	7	BUFR（待定），（VOSClim 参数），005° ~ 360°（偏置 = 0）； HDT =（整数×5）= 1 ~ 72；127 = 无效 = 缺省

续上表

参　数	比特数	说　明
海面气压	11	BUFR，010051，900～1100hPa（偏置＝900），气压＝（整数/10）＋900＝0～2000；2047＝无效＝缺省
3h 气压变化（相对值）	10	BUFR，010061，－50～＋50hPa（偏置＝－50），趋势＝（整数/10）－50＝0～1000；1023＝无效＝缺省
气压趋势特性	4	BUFR，010063，WMO BUFR 表 010063，表示前 3h 气压特性，规则 0～8；15＝无效＝缺省
真风向（10min 平均）	7	BUFR，011001，005°～360°（偏置＝0）；方向＝（整数×5）＝1～72；0＝风平浪静；127＝无效＝缺省
真风速（10min 平均）	8	BUFR，011002，0～127m/s（偏置＝0）；速度＝（整数×5）＝0～254；255＝无效＝缺省
相对风向（10min 平均）	7	BUFR，005°～360°（偏置＝0）；方向＝（整数×5）＝1～72；0＝风平浪静；127＝无效＝缺省
相对风速（10min 平均）	8	BUFR（待定），（VOSClim 参数），0～127m/s（偏置＝0）；速度＝（整数×5）＝0～254；255＝无效＝缺省
最大阵风风速	8	BUFR，011041，0～127m/s（偏置＝0）；速度＝（整数×5）＝0～254；255＝无效＝缺省
最大阵风风向	7	BUFR，011043，005°～360°（偏置＝0）；方向＝（整数×5）＝1～72；0＝风平浪静；127＝无效＝缺省
气温（干球温度）	10	BUFR，012101，223～323K（偏置＝223）（例如，－50～＋50℃），温度＝（整数/10）＋223＝0～1000 1023＝无效＝缺省
相对湿度	7	BUFR，013003，0～100%（偏置＝0）；Rh＝（整数）＝0～100；127＝无效＝缺省
海面温度	9	BUFR，022042，268～318K（偏置＝268）（例如，约－5℃～＋45℃），海面温度＝（整数/10）＋268，整数 0～500；511＝无效＝缺省
水平能见度	6	BUFR，020001，0～50000m（偏置＝0）；能见度＝［（整数×2）］×13.073＝0～62；63＝无效＝缺省
当前天气	9	BUFR，020003（WMO BUFR 表 020003 当前天气，规则 0～510）；511＝无效＝缺省
过去天气#1	5	BUFR，020004（WMO BUFR 表 020004 过去天气，规则 0～30）；31＝无效＝缺省
过去天气#2	5	BUFR，020005（WMO BUFR 表 020005 过去天气，规则 0～30）；31＝无效＝缺省
总云量	4	BUFR，020010，0～100%（偏置＝0）；总云量＝（整数×10）＝0～10；15＝无效＝缺省
云量（低）	4	BUFR，020011（WMO BUFR 表 020011 云量，规则 0～14）；15＝无效＝缺省
云型（低）	6	BUFR，020012（WMO BUFR 表 020012 云型，规则 0～62）；63＝无效＝缺省
云型（中）	6	BUFR，020012（WMO BUFR 表 020012 云型，规则 0～62）；63＝无效＝缺省
云型（高）	6	BUFR，020012（WMO BUFR 表 020012 云型，规则 0～62）；63＝无效＝缺省
最低云底高度	7	BUFR，020012，0～2500m（偏置＝0）；高度＝［整数×2）］×0.16，整数＝0～125；126≥2500m；127＝无效＝缺省

参　数	比特数	说　明
风浪周期	5	BUFR，020012，0～30s（偏置=0）；周期=（整数）=0～30；31=无效=缺省
风浪高度	6	BUFR，020022，0～30m（偏置=0）；高度=（整数×0.5）=0～60；63=无效=缺省
第1涌浪方向（涌浪来向）	6	BUFR，022003，10°～360°（偏置=0）；方向=（整数×10）=1～36；0=风平浪静；63=无效=缺省
第1涌浪周期	5	BUFR，022013，0～30s（偏置=0）；周期=（整数）=0～30；31=无效=缺省
第1涌浪高度	6	BUFR，022023，0～30m（偏置=0）；高度=（整数×0.5）=0～60；63=无效=缺省
第2涌浪方向（涌浪来向）	6	BUFR，022003，10°～360°（偏置=0）；方向=（整数×10）=1～36；0=风平浪静；63=无效=缺省
第2涌浪周期	5	BUFR，022013，0～30s（偏置=0）；周期=（整数）=0～30；31=无效=缺省
第2涌浪高度	6	BUFR，022023，0～30m（偏置=0）；高度=（整数×0.5）=0～60；63=无效=缺省
积冰（厚度）	7	BUFR，020031，0～126cm（偏置=0）；厚度=（整数）=0～126；127=无效=缺省
积冰增长速率	3	BUFR，020032（WMO BUFR，表020032，积冰速率，规则0～6）；7=无效=缺省
积冰增长原因	3	BUFR，020033（WMO BUFR，表020033，积冰原因，规则0～6）；7=无效=缺省
海冰密集度	5	BUFR，020034（WMO BUFR，表020034，海冰密集度，规则0～30）；31=无效=缺省
冰型数量	4	BUFR，020035（WMO BUFR，表020035，冰型数量，规则0～14）；15=无效=缺省
冰况	5	BUFR，020036（WMO BUFR，表020036，冰况，规则0～30）；31=无效=缺省
海冰的发展	4	BUFR，020037（WMO BUFR，表020037，海冰发展，规则0～30）；31=无效=缺省
冰区边界方位	4	BUFR，020038，045°～360°（偏置=0）；方位=（整数×45）=1～8；15=无效=缺省
总计	360	占2个时隙

1.6.11　区域通告（附表1-22、附表1-23）

（1）此电文可用于通报指定地理区域、多段折线或位置的动态信息。电文只应用来向船员和主管部门传递时间紧迫的航行安全信息，而不是传递当前官方海图或航海出版物已提供的信息。

（2）此电文也可以用于传送建议航线。然而，推荐航路或指导航路还是应该用航路信息电文。

（3）本信息有时间性（即有起始日期与时刻和持续时间）。

（4）为了提前通告，电文应于该区域通告开始日期和时间之前发射。提前发射时间不得超过一天。

（5）除发射撤销电文外，不得在指定的终止日期和时间以后发射电文。撤销电文可以用同样的电文链接id，利用126区域类型（撤销），持续时间=0和起始时间字段全部置为无效，在指定终止时间前发射。

（6）ECDIS/ECS软件应能在终止时间或接收撤销电文以后自动从显示器上消除区域通告。

（7）电文最多可占用 5 个时隙，但最好不要超过 3 个时隙。由于射频噪声和数据包冲突，时隙越多，接收概率越低。

（8）航路点可以用多折线/航路点分区来指定。若需要更加精确，可采用多个圆/点分区的方法（例如，每个航路点一个）。

（9）航路点以多折线、圆/点分区指定后，应按其在电文中出现的先后按序编号。

（10）在同一区域通告电文中，点分区（区域型 = 0）以后应紧接折线/多边形分区。点定义了线段的起点。如果多折线或多边形需要 5 个以上的点，则可以采用附加的多折线或多边形，但必须紧接第 1 个多折线或多边形分区。

（11）电文链接 id 可用于链接附加文本（例如分开的文本电文），但区域通告和附加文本描述电文的发送应采用相同的源台站 MMSI。

（12）一条区域通告（一个电文链接 id）规定的整个区域是电文中包含的全部分区的集合。

（13）若以相同的电文链接 id 重发不同的分区和/或时间，ECDIS/ECS 应以新的区域取代旧的区域。

（14）电文链接 id 对所应用的所有二进制电文应该是唯一的。这样，电文链接 id 和源台站 MMSI 才能与相同的文本电文相关联。

区域通告（广播电文）　　　　　　　　　　　　　　　　　　附表 1-22

	参　　　数		比特数	说　　　明
标准电文字头	电文 id		6	电文 8 识别码：始终为 8
	转发指示器		2	转发器用于指示已转发电文次数（见 ITU-R M. 1371-3，附件 2，第 4. 6. 1 节）；0 ~ 3：0 = 缺省；3 = 不再转发
	源台站 LD		30	源台站 MMSI 号码
	备用		2	不用，置为 0
二进制数据	指定区域码		10	DAC = 001
	功能识别码		6	FI = 23
	适用数据	电文链接 id	10	源台站特定运行号码，所有二进制电文配置的电文链接 id 是唯一的，用文本描述电文给电文链接附加信息。电文链接 id 和源台站 MMSI 唯一地确定发射的电文。1 ~ 1023，0 = 无效 = 缺省
		通告说明	7	通告说明按附表 1-24 进行定义。按照说明置为 0-127。若 = 127，必须有关联文本（附表 1-25）
		区域起始时间　UTC 月	4	区域通告开始的 UTC 月；1 ~ 12；0 = 无效 = 缺省；13 ~ 15（留待将来应用）
		区域起始时间　UTC 日	5	区域通告开始 UTC 日；1 ~ 31；0 = 无效 = 缺省
		区域起始时间　UTC 时	5	区域通告开始 UTC 时；0 ~ 23；24 = 无效 = 缺省；25 ~ 31（留待将来应用）
		区域起始时间　UTC 分	6	区域开始 UTC 分；0 ~ 59；60 = 无效 = 缺省；61 ~ 63（留待将来应用）
		持续时间	18	从区域通告开始至结束的分钟数。0 = 撤销区域通告；262143 = 未定义 = 缺省；最长持续时间 262142min（182.04d）
		分区	最多 870	分区 1 ~ 10，各分区结构如附表 1-27 ~ 附表 1-32 所示。使用 5 分区的区域应关联有简单文本说明。关联文本见附表 1-25。分区总数根据电文长度决定。每个分区固定占 87 比特
总计			最多 981	占 2 ~ 5 个时隙（附表 1-26）

区域通告（寻址电文）　　　　　　　　　　　附表 1-23

	参　数		比特数	说　明
标准电文字头	电文 id		6	电文 6 识别码：置为 6（寻址，需确认）
	转发指示器		2	转发器用于指示已转发电文次数。 见 ITU R M.1371-3 附件 2 第 4.6.1 节； 0～3；0 = 默认；3 = 不再转发
	源台站 MMSI		30	源台站 MMSI 号码
	序列号		2	参见 ITU-R M.1371-3，附件 2，第 5.3.1 节，0～3
	目标台站 MMSI		30	目标台站 MMSI 号码
	重发标志		1	根据重发设置重发标志。0 = 不重发 = 缺省；1 = 重发
	备用		1	不用，置为 0
二进制数据	指定区域码		10	DAC = 001
	功能识别码		6	FI = 23
	适用数据	电文链接 id	10	源台站特定运行号码，所有二进制电文配置的电文链接 id 是唯一的，用文本描述电文给电文链接附加信息。电文链接 id 和源台站 MMSI 唯一地确定发射的电文。0～1023
		通告说明	7	通告说明按附表 1-24 规定。按照说明置为 0～127。 若 = 127，必须有文本电文（附表 1-25）
		区域起始时间 UTC 月	4	区域通告开始 UTC 月：1～12；0 = 无效 = 缺省；13～15（留待将来应用）
		UTC 日	5	区域通告开始 UTC 日：1～31；0 = 无效 = 缺省
		UTC 时	5	区域通告开始 UTC 时：0～23；24 = 无效 = 缺省；25～31（留待将来应用）
		UTC 分	6	区域通告开始 UTC 分：0～59；60 = 无效 = 缺省；61～63（留待将来应用）
		持续时间	18	直至区域通告结束时的分钟数。测量从区域通告开始时计算。0 = 撤销区域通告；262143 = 不确定 = 无效 最长持续时间 = 262142min（182.04d）
		分区	最多 870	1～10 分区，各分区结构如附表 1-27～附表 1-32 所示。包含 5 分区的区域有简短文本说明。分区总数根据数据长度决定。每个分区占 87 比特
总计			最多 1013	占 2～5 个时隙（附表 1-26）

通　告　说　明　　　　　　　　　　　附表 1-24

0	警告区：海洋哺乳动物栖息地	4	警告区：受保护栖息地—减速	8	警告区：交通拥塞	12	警告区：疏浚作业
1	警告区：区域内有海洋哺乳动物—减速	5	警告区：受保护栖息地—停留，查清	9	警告区：海洋事故	13	警告区：测量作业
2	警告区：区域内发现海洋哺乳动物—停留，查清	6	警告区：受保护栖息地—不准捕鱼与锚泊	10	警告区：下有潜水员	14	警告区：水下作业
3	警告区：区域内发现海洋哺乳动物—报告目击情况	7	警告区：废弃物（漂流物）	11	警告区：游泳区	15	警告区：水上飞机作业

16	警告区：水下有渔网	37	禁区：失火—危险区	58	安全报警：3 级	79	（留待将来应用）
17	警告区：渔船群	38	禁区：水雷区	59	（留待将来应用）	80	指令：在该地/关键时刻与 VTS 联系
18	警告区：航道关闭	39	禁区（留待将来应用）	60	（留待将来应用）	81	指令：在该地/关键时刻与港口当局联系
19	警告区：港口关闭	40	锚泊区：锚地开放	61	（留待将来应用）	82	指令：在该地/关键时刻以外不许前进
20	警告区：风险—相关文本字段定义	41	锚泊区：锚地关闭	62	（留待将来应用）	83	指令：在该地/关键时刻以外与港口当局联系之前，需等待指令才准前进
21	警告区：水下载运体作业	42	锚泊区：禁止锚泊	63	（留待将来应用）	84	驶向该位置—等待命令
22	（留待将来应用）	43	锚泊区：深吃水锚地	64	遇险区：废弃和漂流船舶	85	准予结关—驶向靠泊
23	环境警告区：风暴前锋（飑线）	44	锚泊区：浅吃水锚地	65	遇险区：船舶下沉	86	（留待将来应用）
24	环境警告区：危险海冰	45	锚泊区：船舶转移	66	遇险区：弃船	87	（留待将来应用）
25	环境警告区：风暴警告（风暴中心或风暴线）	46	（留待将来应用）	67	遇险区：船舶需要医疗援助	88	信息：引航员登船地点
26	环境警告区：强风	47	（留待将来应用）	68	遇险区：船舶淹没	89	信息：破冰船等待位置
27	环境警告区：巨浪	48	（留待将来应用）	69	遇险区：船舶失火/爆炸	90	信息：避难地点
28	环境警告区：能见度受限（雾、雨等）	49	（留待将来应用）	70	遇险区：船舶搁浅	91	信息：破冰船位置
29	环境警告区：强流	50	（留待将来应用）	71	遇险区：船舶碰撞	92	信息：应答单位地点
30	环境警告区：结冰	51	（留待将来应用）	72	遇险区：船舶倾斜/倾覆	93	VTS 目标
31	（留待将来应用）	52	（留待将来应用）	73	遇险区：船舶遭袭击	94	可疑船舶
32	禁区：禁止捕捞	53	（留待将来应用）	74	遇险区：有人落水	95	请求非遇险援助的船舶
33	禁区：禁止锚泊	54	（留待将来应用）	75	遇险区：搜救区	96	海图特征：沉船
34	禁区：穿越前需要获得批准才能进入	55	（留待将来应用）	76	遇险区：污染反应区	97	海图特征：水下目标
35	禁区：禁止进入	56	安全报警：1 级	77	（留待将来应用）	98	海图特征：半潜目标
36	禁区：军事演习	57	安全报警：2 级	78	（留待将来应用）	99	海图特征：浅滩区

续上表

100	海图特征：正北浅滩区	107	海图特征：桥梁部分开启	114	来自船舶的报告：其他信息—在相关文本字段确定	121	航路：其他航路
101	海图特征：正东浅滩区	108	海图特征：桥梁全部开启	115	（留待将来应用）	122	航路：推荐冰区航路
102	海图特征：正南浅滩区	109	（留待将来应用）	116	（留待将来应用）	123	（留待将来应用）
103	海图特征：正西浅滩区	110	（留待将来应用）	117	（留待将来应用）	124	（留待将来应用）
104	海图特征：航道障碍	111	（留待将来应用）	118	（留待将来应用）	125	其他—在相关文本字段中规定
105	海图特征：垂直空隙减小	112	来自船舶的报告：结冰信息	119	（留待将来应用）	126	撤销—取消电文链接 id 确定的区域
106	海图特征：桥梁关闭	113	（留待将来应用）	120	航路：推荐航路	127	未定（缺省）

关 联 文 本 附表 1-25

	参　数	比特数	说　明
区域通告分区	区域形状	3	规定区域形状，相关文本，置为 5。文本与本二进制电文规定的区域相关联。多个相关文本分区按电文中出现的次序结合在一起
	文本	84	14 个 6 比特 ASCII 字符。6 比特 ASCII 字符按 ITU R M.1371-3，表 44 的规定
	备用	0	不用，置为 0

时 隙 数 附表 1-26

发射分区数	1	2	3	4	5	6	7	8	9	10
广播电文比特数	198	285	372	459	546	633	720	807	894	981
广播电文时隙数	2	2	3	3	3	4	4	4	5	5
寻址电文比特数	230	317	404	491	578	665	752	839	926	1013
寻址电文时隙数	2	2	3	3	3	4	4	4	5	5

分 区 表 附表 1-27

序号	区域形状	定义表	序号	区域形状	定义表
0	圆或点	附表 1-28	4	多边形	附表 1-32
1	矩形	附表 1-29	5	关联文本	附表 1-25
2	扇形	附表 1-30	6~7	保留	—
3	折线点	附表 1-31			

圆 或 点 附表 1-28

	参　数	比特数	说　明
区域通告分区	区域形状	3	规定区域形状，圆形，设为 0 比例
	比例因子	2	比例因子，是外形尺寸的乘数。1（缺省），10，100 和 1000（比例因子 = 10^n，n = 比例因子的十进制数）
	经度	25	中心经度。1′/1000，±180°，按 2 的补码（东 = 正，西 = 负）；181 = 无效 = 缺省

续上表

参	数	比特数	说　明
区域通告分区	纬度	24	中心纬度。1′/1000，±90°，按 2 的补码（北 = 正，南 = 负）；91 = 无效 = 缺省
	精度	3	经纬度参数数据精度，本参数中截至十位数的数据，0~4；4 = 缺省
	半径	12	确定圆面积的大小。圆的半径，单位米。0 = 点（缺省）；1~4095m；与比例因子相乘，最大可表示 4095000m（4095km）
	备用	18	不用，置为 0

矩　形　　　　　　　附表 1-29

参	数	比特数	说　明
区域通告分区	区域形状	3	规定区域形状，矩形，置为 1
	比例因子	2	比例因子，是外形尺寸的乘数。1（缺省），10，100 和 1000（比例因子 = 10^n，n = 比例因子的十进制数）
	经度	25	西南角经度。单位为 1/1000，±180°，按 2 的补码（东 = 正，西 = 负）；181 = 不可用 = 缺省
	纬度	24	西南角纬度。单位为 1/1000，±90°，按 2 的补码（北 = 正，南 = 负）；91 = 不可用 = 缺省
	精度	3	经纬度参数数据精度，本参数中截至十位数的数据，0~4，4 = 缺省
	东方位	8	矩形尺度。以 1m 步进从拐角点向东。乘以比例因子，最大可表示 255000m（255km）；0 = 南北线（缺省）；比例因子为 1~255m
	北方位	8	矩形尺度。以 1m 步进从拐角点向北。乘以比例因子，最大可表示 255000m（255km）；0 = 东西线（缺省）；比例因子为 1~255m
	方位度	9	用"度"表示的矩形区域的旋转。按顺时针方向旋转。0 = 不旋转（缺省）；1~359 = 旋转度数；360~511（留待将来使用）
	备用	5	不用，置为 0

矩形区域过程的描述如附图 1-1 所示。

扇　形　　　　　　　附表 1-30

参	数	比特数	说　明
区域通告分区	区域形状	3	规定区域形状，扇形，置为 2
	比例因子	2	比例因子，是外形尺寸的乘数。1（缺省），10，100 和 1000（比例因子 = 10^n，n = 比例因子的十进制数）
	经度	25	中心经度。单位为 1′/1000，±180°，按 2 的补码（东 = 正，西 = 负）；181 = 无效 = 缺省
	纬度	24	中心纬度。单位为 1′/1000，±90°，按 2 的补码（北 = 正，南 = 负）；91 = 无效 = 缺省
	精度	3	经纬度参数数据精度，本参数中截至十位数的数据，0~4，4 = 缺省
	半径	12	定义扇形尺度。以 1m 步进的扇形半径。0 = 点（缺省）；1~4095m；乘比例因子，最大可表示 4095000m（4095km）
	左边界	9	扇形左边界取向。以度步进从真北围绕中心顺时针计算。0 = 不旋转 = 缺省；1~359 = 旋转度数；360~511（留待将来应用）

	参　　数	比特数	说　　明
区域通告分区	右边界	9	扇形右边界取向。以度步进从真北围绕中心顺时针计算。扇区总面积有做边界顺时针转至有边界计算。0 = 不旋转；1～359 = 旋转度数；360～511（留待将来应用）
	备用	0	不用，置为0

扇形区域如附图 1-2 所示。

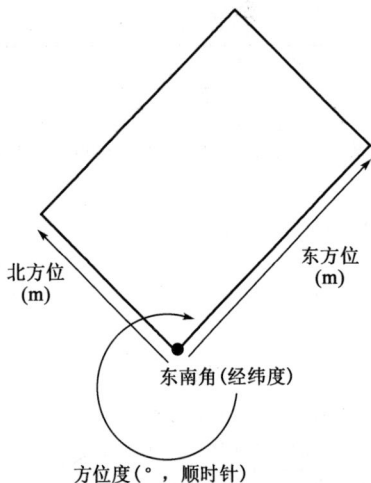

北方位 (m)
东方位 (m)
东南角(经纬度)
方位度(°，顺时针)

附图 1-1　定义矩形区域过程描述

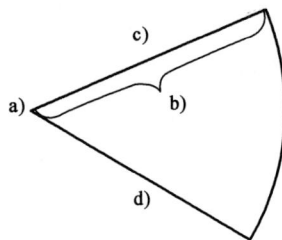

c)
a)
b)
d)

a)中心点；
b)扇形半径；
c)扇形左边界方位；
d)扇形右边界方位

附图 1-2　扇形区域

航路点/折线点　　　　　　　　　　　　　　　　　　　附表 1-31

	参　　数	比特数	说　　明
区域通告分区	区域形状	3	规定区域形状，折线置为 3（开阔区或线），起始点有区域形状 = 0（圆）
	比例因子	2	比例因子，是外形尺寸的乘数。1（缺省），10，100 和 1000（比例 10^n，n = 比例因子的十进制数）
	点 1，角度	10	点 0 至点 1 的真方位（0.5°步进），或者从折线的上一个点直接引出的折线。方位（度）= 十进制数（0～719）×0.5；720 = 无效 = 缺省；721～1023（留待将来应用）
	点 1，距离	10	点 0 至点 1 的距离（m），或者从折线的上一个点直接引出的折线的距离。该数值（0～1023）乘以比例因子，最大可表示 1023000m（1023km）；0 = 缺省（无点）
	点 2，角度	10	点 1 至点 2 的真方位（0.5°步进），或者从折线的上一个点直接引出的折线。方位（度）= 十进制数（0～719）×0.5；720 = 无效 = 缺省；721～1023（留待将来应用）
	点 2，距离	10	点 1 至点 2 的距离（m），或者从折线的上一个点直接引出的折线的距离。该数值（0～1023）乘以比例因子，最大可表示 1023000m（1023km）；0 = 缺省（无点）
	点 3，角度	10	点 2 至点 3 的真方位（0.5°步进），或者从折线的上一个点直接引出的折线。方位（度）= 十进制数（0～719）×0.5；720 = 无效 = 缺省；721～1023（留待将来应用）

续上表

参　数	比特数	说　明
点 3，距离	10	点 2 至点 3 的距离（m），或者从折线的上一个点直接引出的折线的距离。该数值（0～1023）乘以比例因子，最大可表示 1023000m（1023km）；0 = 缺省（无点）
点 4，角度	10	点 3 至点 4 的真方位（0.5°步进），或者从折线的上一个点直接引出的折线。方位（度）= 十进制数（0～719）×0.5；720 = 无效 = 缺省；721～1023（留待将来应用）
点 4，距离	10	点 3 至点 4 的距离（m），或者从折线的上一个点直接引出的折线的距离。该数值（0～1023）乘以比例因子，最大可表示 1023000m（1023km）；0 = 缺省（无点）
备用	2	不用，置为 0

（左侧纵向合并单元格：区域通告分区）

附图 1-3 为点之间角度与距离的航路点/折线图示。

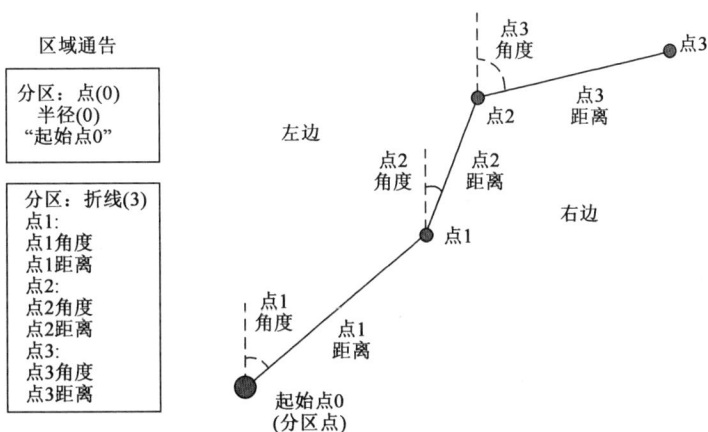

附图 1-3　点之间角度与距离的航路点/折线图示

注：若以折线表示边界（例如冰区的边沿），分区的边界应当
　　从起始分区点（0）按顺序以折线的左边确定。

附图 1-4 为海冰与海水之间的边界和通过海冰区的推荐航线示意图。
附图 1-5 为风暴前锋示意图。

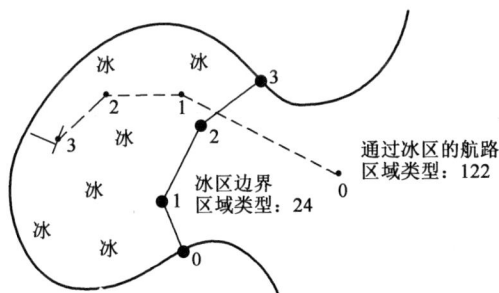

附图 1-4　海冰与海水之间的边界和通过海冰区的
　　　　　推荐航线示意图

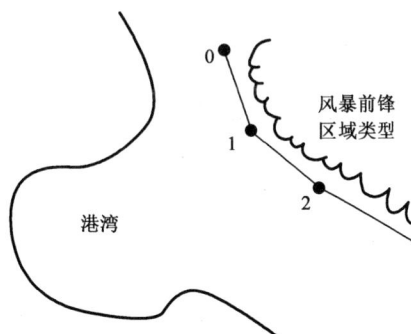

附图 1-5　风暴前锋示意图

多　边　形　　　　　　　　　　　　　　　　　附表1-32

参　数	比特数	说　明
区域形状	3	规定区域形状，多边形，置为4（闭合区域），多边形形状由最后一个点与起始点（0点）连接封闭而成
比例因子	2	比例因子，是外形尺寸的乘数。1（缺省），10，100和1000（比例因子=10^n，n=比例因子的十进制数）
点1，角度	10	点0至点1的真方位（0.5°步进），或者从折线的上一个点直接引出的折线。方位（度）=十进制数（0~719）×0.5；720=无效=缺省；721~1023（不用）
点1，距离	10	点0至点1的距离（m），或者从折线的上一个点直接引出的折线的距离。该数值（0~1023）乘以比例因子，最大可表示1023000m（1023km）
点2，角度	10	点1至点2的真方位（0.5°步进），或者从折线的上一个点直接引出的折线。方位（度）=十进制数（0~719）×0.5；720=无效=缺省；721~1023（不用）
点2，距离	10	点1至点2的距离（m），或者从折线的上一个点直接引出的折线的距离。该数值（0~1023）乘以比例因子，最大可表示1023000m（1023km）；0=缺省（无点）
点3，角度	10	点2至点3的真方位（0.5°步进），或者从折线的上一个点直接引出的折线。方位（度）=十进制数（0~719）×0.5；720=无效=缺省；721~1023（留待将来应用）
点3，距离	10	点2至点3的距离（m），或者从折线的上一个点直接引出的折线的距离。该数值（0~1023）乘以比例因子，最大可表示1023000m（1023km）；0=缺省（无点）
点4，角度	10	点3至点4的真方位（0.5°步进），或者从折线的上一个点直接引出的折线。方位（度）=十进制数（0~719）×0.5；720=无效=缺省；721~1023（不用）
点4，距离	10	点3至点4的距离（m），或者从折线的上一个点直接引出的折线的距离。该数值（0~1023）乘以比例因子，最大可表示1023000m（1023km）
备用	2	不用，置为0

(左侧跨行标题：区域通告分区)

1.6.12　环境数据

（1）已制定发射环境信息的二进制新电文。为了尽量灵活，本电文提供1~8个传感器报告的环境信息，如附表1-33所示（例如，一个传感器报告用2时隙发送，而8个传感器报告的电文用5时隙发送）。每个传感器报告含有相关传感器的静态或动态信息。

（2）每条环境数据电文有56比特标准字头，其中12比特有用。各传感器报告有27比特公共数据，其余85比特用于传感器数据。附表1-35是传感器报告框架。

①附表1-36概括了能发送本电文的各种类型的传感器。

②传感器数据根据传感器类型决定。附表1-37~附表1-47详细介绍各类传感器报告85比特信息的内容。"传感器无效"表示特定读数不可能出自该传感器位置，"数据无效"表示读数是可能的，但对当前报告无效（即传感器可能有故障）。

环　境　信　息　　　　　　　　　　　　　　　　　　附表 1-33

	参　　数	比特数	说　　明
标准电文字头	电文 id	6	电文 8 识别码；置为 8（广播，无须确认）
	转发指示器	2	转发器用于指示已转发电文次数；见 ITU-R M. 1371-3，附件 2 第 4.6.1 节；0～3；0 = 缺省；3 = 不再转发；置为 0（缺省）
	源台站 id	30	源台站 MMSI 号码，随发射机 id 变化
	备用	2	不用，置为 0
二进制数据	指定区域码	10	DAC = 001
	功能识别码	6	FI = 26
	适用数据	最多 952	1～8 个传感器报告，各按附表 1-35 构成。报告总数由接收机根据数据长度决定
	总计	最多 1008	占 2～5 个时隙，见附表 1-34

时　　隙　　数　　　　　　　　　　　　　　　　　　附表 1-34

采用比特数	168	280	392	504	616	728	840	952
需要时隙数	1	2 （最多 378）	3 （最多 588）	3	4 （最多 798）	4	5 （最多 1008）	5

环境电文—传感器报告结构　　　　　　　　　　　　　附表 1-35

参　　数	比特数	说　　明
报告类型	4	环境报告类型按表 12.4 规定
时间标志： UTC 日 UTC 时 UTC 分	 5 5 6	UTC 日期和时间： 1～31，0 = 无效 = 缺省； 0～23，24 = 无效 = 缺省； 0～59，60 = 无效 = 缺省
位置 id	7	传感器位置二进制识别码，与发射机 MMSI 结合形成完整的传感器位置识别码（实际上可能有 1 个以上的传感器，从各传感器位置报告不同类型的数据）
传感器数据	85	按照传感器类型的传感器数据（见附表 1-37～附表 1-47）
总计	112	

环境电文传感器报告类型　　　　　　　　　　　　　　附表 1-36

数　　值	说　　明	数　　值	说　　明
0	传感器位置	6	水平海流
1	台站 id	7	海况
2	风	8	盐度
3	水位	9	天气
4	海流（2D）	19	空隙/净空高度
5	海流（3D）	11～15	留待将来应用

传感器位置报告　　　　　　　　　　　　　　　　　　　　　附表 1-37

参　数	比特数	说　明
经度	28	单位为 1′/10000，±1800，按 2 的补码（东 = 正，西 = 负）；181 = 无效 = 缺省
纬度	27	单位为 1′/10000，±90°，按 2 的补码（北 = 正，南 = 负）；91 = 无效 = 缺省
高度	11	传感器平均海平面（MSL）以上高度，0.1m 步进。0.0 ~ 200.0m；2001 = 高度 200.1m 或更大；2002 = 无效 = 缺省；2003 ~ 2046（留待将来应用）
传感器宿主	4	传感器宿主/负责传感器数据：0 = 未知 = 缺省；1 = 水文局；2 = 内河航道局；3 = 海岸指挥部；4 = 气象局；5 = 港务局；6 = 海岸警卫队；7 ~ 13（留待将来应用）；14（留待区域应用）
数据时限	3	数据有效持续时间（超出时限期的数据不应使用）：0 = 无时限 = 缺省；1 = 10 分钟；2 = 1h；3 = 6h；4 = 12h；5 = 24h；6 ~ 7（留待将来应用）
备用	12	不用，置为 0
总计	85	

台 站 id 报 告　　　　　　　　　　　　　　　　　　　　　附表 1-38

参　数	比特数	说　明
名称	84	机构参考编号，14 个 6 比特 ASCII 字符，按照 ITU-R M.1371-3 表 44 的规定
备用	1	不用，置为 0
总计	85	

风 报 告　　　　　　　　　　　　　　　　　　　　　　附表 1-39

参　数	比特数	说　明
平均风速	7	前 10 分钟平均风速，1kn 步进。0 ~ 120kn；121 ≥ 风速 121kn；122 = 无效 = 缺省；123 ~ 126（留待将来应用）
阵风	7	前 10 分钟最大风速读数，1kn 步进。0 ~ 120kn；121 ≥ 风速 121kn；122 = 无效 = 缺省；123 ~ 126（留待将来应用）
风向	9	前 10 分钟平均风向，1°步进。0° ~ 359°；360 = 数据无效 = 缺省；361 ~ 511（不用）
阵风风向	9	前 10 分钟最大风的风向，1°步进。0° ~ 359°；360 = 数据无效 = 缺省；361 ~ 511（不用）
传感器数据说明	3	风传感器数据类型，如附表 1-48 规定
预报风速	7	预计平均风速，1kn 步进。0 ~ 120kn；121 ≥ 风速 121kn；122 = 无效 = 缺省；123 ~ 126（留待将来应用）
预报阵风	7	预计最大风速，1kn 步进。0 ~ 120kn；121 ≥ 风速 121kn；122 = 无效 = 缺省；123 ~ 126（留待将来应用）
预报风向	9	预计平均风向，1°步进。0° ~ 359°；360 = 无效 = 缺省；361 ~ 511（不用）
预报有效时间：		预报有效 UTC 日期和时间：
UTC 日	5	1 ~ 31；0 = 无效 = 缺省；
UTC 时	5	0 ~ 23；24 = 无效 = 缺省；
UTC 分	6	0 ~ 59；60 = 无效 = 缺省

续上表

参　　数	比特数	说　　明
持续时间	8	从预报开始时起算的预报有效持续时间。1min 步进。1～255min， 0 = 撤销预报 = 缺省
备用	3	不用，置为 0
总计	85	

水 位 报 告 附表 1-40

参　　数	比特数	说　　明
水位类型	1	水位类型。0 = 相对参考基准；1 = 水深
水位	16	水位，0.1m 步进（按 2 的补码）；–327.67～+327.67m； –32767 = –327.67m 或更小；+32767 = +327.67m 或更大； –32768 = 无效 = 缺省
水位趋向	2	0 = 增加；1 = 减小；2 = 稳定；3 = 无效 = 缺省
垂直参考基准	5	采用的基准类型 0 = 平均低低潮面（MLLW）　　8 = 国家地理垂直基准（NGVD-29） 1 = 国际大湖基准（IGLD-85）　9 = 北美垂直基准（NAVD-88） 2 = 本地河流基准　　　　　　　10 = 世界大地坐标系（WGS-84） 3 = 台站基准（STND）　　　　 11 = 最低天文潮（LAT） 4 = 平均高高潮面（MHHW）　　12 = 水池（Pool） 5 = 平均高潮面（MHW）　　　　13 = 水表（Gauge） 6 = 平均海平面（MSL）　　　　 14 = 未知/无效 = 缺省 7 = 平均低潮面（MLW）　　　　 15～30（留待将来应用）
传感器数据说明	3	水位传感器数据类型，如附表规定
预报水位类型	1	预报水位类型。0 = 相对参考基准；1 = 水深
预报水位	16	预计水位，0.1m 步进（按 2 的补码）；–327.67～+327.67m； –32767 = –327.67m 或更小；+32767 = +327.67m 或更大； –32768 = 无效 = 缺省
预报有效时间： 　UTC 日 　UTC 时 　UTC 分	 5 5 6	预报有效 UTC 日期和时间： 1～31；0 = 无效 = 缺省 0～23；24 = 无效 = 缺省 0～59；60 = 无效 = 缺省
持续时间	8	从预报开始时起算的预报持续时间。1min 步进；1～255min； 0 = 撤销预报 = 缺省
备用	17	不用，置为 0
总计	85	

海流报告：二维（x、y）　　　　　　　　　　　　　　附表 1-41

参数	比特数	说　　明
流速 1	8	海面以下选择深度上测量的海流流速 1，0.1kn 步进；0.0～24.5kn；246 ≥ 流速 24.6kn；247 = 数据无效 = 缺省；248～255（留待将来应用）
流向 1	9	海流流向 1，1°步进；0°～359°；360 = 数据无效 = 缺省；361～511（留待将来应用）
海流 1 测量深度	9	海面以下海流 1 测量深度，1m 步进；0～360m；361 = 361m 或更大；362 = 数据无效 = 缺省；363～511（留待将来应用）
流速 2	8	海面以下选择深度上测量的海流流速 2；0.1kn 步进；0.0～24.5kn；246 = 流速 24.6kn 或更大；247 = 数据无效 = 缺省；248～255（留待将来应用）
流向 2	9	海流流向 2；1°步进；0°～359°；360 = 数据无效 = 缺省；361～511（留待将来应用）
海流 2 测量深度	9	海面以下海流 2 测量深度；1m 步进；0～360m；361 = 361m 或更大；362 = 数据无效 = 缺省；363～511（留待将来应用）
流速 3	8	海面以下选择深度上测量的海流流速 3；0.1kn 步进；0.0～24.5kn；246 = 流速 24.6kn 或更大；247 = 数据无效 = 缺省
流向 3	9	海流流向 3；1°步进（与海流流向 1 相同）
海流 3 测量深度	9	海面以下海流 3 测量深度；1m 步进；0～360m；361 = 361m 或更大；362 = 数据无效 = 缺省；363～511（留待将来应用）
传感器数据说明	3	海流传感器数据类型，按附表 1-48 规定
备用	4	不用，置为 0
总计	85	

海流报告：三维（x、y、z）　　　　　　　　　　　　　附表 1-42

参数	比特数	说　　明
海流矢量 1 北分量（u）	8	海面以下选择深度上测量的海流 1 流速北向分量；0.1kn 步进；0.0～24.5kn；246 = 流速 24.6kn 或更大；247 = 数据无效 = 缺省；248～254（留待将来应用）
海流矢量 1 东分量（v）	8	海面以下选择深度上测量的海流 1 流速东向分量；0.1kn 步进；0.0～24.5kn；246 = 流速 24.6kn 或更大；247 = 数据无效 = 缺省；248～254（留待将来应用）
海流矢量 1 向上分量（z）	8	海面以下选择深度上测量的海流 1 流速向上分量；0.1kn 步进；0.0～24.5kn；246 = 流速 24.6kn 或更大；247 = 数据无效 = 缺省；248～254（留待将来应用）
海流 1 测量深度	9	海面以下海流 1 测量深度，1m 步进；1m 步进；0～360m；361 = 361m 或更大；361 = 数据无效 = 缺省；362～511（留待将来应用）
海流矢量 2 北分量（u）	8	海面以下选择深度上测量的海流 2 流速北向分量；0.1kn 步进；0.0～24.5kn；246 = 流速 24.6kn 或更大；247 = 数据无效 = 缺省；248～254（留待将来应用）
海流矢量 2 东分量（v）	8	海面以下选择深度上测量的海流 2 流速东向分量；0.1kn 步进；0.0～24.5kn；246 = 流速 24.6kn 或更大；247 = 数据无效 = 缺省；248～254（留待将来应用）

续上表

参数	比特数	说　明
海流矢量 2 向上分量（z）	8	海面以下选择深度上测量的海流 2 流速向上分量；0.1kn 步进；0.0~24.5kn；246 = 流速 24.6kn 或更大；247 = 数据无效 = 缺省；248~254（留待将来应用）
海流 2 测量深度	9	海面以下海流 2 测量深度；1m 步进；0~360m；361 = 361m 或更大；361 = 数据无效 = 缺省；362~511（留待将来应用）
传感器数据说明	3	海流传感器数据类型，按附表 1-48 规定
备用	16	不用，置为 0
总计	85	

水平海流报告　　　　　附表 1-43

参数	比特数	说　明
海流 1 方位读数	9	传感器海流 1 方位读数；1° 步进；0°~359°；360 = 数据无效 = 缺省；361 = 传感器无效；362~511（留待将来应用）
海流 1 距离读数	7	传感器海流 1 距离读数；1m 步进；0~120m；121≥121m；122 = 无效 = 默认；123~127（留待将来应用）
海流 1 流速	8	海面以下选择深度上测量的海流 1 流速；0.1kn 步进；0.0~24.5kn；246 = 流速 24.6kn 或更大；247 = 无效 = 缺省；248~255（留待将来应用）
海流 1 流向	9	海流 1 流向；1° 步进；0°~359°；360 = 数据无效 = 缺省；361~511（不用）
海流 1 测量深度	9	海面以下海流 1 测量深度；1m 步进；0~360m；361 = 深度 361m 或更大；362 = 数据无效 = 缺省；363~511（留待将来应用）
海流 2 方位读数	9	海流 2 对传感器的方位读数，1° 步进（与海流 1 相同）
海流 2 距离读数	7	海流 2 距传感器的距离读数，1m 步进（与海流 1 相同）
海流 2 流速	8	海面以下选择深度上测量的海流 2 流速，0.1kn 步进（与海流 1 相同）
海流 2 流向	9	海流 2 流向，1° 步进（与海流 1 相同）
海流测量深度	9	海面以下海流 2 测量深度，1m 步进（与海流 1 相同）
备用	1	不用，置为 0
总计	85	

海况报告　　　　　附表 1-44

参数	比特数	说　明
涌浪高度	8	涌浪高度，0.1m 步进。0.0~24.5m；246 = 高度 24.6m 或更大；247 = 无效 = 缺省；248~255（留待将来应用）
涌浪周期	6	涌浪周期，单位秒，1s 步进。0~60s；61 = 无效 = 缺省；62~63（留待将来应用）
涌浪方向	9	涌浪方向，1° 步进。0°~359°；360 = 无效 = 缺省；361~511（留待将来应用）

参数	比特数	说　　　明
海况	4	蒲福风级表示如下： 分别为蒲福风力等级及海面情况。 0：海平如镜； 1：微浪无脊； 2：微浪，无浪花； 3：小浪，有浪花； 4：轻浪； 5：中浪，波长明显变长，有些白沫和水雾； 6：大浪，到处都是白沫浪头，有水雾； 7：浪头高耸，开花浪的白沫开始随风成串飞溅； 8：中高浪，波长更长，浪头边缘开始开花翻滚，白沫明显地随风成串飞溅； 9：高浪，白沫密集地随风成串飞溅，浪头开始上下翻滚，水雾可能影响能见度； 10：非常高的浪，大片大片的白沫密集地随风成串飞溅。整个海面呈白色，海面越来越汹涌澎湃，能见度受影响； 11：特高浪，海面沿风方向白沫弥漫，所有浪头都被风吹成泡沫。能见度受影响； 12：巨浪，空气中充满着白沫和水雾，海面白茫茫一片，能见度严重受限； 13、14：留待将来应用； 15：数据无效 = 缺省
传感器数据说明	3	涌浪数据指示。0 = 无数据 = 缺省；1 = 实时，原始数据；2 = 实时，质量控制；3 = 预测；4 = 实时预报；5 ~ 6（留待将来应用）；7 = 传感器无效
水温	10	水温，0.1℃步进，－10.0 ~ ＋50.0℃；温度 =（十进制数/10）－ 10 = 0 ~ 600；601 = 无效 = 缺省；602 ~ 1023（留待将来应用）
水温深度	7	海水温度传感器深度，0.1m步进；0 ~ 12.0m；121 = 12.1m或更大；122 = 无效 = 缺省；123 ~ 126（留待将来应用）
传感器数据说明	3	涌浪数据指示。0 = 无数据 = 缺省；1 = 实时，原始数据；2 = 实时，质量控制；3 = 预测；4 = 实时预报；5 ~ 6（留待将来应用）；7 = 传感器无效
水温	10	水温，0.1℃步进，－10.0 ~ ＋50.0℃，温度 =（十进制数/10）~ 10 十进制数 = 0 ~ 600；601 = 无效 = 缺省；602 ~ 1023（留待将来应用）
水温深度	7	海水温度传感器深度，0.1m步进，0 ~ 12.0m；121 = 12.1m或更大；122 = 无效 = 缺省；123 ~ 126（留待将来应用）
传感器数据说明	3	涌浪数据指示。0 = 无数据 = 缺省；1 = 实时，原始数据；2 = 实时，质量控制；3 = 预测；4 = 实时预报；5 ~ 6（留待将来应用）；7 = 传感器无效
水温	10	水温，0.1℃步进，－10.0 ~ ＋50.0℃；温度 =（十进制数/10）－ 10 = 0 ~ 600；601 = 无效 = 缺省；602 ~ 1023（留待将来应用）
盐度	9	盐度以0.1‰（ppt）步进。0.0 ~ 50.0‰；501 ≥盐度50.1‰；502 = 数据无效 = 默认；503 = 传感器无效；504 ~ 511（留待将来应用）
总计	85	

盐 度 报 告　　　　　　　　　　　　　　　　　附表 1-45

参数	比特数	说　　明
水温	10	水温，0.1℃ 步进，–10.0～+50.0℃；温度 =（十进制数/10）–10 = 0～600；601 = 数据无效；602 = 传感器无效 = 缺省；602～1023（留待将来应用）
导电率	10	海水电导率，0.01S/m 步进。0.0～7.00S/m；701 = 电导率 7.01S/m 或更大；702 = 数据无效；703 = 传感器无效 = 缺省；704～1023（留待将来应用）
水压	16	水压，0.1 分巴（decibar）步进；0.0～6000.0 分巴；6000.1 = 水压 6000.1 分巴或更大；60002 = 数据无效；60003 = 传感器无效 = 缺省；60004～65535（留待将来应用）
盐度	9	盐度以 0.1‰（ppt）步进。0.0～50.0‰；501 = 盐度 50.1‰或更大；502 = 数据无效 = 默认；503 = 传感器无效；504～511（留待将来应用）
盐度类型	2	0 = 测量；1 = 用 PSS-78 计算；2 = 用其他方法计算；3（留待将来应用）
传感器数据说明	3	盐度传感器数据类型，按附表 1-48 规定
备用	35	不用，置为 0
总计	85	

天 气 报 告　　　　　　　　　　　　　　　　　附表 1-46

参数	比特数	说　　明
气温	10	干球温度，0.1℃ 步进；–60.0℃～+60.0℃；–1024 = 数据无效 = 缺省；–1023～–601（留待将来应用）；601～1023（留待将来应用）
传感器数据说明	3	气温传感器数据类型，按表附表 1-48 规定
降水（类型）	2	按照 WMO 规定：0 = 雨；1 = 雪；2 = 雨和雪；3 = 其他
水平能见度	8	能见度，0.1nmile 步进；0.0～24.0nmile；241 = 24.1nmile 或更大；242 = 数据无效；243 = 传感器无效 = 缺省；244～255（留待将来应用）
露点	10	露点温度，0.1℃ 步进；–20.0℃～+50.0℃；501 = 无效 = 缺省；502～511（留待将来应用）；–511～–201（留待将来应用）
传感器数据说明	3	露点传感器数据类型，按附表 1-48 规定
气压	9	气压，定义为海平面的气压，1hPa 步进；0 = 800hPa 或更小；1～401 = 800～1200hPa；402 = 1201hPa 或更大；403 = 数据无效 = 缺省；404～511（留待将来应用）
气压趋势	2	气压趋势：0 = 稳定；1 = 降低；2 = 增高；3 = 不定 = 缺省
传感器数据说明	3	气压传感器数据类型，按附表 1-48 规定
盐度	9	盐度，以 0.1‰（ppt）步进。0.0～50.0‰；501 = 盐度 50.1‰或更大；511 = 数据无效 = 默认；512 = 传感器无效；503～511（留待将来应用）
备用	25	不用，置为 0
总计	85	

空隙/净空高度 附表1-47

参数	比特数	说　明
净空高度	13	自船舶水线至船舶最高点的垂直测量距离，0.1m 步进。1～81.90m；8191 = 距离 81.91m 或更大；0 = 数据无效 = 缺省
空隙	13	自水面至传感器的垂直测量距离，0.1m 步进。1～81.90m；8191 = 距离 81.91m 或更大；0 = 数据无效 = 缺省
空隙趋势	2	空隙趋势：0 = 稳定；1 = 增加；2 = 下降；3 = 无数据 = 缺省
空隙预报	13	自水面至传感器的预计垂直距离，0.01m 步进。这是预报时间的测量值。1～81.90m；8191 = 距离 81.91m 或更大；0 = 数据无效 = 缺省
预报有效时间： UTC 日 UTC 时 UTC 分	 5 5 6	UTC 日期与时间： 1～31；0 = 无效 = 缺省； 0～23；24 = 无效 = 缺省；25～31（留待将来应用）； 0～59；60 = 无效 = 缺省；61～63（留待将来应用）
备用	28	不用，置为 0
总计	85	

传感器数据类型 附表1-48

数值	说　明	数值	说　明
0	无数据 = 缺省	4	预报（根据实时信息精确预测）
1	原始实时	5	即时预报（连续预报）
2	实时质量控制	6	（留待将来应用）
3	预测（根据历史数据统计）	7	传感器无效

1.6.13　航路信息

（1）本电文能用于通报有关的船舶航路信息。如附表1-49、附表1-50 所示。只有重要的航路信息（例如强制或推荐航路）——当前官方海图和航海出版物不曾提供——必须由船舶或主管机关转发时才可应用此电文。

（2）本电文是广播还是寻址，取决于何者更适合。

（3）信息有时间性（即有起始日期和时间以及持续时间）。

（4）为了预先通告，本电文应在起始日期/时间前发射。为避免混淆，发射提前时间不得超过 1 天。

（5）除撤销电文外，本电文不得在指定日期/时间之外发送。撤销电文可以用 31 类航路电文（撤销）相同的电文链接 id 发送，持续时间、起始日期和时间字段全部置为无效。

（6）在终止日期和时间或接收撤销电文以后，ECDIS/ECS 软件应能自动将航路信息二进制电文内容从显示器上消除。

（7）虽然可以占用多至 5 个时隙，但还是建议尽量避免采用 3 个以上的时隙。

（8）电文链接 id 可用来链接其他文本（例如单独的文本电文），航路信息和附加测试说明电文都必须发送相同的源台站 MMSI。

航路信息—广播　　　　　　　　　　　　　　　　　　　附表 1-49

参数	比特数	说　　明
电文 id	6	电文 8 识别码；始终为 8
转发指示器	2	转发器用于指示已转发电文次数。0~3；0＝缺省；3＝不再转发
源台站 id	30	源台站 MMSI 号码
备用	2	不用，置为 0
IAI	16	DAC＝001；FI＝27
电文链接 id	10	源台站特定运行号码，所有二进制电文配置的电文链接 id 是唯一的，用文本描述电文给电文链接附加信息。电文链接 id 和源台站 MMSI 唯一地确定发射的电文。1~1023；0＝无效＝缺省
发送者类别	3	0＝船舶＝缺省；1＝主管机关；2~7（留待将来应用）
航路类型	5	0＝无效＝缺省；1＝强制航路；2＝推荐航路；3＝其他航路；4＝建议通过冰区的航路；5＝船舶航路计划；6~30（留待将来应用）；31＝撤销（撤销电文链接 id 确定的航路）
起始日期和时间： UTC 月 UTC 日 UTC 时 UTC 分	 4 5 5 6	起始 UTC 日期和时间： 1~12；0＝无效＝缺省； 1~31；0＝无效＝缺省； 0~23；24＝无效＝缺省； 0~59；60＝无效＝缺省
持续时间	18	从开始至航路有效期结束（分钟），从航路信息开始起算。0＝撤销航路；262143＝无效＝缺省
航路点数量	5	航路点数量（1~16）；0＝无航路点＝缺省；17~31（不用）
航路点	$n \times 55$	可变数航路点，1~16（各用 55 比特），见附表 1-51，航路点数量由电文长度决定
备用	0	不用，置为 0
总计	172~997	占 2~5 个时隙，见附表 1-52

航路信息—寻址　　　　　　　　　　　　　　　　　　　附表 1-50

参数	比特数	说　　明
电文 id	6	电文 6 识别码；始终为 6
转发指示器	2	转发器用于指示已转发电文次数。0~3；0＝缺省；3＝不再转发
源台站 id	30	源台站 MMSI 号码
序列号	2	0~3，参见 ITU-RM.1371-3，附件 2，第 5.3.1 节
目标台站 id	30	目标台站 MMSI 号码
重发标志	1	根据重发设置重发标志：0＝不重发＝缺省；1＝重发
备用	1	不用，置为 0
IAI	16	DAC＝001；FI＝28（见 ITU-R M.1371-3，附件 5，第 2.1 节）
电文链接 id	10	源台站特定运行号码，所有二进制电文配置的电文链接 id 是唯一的，用文本描述电文给电文链接附加信息。电文链接 id 和源台站 MMSI 唯一地确定发射的电文。1~1023；0＝无效＝缺省

续上表

参数	比特数	说　明
发送者类别	3	0 = 船舶 = 缺省；1 = 主管机关；2 ~ 7（留待将来应用）
航路类型	5	0 = 无效 = 缺省；1 = 强制航路；2 = 推荐航路；3 = 其他航路；4 = 建议通过冰区的航路；5 = 船舶航路计划；6 ~ 30（留待将来应用）；31 = 撤销（撤销电文链接 id 确定的航路）
起始日期和时间： 　UTC 月 　UTC 日 　UTC 时 　UTC 分	 4 5 5 6	起始 UTC 日期和时间： 1 ~ 12；0 = 无效 = 缺省； 1 ~ 31；0 = 无效 = 缺省； 0 ~ 23；24 = 无效 = 缺省； 0 ~ 59；60 = 无效 = 缺省
持续时间	18	从开始至航路有效期结束（分钟），从航路信息开始起算。0 = 撤销航路；262143 = 无效 = 缺省
航路点数量	5	航路点数量（1 ~ 16）；0 = 无航路点；17 ~ 31（不用）
航路点	$n \times 55$	航路点数量可变，1 ~ 16（各用 55 比特），见附表 1-51，航路点数量由电文长度决定
备用		不用，置为 0
总计	204 ~ 1029	占 2 ~ 5 个时隙，见附表 1-52

航　路　点　　　　　　　　　　　　　　　　附表 1-51

参数	比特数	说　明
航路点 i，经度	28	下一个航路点经度，$1'/10000$，± 1800，按照 2 的补码（东 = 正，西 = 负），181 = 无效 = 缺省
航路点 i，纬度	27	下一个航路点纬度，$1'/10000$，$\pm 90°$，按照 2 的补码（北 = 正，南 = 负），91 = 无效 = 缺省

时　隙　数　　　　　　　　　　　　　　　　附表 1-52

发射的航路点数量	1	2	3	4	5	6	7	8	9	10	11	12	13	14	15	16
广播电文占用时隙数	2	2	2	2	3	3	3	3	4	4	4	4	5	5	5	5
寻址电文占用时隙数	2	2	2	3	3	3	3	4	4	4	4	5	5	5	5	5

1.6.14　文本说明

（1）该电文结合其他 AIS 适用专用电文说明文本电文。

（2）本电文可以是广播也可以是寻址电文（附表 1-53、附表 1-54），但必须与其链接的主电文相同。

（3）电文链接 id 用于将文本说明电文与另外的电文相链接（例如区域通告或航路信息）。发送主电文和文本说明电文都必须用相同的源台站 MMSI。

（4）虽然可以占用多至 5 个时隙，但还是建议尽量避免采用 3 个以上的时隙。

文本说明—广播　　　　　　　　　　　　　　　　　　　　　　附表 1-53

参数	比特数	说　明
电文 id	6	电文 8 识别码；始终为 8
转发指示器	2	转发器用于指示已转发电文次数。0~3；0 = 缺省，3 = 不再转发
源台站 id	30	源台站 MMSI 号码
备用	2	不用，置为 0
IAI	16	DAC = 001；FI = 29
电文链接 id	10	源台站特定运行号码，所有二进制电文配置的电文链接 id 是唯一的，用文本描述电文给电文链接附加信息。电文链接 id 和源台站 MMSI 唯一地确定发射的电文。1~1023；0 = 无效 = 缺省
文本字符串	6~966	自由文本，1~161 个 6 比特 ASCII 字符，若适用，建议使用 IMO 标准航海通信用语（SMCP），见 IMO. A 918（22），应尽量少用时隙，见附表 1-55
备用	0	不用，置为 0
总计	72~1032	占 1~5 个时隙，见附表 1-55

文本说明—寻址　　　　　　　　　　　　　　　　　　　　　　附表 1-54

参数	比特数	说　明
电文 id	6	电文 6 识别码；始终为 6
转发指示器	2	转发器用于指示已转发电文次数。0~3；0 = 缺省，3 = 不再转发
源台站 id	30	源台站 MMSI 号码
序列号	2	0~3，参见 ITU-R M.1371-3，附件 2，第 5.3.1 节
目标台站 id	30	目标台站 MMSI 号码
重发标志	1	根据重发设置重发标志；0 = 不重发 = 缺省；1 = 重发
备用	1	不用，置为 0
IAI	16	DAC = 001；FI = 30（见 ITU-R M.1371-3，附件 5，第 2.1 节）
电文链接 id	10	源台站特定运行号码，所有二进制电文配置的电文链接 id 是唯一的，用文本描述电文给电文链接附加信息。电文链接 id 和源台站 MMSI 唯一地确定发射的电文。1~1023；0 = 无效 = 缺省
文本字符串	6~930	自由文本，1~155 个 6 比特 ASCII 码字符，若适用，建议使用 IMO 标准航海通信用语（SMCP），见 IMO A.918（22），应尽量少用时隙，见附表 1-56
备用	0	不用，置为 0
总计	104~1028	占 1~5 个时隙，见附表 1-56

发送广播电文占用时隙　　　　　　　　　　　　　　　　　　附表 1-55

电文字符数	1~11	12~49	50~86	87~123	124~161
占用时隙数	1	2	3	4	5

发送寻址电文占用时隙数　　　　　　　　　　　　　　　　　附表 1-56

电文字符数	1~6	7~43	44~81	82~118	119~155
占用时隙数	1	2	3	4	5

附录2 缩 略 语 表

序号	缩略语	含　义
1	AAI	印度机场管理局
2	AIS	船舶自动识别系统
3	ARPA	自动雷达标绘仪
4	ASM	适用专用电文
5	ATA	实际到达时间
6	ATA	自动跟踪设备
7	ATCC	空中交通管制中心
8	ATD	实际出发时间
9	AtoN	航标助航设施
10	BAM	船桥预警管理
11	BDS	北斗卫星导航系统
12	BIIT	内置完整性测试
13	BNWAS	驾驶台航行值班报警系统
14	BSR	波罗的海区域
15	CCG	加拿大海岸警卫队
16	CCRS	通用参照系统
17	CCTV	闭路电视监控系统
18	CDMA	码分多址
19	CG	通信联络工作组
20	CIRM	国际海上无线电委员会
21	CMDS	通用海上空间结构
22	CMTS	美国海上运输系统委员会
23	CNG	压缩天然气
24	COG	对地航向
25	COLREGS	国际海上避碰规则公约
26	COMSAR	无线电通信与搜救分委会
27	COMSAT	美国通信卫星公司
28	CORS	北斗地基增强系统
29	COSPAS-SARSAT	全球卫星搜救系统

序号	缩略语	含　义
30	CRC	循环冗余校验
31	CSSA	统一岸基技术架构
32	CSTDMA	载波侦听时分多址
33	DGNSS	差分全球导航卫星系统
34	DGPS	差分全球定位系统
35	DHS	美国国土安全部
36	DOT	美国交通运输部
37	DSC	数字选择性呼叫
38	DTE	数据终端设备
39	DTM	数字陆地模型
40	EC	欧盟委员会
41	ECDIS	电子海图显示和信息系统
42	ECS	电子海图系统
43	EGC	增强型群呼
44	EGNOS	欧洲静地导航重叠系统
45	ELT	应急定位发射机
46	eLoran	e罗兰
47	e-Navigation	e-航海
48	EMA	爱沙尼亚海事局
49	EMHI	爱沙尼亚气象水文研究所
50	EMSA	欧洲海事安全局
51	ENC	电子海图
52	EPIRB	应急无线电示位标
53	EPSG	标准化工作组
54	ERDF	欧洲区域发展基金
55	ESA	欧洲空间局
56	ETA	预计到达时间
57	EU	欧盟
58	Eurocontrol	欧洲航空安全组织
59	EUSBSR	欧盟波罗的海区域战略
60	FATDMA	固定式时分多址
61	FERNS	远东无线电导航服务网
62	FFI	挪威国防研究院
63	FMBS	全任务船桥模拟器

序号	缩略语	含　义
64	FOC	完全运行能力
65	FOP	最后操作运行
66	FSA	综合安全评估
67	FSK	移频键控
68	FSICR	芬兰—瑞典冰级规则
69	GAGAN	印度卫星增强系统
70	Galileo	伽利略卫星导航系统
71	GBAS	岸基增强系统
72	GCC	伽利略控制中心
73	GEO	地球静止同步卫星
74	GFM	通用特征要素模型
75	GICOMS	韩国海事安全与保安综合信息中心
76	GIS	地理信息系统
77	GLA	英国及爱尔兰灯塔总局
78	GLN	全球链路网络
79	GLONASS	格洛纳斯卫星导航系统
80	GMDSS	全球海上遇险与安全系统
81	GML	地理标记语言
82	GNSS	全球卫星导航系统
83	GOFREP	芬兰湾船舶报告强制执行区域
84	GPRS	通用分组无线服务技术
85	GPS	全球定位系统
86	GSM	全球移动通信系统
87	GSS	伽利略传感器站
88	HCD	以人为中心的设计
89	HEAP	人为因素分析过程
90	HED	高椭圆轨道
91	HELCOM	波罗的海环境保护委员会（赫尔辛基委员会）
92	HF	高频
93	HMI	危险性误导信息
94	HMI	人机界面
95	HPD	海图数据库管理软件
96	HPE	水平位置误差
97	HTW	人为因素、培训和值班分委会

序号	缩略语	含　义
98	HUD	平视显示器
99	IACS	国际船级社协会
100	IALA	国际航标协会
101	IBC	国际散装危险化学品船舶构造和设备规则
102	IBS	集成船桥系统
103	ICAO	国际民航组织
104	IEC	国际电工委员会
105	IGLD	国际大湖基准面
106	IGSO	倾斜地球同步轨道卫星
107	IHO	国际海道测量组织
108	ILA	国际罗兰协会
109	IMDG	国际海运危险品法规
110	IMO	国际海事组织
111	Inmarsat	国际海事卫星组织
112	INS	惯性导航系统
113	IOC	初始运行能力
114	IRNSS	印度区域导航卫星系统
115	ISO	国际标准化组织
116	ISPS	国际船舶与港口保安
117	ISRO	印度空间研究组织
118	IT	信息技术
119	ITDMA	增量式时分多址
120	ITU	国际电信联盟
121	IVEF	VTS 间交换格式
122	JTIDS	美国联合战术信息分配系统
123	LED	发光二极管
124	LEO	低轨道
125	LF	低频
126	LOP	位置线
127	Loran	罗兰
128	Loran - C	罗兰 C
129	LRIT	远程识别和跟踪
130	MarNIS	欧洲海上航行信息服务系统
131	MARPOL	国际防止船舶造成污染公约

序号	缩略语	含　义
132	MCC	主控制中心
133	MCS	主控站
134	MDA	海上区域预警系统
135	MF	中频
136	MHHW	平均高高潮面
137	MHW	平均高潮面
138	MLLW	平均低低潮面
139	MLW	平均低潮面
140	MKD	简易键盘与显示器
141	MMSI	海上移动服务识别码
142	MSAS	多功能卫星增强系统
143	MSC	海上安全委员会
144	MSI	海上安全信息
145	MSK	最小移频键控
146	MSL	平均海平面
147	MSP	海上服务集
148	MTSAT	多功能传输卫星
149	NAS	航行辅助服务
150	NAV	航行安全分委会
151	NAVTEX	导航电报
152	NBDP	窄带直接打印电报
153	NCA	挪威海岸管理局
154	NELS	西北欧罗兰
155	NM	航海通告
156	NPA	非精密进近
157	NSR	北海区域
158	OCS	运行控制系统
159	OFDM	正交频分复用
160	PL B	个人示位信标机
161	PNT	定位、导航和授时
162	PPS	精密定位服务
163	PSC	港口国监督
164	PVT	位置、速度和时间
165	QAM	正交振幅调制

序号	缩略语	含 义
166	QPSK	四相相移键控
167	QZSS	准天顶卫星系统
168	RAIM	自主完好性监测
169	RATDMA	随机时分多址
170	RBN-DGPS	无线电指向标—差分全球定位系统
171	RCOs	风险控制选项
172	RDSS	卫星无线电测定
173	RNSS	卫星无线电导航
174	ROT	转向速率
175	RS	政府特许用户
176	RTA	要求到达时间
177	SAR	搜救
178	SART	搜救雷达应答器
179	SBAS	空基增强系统
180	SFN	单频网络
181	SHF	超高频
182	SIP	战略实施计划
183	SMCP	标准航海通信用语
184	SMS	短电文服务
185	SOG	对地速度
186	SOLAS	国际海上人命安全公约
187	SOTDMA	自组织时分多址
188	SPC	测量与定位委员会
189	SPS	标准定位服务
190	SQA	软件质量保证
191	SSB	单边带
192	STW	船员培训和值班标准分委会
193	TCP	传输控制协议
194	TDMA	时分多址
195	TEU	20 英尺标准集装箱
196	TNS	陆基导航系统
197	TOS	交通组织服务
198	UKC	富裕水深
199	UHF	特高频

序号	缩略语	含　义
200	UML	统一建模语言
201	UMOM	通用海上数据模型
202	USCG	美国海岸警卫队
203	UTC	世界协调时
204	VDE	甚高频数据交换
205	VDES	甚高频数据交换系统
206	VDL	甚高频数据链
207	VDR	航行数据记录仪
208	VHF	甚高频
209	VLCC	超大型油轮
210	VOS	志愿观测船
211	VPE	垂直位置误差
212	VTS	船舶交通管理系统
213	WAAS	广域增强系统
214	WCDMA	宽带码分多址
215	WFS	网络要素服务
216	WGS	世界大地坐标系
217	WiFi	无线保真技术
218	WiMax	全球微波互操作接入技术
219	WMO	世界气象组织
220	WRC	世界无线电通信大会
221	WWRNS	全球无线电导航系统
222	XML	可扩展标记语言

后　记

　　e-航海是在 IMO 主导下，国际海事界近几年在持续研究发展的最新航海技术。在此过程中，国际航标协会（IALA）发挥了重要的作用。IALA 于 2006 年成立了 e-航海委员会，专门从事 e-航海相关技术研究，在 e-航海岸基系统架构、通用数据模型、VHF 数据交换系统（VDES）等方面取得了卓越的成果，为国际 e-航海的发展做出了重要贡献。

　　作为全面介绍 e-航海发展成果的技术专著，本书主要参考了 IALA e-航海委员会近几年来发布的一系列技术文件，以及 IMO 航行安全分委会（NAV 分委会）通过的一些关于 e-航海的技术文件。这些文件名在这里就不再一一赘述。

　　本书自 2013 年初开始组织编写以来，历经确定大纲、组织素材、编写各章节内容、统稿、修改完善和编辑等程序，终于付梓出版。在此过程中，编写工作得到了交通运输部海事局郑和平副局长、曾晖处长、徐斌胜副处长，天津海事局刘福生局长、程俊康副局长，交通运输部北海航海保障中心聂乾震主任、李树兵副主任、柴进柱副主任等领导的悉心指导和大力支持，天津航测科技中心原主任马亚平作为本书的编写顾问，也提出了很多宝贵意见。在此，本书全体编写人员对他们表示衷心感谢！

　　党的十八大提出了建设"海洋强国"战略。希望本书的出版发行能够为提高我国航海保障水平、建设"智慧交通"有所助力。愿我们共同努力，为我国早日实现"海洋强国"的战略目标而共同奋斗！

《e-航海概论》编写组

2014 年 10 月

索　引

参 考 文 献

［1］ 吴兆麟. 航海科学技术的历史与今天［N］. 大连日报，2005.

［2］ 朱世伟，任燕落. 现代船舶技术发展现状［J］. 中国水运，2012（7）.

［3］ 罗坚. 电子航海（e-Navigation）与中国沿海航标［J］. 中国海事，2008（9）.

［4］ 楼于海. e-Navigation（e-航海）［J］. 航海，2012（3）.

［5］ IALA. Recommendation E-Nav140：on the E-Navigation Architecture-the Initial Shore-based Perspective.［Z］.［2009-12-01］.

［6］ IALA. Recommendation R-129：On GNSS Vulnerability and Mitigation Measures. ［Z］.［2012-12-01］.

［7］ IALA. Recommendation R-135：On the Future of DGNSS.［Z］.［2008-12-01］.

［8］ IALA. Recommendation A-123：On the Provision of Shore Based AIS.［Z］.［2007-06-01］.

［9］ IALA. Recommendation A-124：On the AIS Service.［Z］.［2012-12-01］.

［10］ 张安民，白亭颖. S-100 通用海道测量数据模型［M］. 天津：天津科学技术出版社，2011.

［11］ IALA. Guideline 1106：on Producing an IALA S100 Product Specification.［Z］.［2013-12-01］.

［12］ IALA. Guideline 1087：Procedures for the Management of the IALA Domains under the IHO GI Registry.［Z］.［2012-12-01］.

［13］ IALA. Technical Guidelines for VDES Implementation.［Z］.［2013-10-01］.

［14］ IMO. Development of an E-Navigation Strategy Implementation Plan.［Z］.［2014-07-04］.

［15］ Mads Bentzen, Ole Borup and Thomas Christensen. The EfficienSea e-Navigation approach Filling the gap［A］. France：IALA，2011.

［16］ 王玉林，胡青，侯安健，等. 中国 e-Navigation 测试平台原型系统技术架构研究［R］. 天津：北海航海保障中心，2012.